SAMSØ

Ø

SJÆLLAND
Seeland

FYN
Fünen

ÆRØ          LANGELAND

Timm Stütz · Joachim Meyer

# RUND
# **FÜNEN**
# MIT DER
# YACHT

## Revier- und Hafenführer
## Landgang

### mit
### Ærø, Langeland
### und
### Südteil Samsø

**Haftungsausschluß**

Aus gegebener Veranlassung wird darauf hingewiesen, daß die Angaben in dem vorliegenden Buch unter Benutzung der amtlichen Unterlagen so gewissenhaft wie möglich gesammelt und zusammengestellt wurden. Da sich die Verhältnisse in den Häfen und an den Küsten häufig ändern können, und die eingetretenen Änderungen oft nur spät zur Kenntnis gelangen, hat jeder Führer einer Yacht aufgrund seiner seemännischen Kenntnisse und Erfahrungen die Angaben kritisch mit den wirklichen Verhältnissen zu vergleichen und daraus seine Schlüsse zu ziehen. Es darf nicht auf den Gebrauch der amtlichen Veröffentlichungen (Seekarten, Seehandbücher, Yachtfunkdienst und Leuchtfeuerverzeichnisse) verzichtet werden.

Eine Haftung für unrichtige Angaben im Buch oder Nicht-Mitteilung von Ergänzungen können weder der Autor noch der Verlag übernehmen.

Beiträge der Autoren:
– J. Meyer (nautische Hinweise, Karten und Hafenpläne)
– T. Stütz (Landganginformationen und Fotos, Stadtpläne)
Stütz, Timm:
Rund Fünen mit der Yacht/Timm Stütz; Joachim Meyer.–
1. Aufl. Hamburg: DSV-Verl., 1994.–
208 S.: 105 Farbfotos, 95 farb. Karten und Pläne
NE: 2. Verf.:

ISBN 3-88412-212-6
1. Auflage
Redaktionsschluß: März 1995, für die Karten Dez. 1994.
Redaktion: J. Schödler
Layout, Computergrafik: machArt, Hamburg
Druck: Busse-Druck, Herford

Printed in Germany

Timm Stütz · Joachim Meyer

# RUND
# **FÜNEN**
## MIT DER
## YACHT

### Revier- und Hafenführer
### Landgang

## mit
## Ærø, Langeland
## und
## Südteil Samsø

# DSV-Verlag · BUSSE SEEWALD

# Inhalt

# Einführung

Die faszinierende Landschaft des fünischen Inselmeeres, die es für Segler so ungewöhnlich attraktiv macht, hat zuallererst geologische Ursachen. Die Überflutungen des „Steinzeitmeeres" vor mehr als fünftausend Jahren verwandelten das kontinentale Dänemark in ein Inselreich. Dessen endgültige Küstenlinien aber bildeten sich erst zu Beginn unserer Zeitrechnung heraus, und zwar durch Anheben der Nordküste, wie des Hindsholm, wo wir den Boden des steinzeitlichen Meeres noch sehen können, und durch Absenken der Südküste, wo heute lediglich die höchsten Erhebungen als Inseln einer „versunkenen Eiszeitlandschaft" aus dem Meer ragen...

Fünen mit seiner Inselwelt ist ein Naturgebiet der internationalen Sonderklasse. Gerade die 1100 km reich gegliederter Küsten mit ihren vielen Strandwiesen und einem artenreichen Pflanzen- und Tierleben, aber auch die geradezu „lieblich" zu nennende hügelige Landschaft – mit den bis 130 m hohen „fünischen Alpen" im Süden, von Seen und Flüßchen durchzogen und teilweise buchenbewaldet, gehören zum charakteristischsten der fünischen Natur. So nennt man Fünen, die zweitgrößte Insel Dänemarks, mit seinen tausenden bunten Gärten, gepflegten Parks und kilometerlangen grünen Feldrainwänden nicht von ungefähr auch das „grüne Herz" des Landes...

Fünen ist aber auch ganz besonders die Heimat des Märchendichters Hans Christian Andersen in Odense, ist Geburtsstätte des Seehelden Peter Willemoes in Assens, Fundort des 21 m langen Ladby-Wikingerschiffes aus dem 9. Jahrhundert bei Kerteminde, Kultort der Schiffsetzung mit der längsten Runeninschrift Dänemarks aus dem 10. Jahrhundert bei Glavendrup, Sammelort eines ungewöhnlichen maritimen Museums in Marstal, Besuchermagnet eines der schönsten Wasserschlösser Europas in Egeskov, Bauort der weltgrößten Hängebrücke über den Großen Belt und letzte Ruhestätte der Seiltänzerin Elvira Madigan auf dem Friedhof von Landet auf Tåsinge.

Fyns Amt, eines der 14 dänischen Ämter, ist ein Inselreich aus 90 größeren und kleinen Inseln, wovon 25 bewohnt sind. Zu seinem historischen Besitz gehören 124 der typisch fünischen Herrenhöfe, 198 Kirchen und 48 Museen. Fünens Bedeutung war auf Grund seiner zentralen Lage in jeder Beziehung immer außerordentlich für Dänemark.

Kommunikationssysteme und Tourismus dieser Insel profitieren nicht erst heute davon. So haben sich die 460.000 Einwohner zwischen Kleinem und Großen Belt ein dichtes Netz von Fähr- und Schiffsverbindungen, besonders im süd-fünischen Inselmeer, als unentbehrliches Fortbewegungsmittel geschaffen. Brückenbauten aber machen Fünen immer leichter zugänglich und so wird 1996, mit der Vollendung des Jahrhundertprojekts „Große Belt Brücke", ein weiteres Stück beschaulicher Fährschiffsgeschichte nur noch in den Museen zu finden sein...

Bereits 1934 wurde Fyns Hoved unter Landschaftsschutz gestellt und gleichzei-tig dem Erholungsinteresse der Öffentlichkeit erschlossen. Ein bürgernahes Prinzip, das bis heute für ganze Landschaften gilt. Außerdem gibt es auf Fünen

*Blick auf die Nordspitze Fünens, im Vordergrund die Lagune von Korshavn.*

etwa 850 geschützte vorgeschichtliche Denkmale, darunter Dolmen, wie sie in den Wäldern von Pipstorn östlich Fåborg oder von Vornæs auf Tåsinge zu finden sind. Dies alles kommt glücklicherweise auch dem Bestreben nach Erhalt einer natürlichen Umwelt zugute. So treffen wir auf Fünen öfter als anderswo auf die Blaue Europa-Umweltflagge...

Von frühen Freizeit-und Sportboottraditionen aber zeugt der bereits 1866 gegründete Svendborger Segelverein, ein Vierteljahrhundert vor der Stiftung des Königlich Dänischen Yachtclubs. Weitere traditionsreiche Clubs finden wir in Thurø, Troense, Fåborg, Marstal, Rudkøbing und Æroskøbing.

„RUND FÜNEN mit der Yacht" stellt diese Inselwelt mit all ihrer anziehenden Natürlichkeit vor. Mit detaillierten nautischen Beschreibungen der Reviere und Yachthäfen, mit Hafen- und Stadtplänen sowie Luftbildern, ausgewählten Vorschlägen für den Landgang sowie der Vorstellung der interessantesten Sehenswürdigkeiten in Wort und Bild soll dieses Buch dem Besucher, der Fünen mit der Yacht anläuft oder auch auf anderem Wege erreicht, zu einem unentbehrlichen Urlaubsbegleiter werden.

# Zur Inselgeschichte

Der „Danebrog", das „Meer" und unendlich viele „steinerne Denkmale" sind zweifelsohne die äußerlich auffallendsten, geschichtsprägenden Merkmale Fünens. Denn...

... für „Steine" im weitesten Sinne hat der Däne eine besondere Vorliebe. Nicht nur, daß man allerorts auf Dolmen und Runensteine als oft älteste erhaltene Geschichtszeugen stößt. So wurde erst kürzlich eine neuzeitliche „Steinsetzung" bei Tranekær auf Langeland durch die Königin persönlich eingeweiht. Auch die „Schiffssetzung" bei Glavendrup aus dem 10. Jahrhundert wird nicht erst in neuerer Zeit zu den verschiedensten Anlässen durch immer neue „Gedenksteine" ergänzt, und der zentrale Runenstein ist offensichtlich ein viel älterer Opferstein aus der Bronzezeit ...

... dem „Meer" aber sind unsere nördlichen Nachbarn seit jeher ganz besonders verbunden. Nach dem 5. Jahrhundert aus Skandinavien auf ihr Inselreich eingewandert, steht nicht nur Fisch auf einer dänischen Speisekarte ganz oben – und die Städtebilder von Bøjden, Dyreborg, Lundeborg, Lohals und Bagenkop zeugen von diesen Traditionen – sondern die Fünen zeichnet auch ein ausgeprägter Hang zur Seefahrt und zum Schiffbau aus. In der großen Zeit der Segelschiffahrt zeigten Marstal, Svendborg, Thurø, Fåborg, Ærøskøbing, Troense und Rudkøbing ihre Flaggen auf allen Meeren. Allein auf Südfünen gab es um 1900 insgesamt 18 Holzschiffswerften, von denen ein Drittel der dänischen Flotte vom Stapel lief. Solche wie die „Ring Andersens Holzschiffswerft" auf Frederiksø im Svendborger Hafen erleben seit Jahren eine ungeahnte Renaissance. Die Stahlschiffswerften in Søby, Marstal, Svendborg und Munkebo aber gehören heute zur wichtigsten Erwerbsgrundlage.

... und der „Danebrog"? Er ist, nach der Legende seit 1219, ein für jeden unübersehbares Landeszeichen, verblüffendes Requisit und stimmungsvoller Schmuck, wohltuend fern aller nationalen Aufdringlichkeit ...

So viel sollte man aber doch noch zur Geschichte wissen:
Eine erste Einigung der Dänen brachte Gorm der Alte vor mehr als eintausend Jahren zustande. Die Christianisierung nach 976 hatte es mit dem alten heidnischen Odinskult, dessen Zentrum Odense war, nicht leicht. Im 12. Jahrhundert eroberten die Dänen dann die gesamte südliche Ostseeküste und unter Königin Margarete I. kam es 1397 zur „Kalmarer Union" mit Schweden und Norwegen. Mit Reformation und Säkularisierung ab 1536 waren diese großen Zeiten allerdings lange vergessen. Sønderjylland bzw. Schleswig stand mehrmals im Mittelpunkt des Interesses, was 1848-50 und 1864 zu kriegerischen Auseinandersetzungen führte. Mit dem Versailler Vertrag und einem Referendum wurde diese Grenze endgültig festgeschrieben, und man lebt heute Europa einvernehmliche Nachbarschaft vor. Dänemark ist Mitglied der EG, besitzt ein parlamentarisches Einkammersystem und seit 1972 wieder eine Königin – Margarete II.

*Glavendrupstein mit der umfangreichsten Runenschrift Dänemarks*

# Nautische Hinweise

## Das Seegebiet „Rund Fünen"

... ist ein Teil der Beltsee. Es wird in diesem Buch von der Marstal-Bucht im Süden, dem Kleinen Belt im SW und Westen, dem Langeland-Belt im SE, dem Großen Belt im Osten bis zum Samsø-Belt im Norden beschrieben. Die Inseln der Beltsee zeigen das Bild einer echten Endmoränenlandschaft. Weiche, flach ins Meer auslaufende Hügel wechseln mit schroffen Kliff-Küsten. Zahlreiche Fjorde und Buchten, ähnlich Schleswig-Holsteins Ostküste, bieten dem Segler nicht nur gute, sondern auch landschaftlich schöne Ankerplätze. Die „dänische Südsee" bildet insofern eine Ausnahmeerscheinung in der Ostsee, da die Fahrwasser zwischen den Inseln dieses sonst flachen Seegebietes vor Jahrtausenden „Flußläufe" waren.

## Wind, Wellen, Strömung und Wetter

Die Windgeschwindigkeiten sind im Gebiet Belte und Sund von Anfang Mai bis Mitte Juni gering. Die Winde wehen aus wechselnden Richtungen.

Erst ab Anfang Juli stabilisiert sich der Wind auf WSW-liche Richtungen mit zunehmender Tendenz (siehe Windskala).

Im überwiegend flachen Wasser der Beltsee sind Höhen-und Längenwachstum der Windsee begrenzt. Die Wellenhöhe hängt dabei von der jeweils anzutreffenden Wassertiefe ab. Die folgende Grafik ist deshalb auf Wassertiefen bis 20 m angelegt.

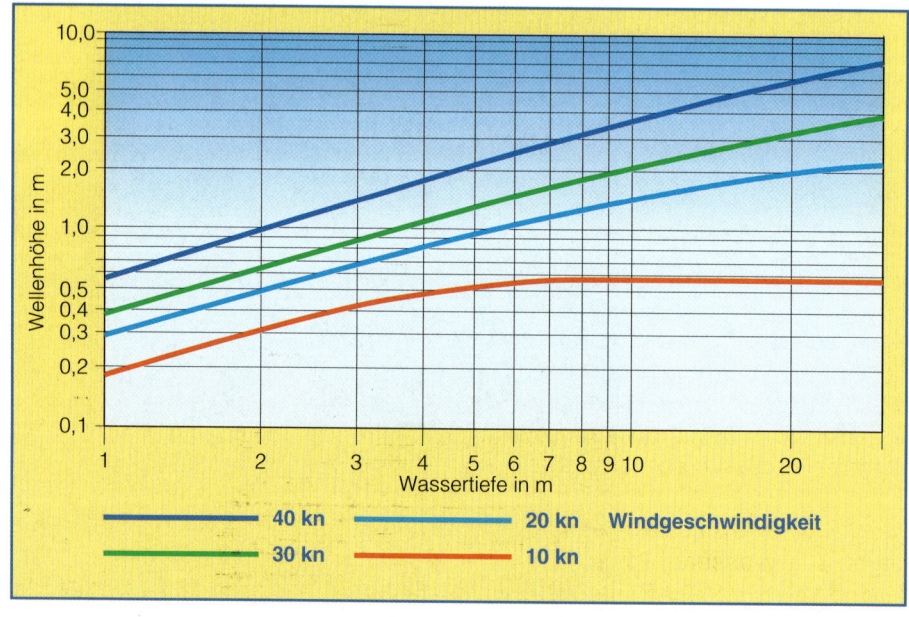

Voraussetzung für die volle Ausbildung einer Windsee ist jedoch eine gewisse Anlaufstrecke, die bei einer Wassertiefe von 10 m beispielsweise 30 km beträgt. Bei den in unserem Gebiet vorherrschenden Westwinden und den überwiegend von Süd nach Nord ausgerichteten Gewässern findet der Segler auch bei Starkwinden fast immer eine Leeküste.

Belte und Sund sind relativ enge und flache Gewässer. Über sie findet ein nur begrenzter Wasseraustausch zwischen Ostsee und Nordatlantischem Ozean statt. Durch einen gewissen Ausgleich zwischen der Zufuhr von Süßwasser aus

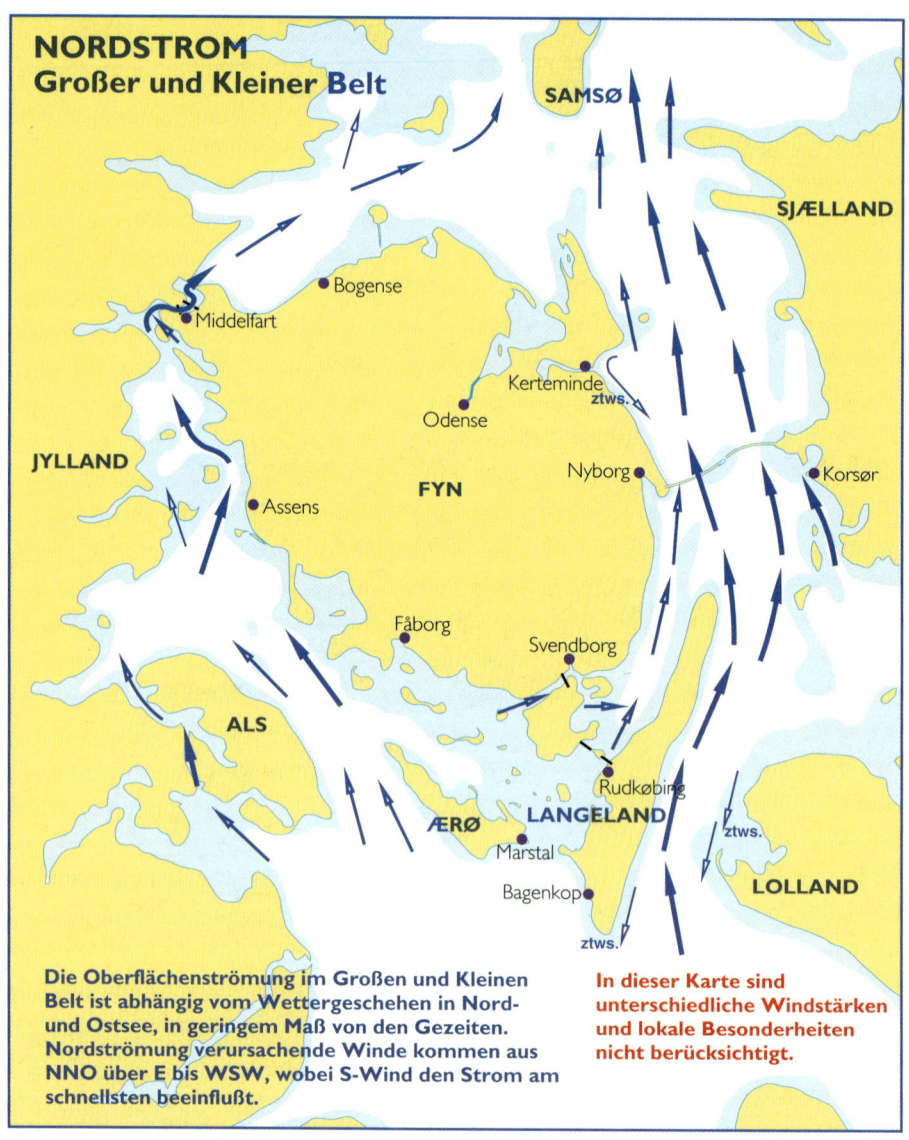

**NORDSTROM**
Großer und Kleiner Belt

SAMSØ

SJÆLLAND

Bogense

Middelfart

Kerteminde
ztws.

Odense

JYLLAND

Nyborg

Korsør

Assens

FYN

Fåborg

Svendborg

ALS

Rudkøbing

ÆRØ   LANGELAND

ztws.

Marstal

LOLLAND

Bagenkop

ztws.

Die Oberflächenströmung im Großen und Kleinen
Belt ist abhängig vom Wettergeschehen in Nord-
und Ostsee, in geringem Maß von den Gezeiten.
Nordströmung verursachende Winde kommen aus
NNO über E bis WSW, wobei S-Wind den Strom am
schnellsten beeinflußt.

In dieser Karte sind
unterschiedliche Windstärken
und lokale Besonderheiten
nicht berücksichtigt.

den Flüssen in die Ostsee und andererseits einen begrenzten Zufluß von
Salzwasser in das Tiefenbecken der Ostsee machen sich Gezeiten kaum
bemerkbar. So können, je nach Gebiet, Strömungsgeschwindigkeiten bis zu 2
kn auftreten. Der Tidenhub beträgt etwa ± 0,2 m.
Für das Gebiet Svendborgsund, wo bei Sturm Strömungen bis zu 6 kn auftreten
können, und ansonsten der normale Strom von etwa 2 kn alle 6 Stunden kentert,
gibt „Søfartsstyrelsen" einen Tidenkalender heraus.

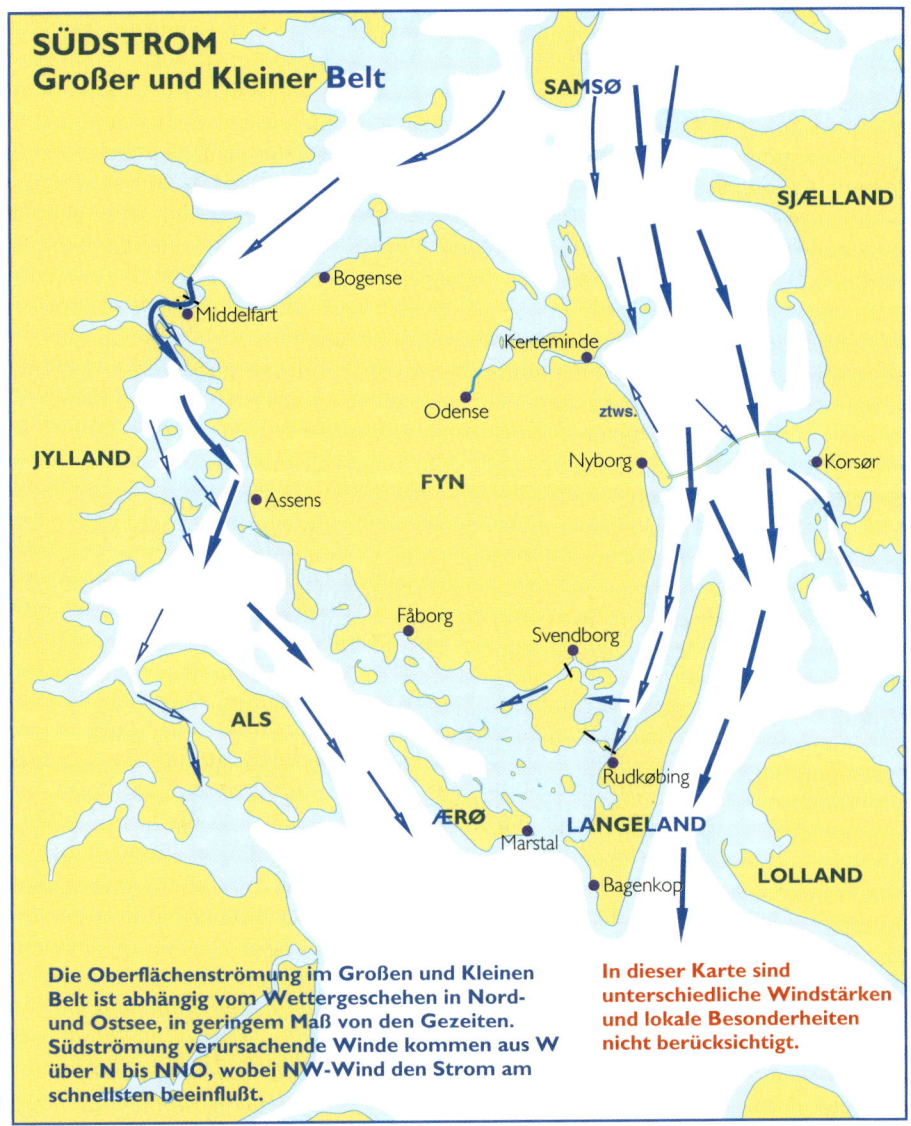

**SÜDSTROM**
**Großer und Kleiner Belt**

SAMSØ

SJÆLLAND

Bogense

Middelfart

Kerteminde

Odense          ztws.

JYLLAND          Nyborg          Korsør

FYN

Assens

Fåborg          Svendborg

ALS

Rudkøbing

ÆRØ          LANGELAND

Marstal

Bagenkop          LOLLAND

Die Oberflächenströmung im Großen und Kleinen
Belt ist abhängig vom Wettergeschehen in Nord-
und Ostsee, in geringem Maß von den Gezeiten.
Südströmung verursachende Winde kommen aus W
über N bis NNO, wobei NW-Wind den Strom am
schnellsten beeinflußt.

In dieser Karte sind
unterschiedliche Windstärken
und lokale Besonderheiten
nicht berücksichtigt.

Der Ausstrom überschüssigen Wassers aus der Ostsee bewirkt eine N-lich
gerichtete Oberflächenströmung. Dabei können örtlich starke Richtungsände-
rungen auftreten (Neerstrom).
Darüber hinaus wird die Beltsee stark von durch Wind verursachten Ober-
flächenströmungen beeinflußt. Die Windrichtung bestimmt hier über die Strö-
mungsrichtung, die bei Starkwinden örtlich bis zu 4,5 kn betragen kann. Dies
bewirkt dann auch Wasserstandsschwankungen von bis zu ± 1,5 m.

# Seewetterberichte
(Auszüge aus DWD, Oktober 1994)

## Sturmwarndienst
Hinweis: Die Telekom hat ab 1995 den Sendebetrieb der Küstenfunkstelle Kiel Radio für nautische und meteorologische Informationen an die Küstenfunkstelle Rügen Radio übertragen. Dabei wurde die Frequenz 2775 kHz (Kiel Radio) durch Rügen Radio anstelle der bisherigen Frequenz 1722 kHz (Rügen Radio) übernommen.

**Küstenfunkstelle Kiel (DAO):** in deutscher Sprache

Gebiete: Skagerrak, Kattegat, Belte und Sund sowie Ostsee bis Nördliche Ostsee, in englischer Sprache nur für Westliche und Südliche Ostsee.

Frequenzen: 2775 kHz (Ankündigung auf 2182 kHz)

Sendezeiten:
a) nach Eingang und im Anschluß an die nächste Funkstille
b) einmal zur nächsten festen Sendezeit für den Warnfunk (2775 kHz) um 02.33, 06.33, 10.33, 14.33, 18.33 oder 22.33 UTC im Rahmen des Warnfunks sowie zur Sendezeit 06.50 und 18.50 UTC, zur Winterzeit 07.50 und 19.50 UTC zu Beginn des Wetterberichtes.

**Rügen (DHS):**

Gebiete: Skagerrak (B14), Kattegat (B13), Belte und Sund (B12), Westliche Ostsee (B11), Südliche Ostsee (B10), Südöstliche Ostsee (B9), Zentrale Ostsee (B8), Nördliche Ostsee (B7), in englischer Sprache nur für Westliche und Südliche Ostsee.

Frequenzen: 1722 kHz/J3E (Sprechfunk auf Grenzwelle)

Sendezeiten:
a) nach Eingang und im Anschluß an die nächste Funkstille
b) einmal zur nächsten festen Sendezeit für den Warnfunk um 03.33, 07.33, 11.33, 15.33, 19.33 oder 23.33 UTC.

## Seewetterberichte und Vorhersagen
**a) Über Küstenfunkstellen**
**Kiel (DAO):**

Gebiete: Skagerrak, Kattegat, Belte und Sund, Westliche Ostsee, Südliche Ostsee, Südöstliche Ostsee. Westliche und Südliche Ostsee auch in englischer Sprache.

Frequenzen: 2775 kHz / J3E; (Ankündigung auf 2182 kHz)

Sendezeiten: Sommerzeit 06.50 und 18.50 UTC, Winterzeit 07.50 und 19.50 UTC;

Inhalt: Hinweis auf Starkwind- oder Sturmgefahr, ausgewählte Stationsmeldungen. Wetterlage und deren Entwicklung. Vorhersage für 12 Stunden (in deutscher Sprache)

Hinweis: ab 1.1.1995 Übernahme der Sendungen durch Rügen-Radio; Sendezeiten und Frequenzen bleiben.

14

UKW-Seewetterbericht: Ankündigung über Kanal 16; Verbreitung ganzjährig über Küstenfunkstellen von Kiel-Radio.

| | |
|---|---|
| Gebiete: | Belte und Sund, Westliche und Südliche Ostsee |
| Frequenzen: | Kiel Radio Kanal 26 |
| Sendezeiten: | 05.40 und 16.40 UTC; |
| | Hinweis: ab 1.1.1995 Sendzeit 07.40 und 18.40 GZ (ganzjährig) |

## b) Über Rundfunksender

**Deutschlandfunk (DLF):**

| | |
|---|---|
| Gebiete: | Deutsche Bucht, Südwestliche Nordsee, Fischer, Skagerrak, Kattegat, Belte und Sund, Westliche und Südliche Ostsee |
| Inhalt: | Wetterlage, Vorhersage für 12 Stunden, Aussichten für weitere 12 Stunden. Stationsmeldungen von Nord- und Ostsee wie in Bordwetterkarte Nr. 9 vorgedruckt, die über das Seewetteramt oder den Fachhandel zu beziehen ist. |
| Frequenzen: | 1269 kHz |
| Sendezeiten: | 01.50 und 06.40 GZ. |

**Deutschlandradio:**

| | |
|---|---|
| Gebiete: | Deutsche Bucht, Südwestliche Nordsee, Fischer, Skagerrak, Kattegat, Belte und Sund, Westliche und Südliche Ostsee |
| Inhalt: | Wetterlage, Vorhersage für 12 Stunden, Aussichten für weitere 12 Stunden. Stationsmeldungen von Nord- und Ostsee wie in Bordwetterkarte Nr. 9 vorgedruckt, die über das Seewetteramt oder den Fachhandel zu beziehen ist. |
| Frequenzen: | 177 kHz |
| Sendezeiten: | 02.00 GZ; 07.00 GZ, als Wiederholung DLF-Bericht 06.40 GZ. |

**Radio Bremen 1 (Hansawelle):**

| | |
|---|---|
| Gebiete: | wie DLF |
| Inhalt: | wie DLF |
| Frequenzen: | 6190, 936 kHz; 89,3, 93,8 MHz |
| Sendezeiten: | 23.05 GZ. |

**Norddeutscher Rundfunk, NDR 4:**

| | |
|---|---|
| Gebiete: | wie DLF |
| Inhalt: | wie DLF |
| Frequenzen: | 657, 702, 729, 972 kHz |
| Sendezeiten: | 00.05 GZ. |

---

*Erläuterungen:*

| | | |
|---|---|---|
| UTC | = | Universal Time Coordinated (früher GMT = Greenwich Mean Time oder MGZ = mittlere Greenwich Zeit) |
| GZ | = | Gesetzliche Zeit (in der Bundesrepublik Deutschland im Sommer = UTC + 2 Stunden, im Winter = UTC + 1 Stunde) |
| BSH | = | Bundesamt für Seeschiffahrt und Hydrographie, Bernhard-Nocht-Straße 78, 20359 Hamburg, Telefon (040) 3190-0 |

Zur Zeit laufen Verhandlungen mit dem NDR über die Verbreitung weiterer Seewetterberichte entsprechend dem Muster des DLF-Seewetterberichtes über den Sendetermin NDR 4 (00.05 Uhr) hinaus.

**Dänischer Rundfunk:**
Wetterberichte und -vorhersagen 5x täglich (dabei 2x tägl. eine 5-Tage-Prognose) auf 243 kHz und 1062 kHz

*Windvorhersagen:*
**Norddeutscher Rundfunk, NDR 2:**
UKW-Sender (MHz): Flensburg 93,2; Kiel 98,3; Lübeck 90,7; Putbus/Bergen 99,8; Röbel 107,0; Schwerin 98,5.

*Telefonnummern für Vorhersagegebiete des Privaten Informationsdienstes (PID) der Deutschen Telekom*
**Wassersportberichte (im Sommerhalbjahr ab 01.04.1995)**
0190 1160 53  Generalnummer Wassersport Ausland
0190 1160 54  Dänemark
**Seewetterberichte**
0190 1169 23  Skagerrak, Kattegat, Belte und Sund
0190 1169 24  Westliche und Südliche Ostsee, Boddengewässer
0190 1169 31  Mittelfrist-Seewetterbericht Nord- und Ostsee
Inhalt der Berichte: Wetterlage, Vorhersage für die jeweiligen Gebiete, Aussichten. Gebühr über Telefonrechnung, 12 Sekundentakt = 1,15 DM pro Minute.

*UKW-Küstenfunkstellen, die Wetterberichte und Vorhersagen verbreiten:*      *Kiel Radio: Kanal 26      Flensburg Radio: Kanal 25*

# Feuer, Funk und Betonnung
In dänischen Hoheitsgewässern ist der Gebrauch einer Funkanlage nur auf UKW-Kanälen und ausschließlich mit Hafen- und Küstenfunkstellen erlaubt.

Seefunkfeuer verlieren für die Navigation immer mehr an Bedeutung. So wurden in den letzten Jahren im Ostseeraum 51 davon stillgelegt. Die verbliebenen senden auf 0,5 kHz zum Seefunkfeuer versetzten Frequenzen zwecks Erhöhung der Genauigkeit von GPS.
Seefunkfeuer, die an das beschriebene Gebiet angrenzen, sind:

| Name | Frequenz in kHz | Kennung | Reichweite in sm |
|---|---|---|---|
| Kiel | 310,0 | KI | 20 |
| Fehmarnbelt | 304,0 | FE | 10 |
| Sjællands Rev N | 310,5 | SG | 50 |

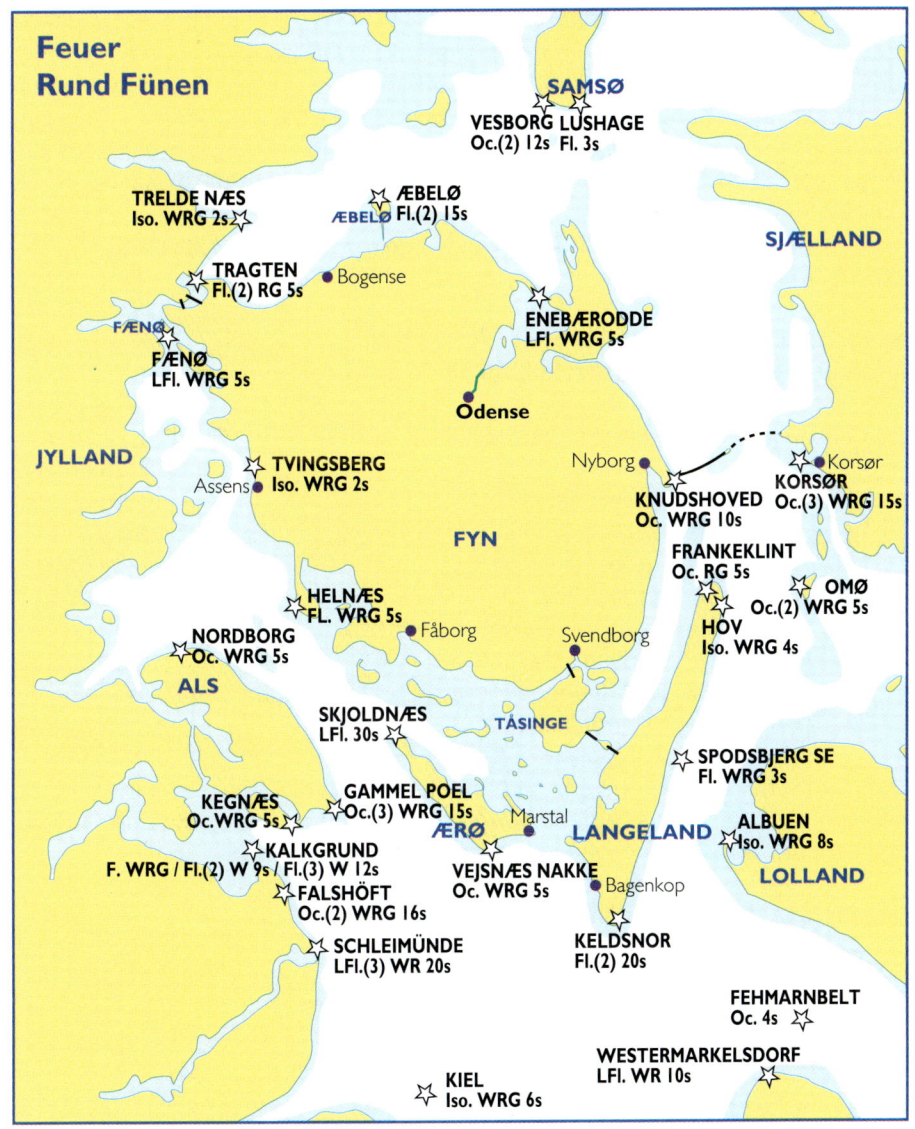

**Feuer Rund Fünen**

SAMSØ

VESBORG LUSHAGE
Oc.(2) 12s Fl. 3s

TRELDE NÆS
Iso. WRG 2s

ÆBELØ
ÆBELØ Fl.(2) 15s

SJÆLLAND

TRAGTEN
Fl.(2) RG 5s

Bogense

FÆNØ

ENEBÆRODDE
LFl. WRG 5s

FÆNØ
LFl. WRG 5s

Odense

JYLLAND

TVINGSBERG
Assens Iso. WRG 2s

Nyborg

Korsør

KORSØR
Oc.(3) WRG 15s

FYN

KNUDSHOVED
Oc. WRG 10s

FRANKEKLINT
Oc. RG 5s

OMØ
Oc.(2) WRG 5s

HELNÆS
FL. WRG 5s

Fåborg

Svendborg

HOV
Iso. WRG 4s

NORDBORG
Oc. WRG 5s

ALS

SKJOLDNÆS
LFl. 30s

TÅSINGE

SPODSBJERG SE
Fl. WRG 3s

KEGNÆS
Oc.WRG 5s

GAMMEL POEL
Oc.(3) WRG 15s

ÆRØ

Marstal

LANGELAND

ALBUEN
Iso. WRG 8s

KALKGRUND
F. WRG / Fl.(2) W 9s / Fl.(3) W 12s

LOLLAND

FALSHÖFT
Oc.(2) WRG 16s

VEJSNÆS NAKKE
Oc. WRG 5s

Bagenkop

SCHLEIMÜNDE
LFl.(3) WR 20s

KELDSNOR
Fl.(2) 20s

FEHMARNBELT
Oc. 4s

WESTERMARKELSDORF
LFl. WR 10s

KIEL
Iso. WRG 6s

Für die Funkortung im Bereich der Beltsee ist, neben GPS, die dänische Decca-Kette 7B von großer Bedeutung.
In Dänemark gilt das Betonnungssystem „A" der IALA*.
Die Betonnungsrichtung der Belte ist S.
Einen Betonnungswechsel gibt es im Svendborgsund auf Höhe der Einfahrt zum Svendborghafen.

---

* Die Größe der dänischen Tonnen fällt jedoch meist eine Nr. kleiner als die internationale aus.

# Schiffahrtsvorschriften

Kleiner und Großer Belt sind nationale dänische Gewässer.

Innerhalb der dänischen Gewässer gelten die Kollisionsverhütungsregeln (KVR), die im „Yachtpilot" vollständig nachgelesen werden können. Darüber hinaus sollte in den dänischen Schiffahrtsvorschriften „Bekendtgørelse om Regler for Sejlads m.m. i Visse Danske Farvande" von 1992 nachgelesen werden.

Außerhalb der dänischen Hoheitsgewässer gelten ausschließlich die Kollisionsverhütungsregeln (KVR).

## Seekarten und nautische Literatur

Amtliche deutsche Seekarten für das hier beschriebene Seegebiet:

| | | |
|---|---|---|
| 11 | Großer Belt, nördlicher Teil | 1:70 000 |
| 12 | Großer Belt, südlicher Teil | 1:70 000 |
| 14 | Kleiner Belt, südlicher Teil | 1:50 000 |
| 15 | Häfen Kleiner Belt und südlich Fyn | Übersichten und Hafenpläne |
| 16 | Kleiner Belt, nördlicher Teil | 1:70 000 |
| 18 | Gewässer nördlich Fyn | 1:70 000 |
| 19 | Århus Bugt und Gewässer um Samsø | 1:70 000 |
| 20 | Gewässer nördlich Sjælland | 1:130 000 |
| 21 | Snävringen und Odense Fjord | Übersichten und Hafenpläne |
| 24 | Kattegat, südlicher Teil | 1:180 000 |

Das dänische Seekartenwerk gibt, neben den amtlichen Seekarten, auch Sportbootkarten heraus. Aufmachung und Maßstab entsprechen den Seekarten, sie sind jedoch handlicher im Format 57,5 x 41,5 cm.

Angebotene dänische Sportbootkarten:

| | | |
|---|---|---|
| Serie A | Kleiner Belt und Gewässer südlich Fyn | mit 18 Blatt |
| Serie B | Gewässer nördlich Fyn und Århus Bugt | mit 11 Blatt |
| Serie C | Großer Belt | mit 12 Blatt |

Als nautische Literatur kann empfohlen werden:

- DSV, Hafenhandbuch, Teil IB
- DSV, Yachtpilot
- DSV, Revierführer Ostsee
- DSV, Seewetter
- Leuchtfeuerverzeichnis Nr. 2101,
  Gewässer zwischen Nord-und Ostsee
- Seehandbuch Nr. 2004,
  Kattegat, I.Teil, dänische Küste, Kleiner und Großer Belt

## Rettungsdienste

### Rettungsdienste Dänemark

Für die Koordinierung von Rettungseinsätzen in den beschriebenen Gewässern ist die Seenotleitstelle RCC Århus verantwortlich. Zu alarmieren ist über die Küstenfunkstellen auf Kanal 16 des UKW-Seefunks, Lyngby Radio (südliches Kattegat einschl. Seegebiet um Anholt sowie Beltsee und Sund) oder Telefon-Notruf 000 (kostenlos).

### Rettungsdienste Deutschland

Die Seenotleitung hat MRCC Bremen. Zu alarmieren ist über die Küstenfunkstellen auf Kanal 16 des UKW-Seefunks und die Grenzwelle 2182 kHz, Kiel Radio (westliche Ostsee).

# Empfohlene Ankerplätze

Plätze zum Ankern sucht man in der Regel aus „Passion" oder wenn Häfen überfüllt sind und keine andere Möglichkeit zum Festmachen besteht. Nachfolgend sind die Rund Fünen bekanntesten Ankerplätze zusammengestellt. Die Ansteuerung ist, wenn nicht gesondert hervorgehoben, den entsprechenden Hafenbeschreibungen zu entnehmen.

### Gewässer S-lich Fünens

#### Ærø

| | |
|---|---|
| Kløven | (Auch Kleven) Von Ærøskøbing aus in E-licher Richtung über etwa 5 m Grund zu erreichende Ankerbucht mit gutem Schutz bei N- bis W-Winden. In früheren Zeiten Winterliegeplatz für Schoner, was die in der Bucht stehenden Dalbenreste noch ahnen lassen. Wassertiefe 2 – 2,8 m, Ankergrund Sand und Schlick. |
| Ommel | Von Marstal aus in NW-licher Richtung für flachgehende Boote zu erreichender Ankerplatz vor dem kleinen Hafen Ommels (Strandby). Wassertiefe etwa 1 – 2 m auf Sand, Schlick (vereinzelt Steine). |
| Revkrog | Aus NW bis N anzusteuernde Bucht N-lich Ærøskøbing, die etwa ab Borgnæs Nakke bis nach Urehoved immer eine Leeküste bietet, außer bei NW-Winden. Wassertiefe etwa 1,5 – 4 m mit Sandgrund. |
| Skoldnæs | Ankermöglichkeit unterhalb der NE-Spitze Ærøs (Næbbet), wo man dicht unter Land guten Schutz bei W-Winden vor dem Seegang aus dem Kleinen Belt findet. Wassertiefe etwa 3 m mit Sandgrund. |

#### Langeland

| | |
|---|---|
| Lindelse Noor | Die W-Küste Langelands etwa 2 sm einschneidender Fjord mit gutem Schutz bei Winden aus N bis S. Ansteuerung siehe Strynø. Zum Einlaufen in die Bucht sollten möglichst |

# Ankerplätze

Ortskenntniss oder Erfahrung in Navigation vorhanden sein. Die Einfahrt zwischen den Flachs in N und S versandet zunehmend, deshalb sollten nur flachgehende Boote dort einen Platz suchen.

Wassertiefen 2 – 6 m über dem Ankergrund mit Sand und Steinen.

## Lyø – Svendborgsund

Lyø                 Ankerplatz etwa 0,3 sm NW-lich Lyø Havn, nach NE offene Bucht.

|  | Wassertiefe etwa 3 m bei 300 m Entfernung zum Ufer. Ankergrund Sand und Kraut. Geschützt bei S- bis NW-lichen Winden. Es liegen zwei Ankerbojen aus. |
| Sinebjerg | Ankerplatz an der S-Küste von Horne Land, geschützt bei Winden aus NW über N bis E. |
|  | Etwa 1,5 sm N-lich Lyø Havn. Wassertiefe 3 – 4 m bei etwa 150 m Uferentfernung. Ankergrund überwiegend Sand. |
|  | Von Lyø aus läuft man problemlos auf den Wald von Sinebjerg zu, an dessen W-Ende ein auffälliges Haus mit rotem Dach steht. |
|  | **Achtung:** Vor der Küste stehende Bundgarne beachten. |
| Dyreborg Vig | Ankerplatz ca. 0,3 sm W- und S-lich des Fischerhafens Dyreborg, bei Winden aus SW bis N geschützt. |
|  | Wassertiefe 3 – 4 m, nach S begrenzt der Knoldsand (0,3 m) den Ankerplatz. Ankergrund überwiegend Sand und Seegrasfelder. |
| Store Svelmø | Ankerplatz in W unterhalb der Steilküste und E der Svelmø Trille vor der S-Küste (Vorsicht: Große Steine), bei Winden aus W über N bis E findet man immer eine Leeküste zum Ankern. |
|  | Wassertiefe 2 – 4 m, guter Ankergrund. |

*Avernakø bietet gleich mehrere gute Ankermöglichkeiten:*

| Revkrog | Schöner Naturhafen N-lich der Revtrille E-lich des Inselteiles Korshavn mit der Möglichkeit, bei Mærsk Møllers Havn an Land zu gehen – geschützt bei Winden aus S bis NW und nach E lassen die Flachs um Flæskholm keine See aufkommen, es liegen zwei Ankerbojen aus. |
| Ravnebjerg | Etwa 0,3 sm N-lich Revkrogen gelegener Ankerplatz vor dem hohen, bewaldeten Ufer mit gutem Schutz bei S- bis NW-lichen Winden. |
|  | Wassertiefe etwa 1 – 4 m, guter Ankergrund. |
| Korshavn | Ankerplatz etwas E-lich der gleichnamigen Brücke mit gutem Schutz bei S- und E-lichen Winden. |
|  | Wassertiefe etwa 2 m, guter Ankergrund. |
| Drejø | Ankerplatz S-lich Drejet (Skovens Vig), der schmalen Landbrücke, die Drejø und Skoven miteinander verbindet. Guter Schutz bei Winden aus W über N bis E. |
|  | Wassertiefe 1,5 – 3 m, Ankergrund Sand. |
|  | Eine zweite Ankermöglichkeit bietet sich S-lich der Kirche Drejøs, wo guter Schutz bei N-Wind vorhanden ist. |
|  | Wassertiefe 3 m, Ankergrund Sand und Steine. |

## Svendborgsund – Großer Belt

| Pilekrog | Direkt aus dem Svendborgsund anzulaufender „Gutwetterplatz" etwa 0,3 sm N-lich Troense mit weichem Ankergrund. |

| | |
|---|---|
| Thurø Bund | E-lich Troense aus dem Sund zu erreichende Ankerbucht (siehe Thurøbund/Gambøt), in die man vorbei an der Werft und den Yachthäfen einläuft und die guten Schutz bei allen Winden bietet. An der bewaldeten S-Küste befindet sich ein kleiner Vereinssteg, an dem man auch liegen kann. Wassertiefe 2 – 3,5 m auf Sand und Schlick. |
| Lunkebugten | An der E-Küste Tåsinges gelegene Bucht, die außer bei NE-Wind etwa ab Valdemarsslot bis Vemmenæs By immer eine Leeküste bietet. Man ankert etwa auf der 2-m-Linie über gutem Ankergrund. |
| Elsehoved | Etwa 2,5 sm S-lich Lundeborgs unterhalb des Elsehoved-Leuchtfeuers gelegene Ankerbucht mit gutem Schutz bei W- bis NW-Winden. Wassertiefe 2 – 4 m auf gutem Ankergrund. |
| Romsø | Kleine bewaldete Insel, die man nach Passieren der Ker-teminde Bugt etwa 1,5 sm N-lch Stavreshoved erreicht. Sie bietet Ankerplätze vor der W-Küste N-lich des Romsø-Revs oder vor der S-Küste E-lich des kleinen Anlegers und an der NO-Küste. Die Insel bietet insgesamt wenig Schutz, da die Wellen rund um die Insel laufen. Wassertiefe 1,5 – 4 m. Ankergrund Sand und Steine. |

*Leuchtturm auf Æbelø*

## N-Küste Fünens

**Korshavn**
Ankerplatz im bei allen Winden geschützten Naturhafen (siehe Korshavn) mit weiteren Liegemöglichkeiten NE-lich Mejlø und NE-lich Langø Hoved, die aber bei W-lichen Winden kaum Schutz bieten.

**Enebærodde**
Hat man den Odensefjord durch die Enge zwischen Enebærodde und Skoven erreicht, hält man sich gleich W-lich, wo man in einigem Abstand (Flach 0,6 m) von der S-Küste der Halbinsel Hals eine Ankermöglichkeit findet. Hier hat man Schutz vor Seegang, aber nicht vor Wind.

**Egense Dyb**
Ankermöglichkeit N-lich des kleinen Hafens Otterup für flachgehende Boote in geschützer Lage (siehe Otterup).

**Æbelø**
„Gutwetterplätze" W- und E-lich des Dammes zwischen Æbelø und Æbelholm auf der jeweiligen Leeseite ohne Windschutz. Man liegt auf Wassertiefen zwischen 5 – 7 m, Ankergrund Sand.
Bessere Ankerplätze findet man an der W-Küste (Sand) der bewaldeten Insel Æbelø, wo auch eine Ankerboje ausliegt, an der N-Küste (steinig) und an der E-Küste (Sand), wo ebenfalls eine Ankerboje ausliegt.

## Samsø/Südlicher Inselteil

**Sælvig**
Ankern in der nach W offenen Bucht, E-lich des Fährhafens von Sælvig, vor dem S-Ufer, unterhalb eines 14 m hohen Hügels möglich. Ankergrund Sand und einzelne Steine.
Bei E- bis S-Wind liegt man ruhig.
Versorgungsmöglichkeiten in Onsbjerg (1,5 km).
Bis Kolby Kås ca. 7 sm.

**Lushavn**
Bucht an der S-Küste zwischen Leuchtfeuer Vesborg (weißer, runder Turm) auf der SW-Huk und Leuchtfeuer Lushage (19 m hoher Gittermast) auf der SE-Huk.
**Achtung:** Vor Samsøs SW-Ecke besteht Ankerverbot.
Der dicht unter Land liegende Ankerplatz befindet sich etwa 0,5 sm W-lich Lushage und eignet sich lediglich als Tages-ankerplatz.
Ankergrund vorwiegend Sand und einige Steine.
Schutz bei Winden aus NE bis NW.
Versorgungsmöglichkeiten bestehen keine.
Bis Ballen bzw. Kolby Kås sind es etwa 4 sm.

**Ballen/Samsø**
Falls der gern besuchte Hafen überfüllt ist, kann man etwa 0,2 sm N-lich, vor gutem Badestrand, ankern. Auf 200 m Uferentfernung finden wir ca. 2,5 m Wassertiefe. Der Anker-grund besteht aus Sand.
Gut geschützt bei Winden von NW über W bis S.
Versorgungsmöglichkeiten finden wir in Ballen.

## W-Küste Fünens (Kleiner Belt)

*Helnæs Bugt:* In W durch Helnæs, in S durch Hornenæs, in E und N durch Fünen begrenzte, geschützte Bucht mit mehreren Ankermöglichkeiten:

| | |
|---|---|
| Bøjden Bro | Ankergrund etwa 0,1 sm N-lich Bøjden Bro, nach W über S bis E mit gutem Schutz vor Seegang und Wind auf 2 – 3,5 m Wassertiefe, Ankergrund Sand und Kraut. |
| Illum | Schmale, in EW-Richtung verlaufende flache Insel 0,5 sm E-lich Helnæs mit Ankermöglichkeit N-lich Vesterhoved (dem W-Teil der Insel) mit Schutz vor Seegang aus dem Belt, aber nicht vor Wind. |
| Helnæs By | An der E-Küste von Helnæs gelegener Platz unterhalb des hohen, bewaldeten Ufers mit gutem Schutz gegen Wind und Wellen bei W-lichen Winden (Beachten: N-lich gelegenes Kabelfeld). |
| Galgebakke | Unterhalb des gleichnamigen Berges (30 m Höhe) etwas S-lich der Landspitze von Halen gelegene Ankermöglichkeit mit Schutz vor W-, S- und N-Winden über etwa 2 m Grund. |
| Brunshuse | (Agernæs) Im NW-Teil der Helnæs Bugt zwischen Agernæs und Fünen, in S durch die Sandbank Fiskerholm und die Landzunge Skarris Odde begrenzt, gelegener Naturhafen, der von Galgebakke aus mit N-lichem Kurs angelaufen wird (**Achtung:** Bis 0,8 sm S-lich Tjørnehoved liegt ein Flach mit 0,6 m Wassertiefe). Einkaufsmöglichkeit in Brunshuse, wo man mit dem Beiboot an Land gelangt. |

## Kleiner Belt (Lille Belt)

| | |
|---|---|
| Torø | Schöner Naturhafen etwa 0,8 sm S-lich Assens am SW-Ende der gleichnamigen Insel, bei NW-lichen Winden ungeschützt. Der Sund zwischen Torø und Fünen ist stark versandet und nicht passierbar. Man liegt auf etwa 3 m Wassertiefe direkt am E-Ende der Insel. Torø wird direkt aus dem Beltfahrwasser angelaufen. |
| Tybrind Vig | Ankerplätze in der weiten Bucht N-lich Brandsø und Wedellsborg Hoved, in die direkt aus dem Beltfahrwasser eingelaufen wird. Durch die sehr offene Lage hat man, außer bei E-Winden, wenig Schutz vor Wellen aus dem Belt. Eine Untiefe (0,6 m, Steine) befindet sich etwa auf Höhe Eskør. |
| Føns Vig | Bietet einige Liegemöglichkeiten vor der S-Küste von Fønsskov, wo man dicht unter Land ankern kann. Geschützt bei Winden aus N bis E. |
| Gamborg Fjord | Ankerplatz in der gleichnamigen Bucht eingangs des N-lichen Fortsatzes (Ellebæk Vig) für flachgehende Boote mit Schutz bei N- bis SE-Winden. Ein weiterer Ankerplatz befindet sich tiefer im Fjord zwischen Svinø und Ronæsskov, wo man bei Wassertiefen von |

etwa 2 – 3 m gut geschützt bei N- bis E-Winden liegen kann. Schutz vor SW- bis S-Winden findet man am höheren Ufer beiTorphoved (flach und Steine).

Im gesamten Gamborg Fjord muß man mit weichem Ankergrund und Steinen rechnen.

**Fænøsund** Ankerplatz vor der NW-lich verlaufenden Küste der bewaldeten Insel Fænø in der kleinen Bucht Lænkevig direkt gegenüber dem Middelfart-Yachthafen mit gutem Windschutz bei S- bis W-Winden. Das Ankern ist problematisch, weil der Landgrund von 2 auf 20 m steil abfällt. Das Ankern bei auflandigem Wind ist nicht zu empfehlen.

*Die Jahrhundertbaustelle im Großen Belt (Østerrenden), Stand Herbst 1994, geplante Fertigstellung 1996.*

# Einreise-Dokumente

... nach Dänemark sind, für Bürger aus EU-Ländern, falls ein vorgesehener Aufenthalt 3 Monate nicht übersteigt, ein gültiger Personalausweis oder ein Paß. Kinder bis 16 Jahre benötigen einen eigenen Kinderausweis, falls sie nicht in den Dokumenten der Eltern eingetragen sind bzw. nicht mit diesen reisen.

## Zollvorschriften

Mit der Einführung des Europäischen Binnenmarktes bestehen grundsätzlich keine Mengen-und Wertbegrenzungen mehr für aus anderen Mitgliedsstaaten mitgebrachte Waren. Das betrifft natürlich nur generell zur Einfuhr zugelassene Waren.

Für die Einreise nach Dänemark gilt jedoch eine Übergangsregelung für verbrauchsteuerpflichtige Waren (Mineralöl, Alkohol, alkoholische Getränke, Tabakwaren). Danach wird die bis zum 31.12.1992 bestandene Freimengenregelung einschl. deren Kontrollmöglichkeit noch bis zum 31.12.1996 beibehalten.

Einzuklarieren ist über einen dänischen Zollhafen. Für das beschriebene Gebiet sind dies Sønderborg, Svendborg bzw. Korsør.

Eine zollamtliche Abfertigung und ein Anlaufen der genannten Zollhäfen ist jedoch dann nicht erforderlich, wenn keine zoll-und abgabepflichtigen Waren an Bord sind bzw. deren Mengen die zulässigen Höchstgrenzen nicht überschreiten.

Die dänische Hoheitszone beträgt 3 sm, die Zollhoheit 4 sm.

## Deutsche Auslandsvertretungen

... finden wir in (Vorwahl Dänemark 0045)
- Kopenhagen, Botschaft der Bundesrepublik Deutschland,
  Stockholmsgade 57, DK 2100 Kopenhagen-Oe, Tel. (0045 51) 26 16 22
- Odense (Honorarkonsul), Svendborgvej 90, Tel. (0045 66) 14 14 14
- Svendborg (Honorarkonsulat), Kuopivej 11, Tel. (0045 62) 21 15 15
...für die Insel Samsø:
- Honorarkonsulat Aalborg (Rings Møbler)
  Danmarksgade 58-64, DK 9000 Aalborg, Tel. (0045 98) 12 56 33
...für Paß- und Visa-Angelegenheiten:
- Generalkonsulat Apenrade, Kystvej 18, DK-6200 Apenrade,
  Te. (0045 74) 62 14 64

# Starthäfen und Anfahrten

Kiel bietet sich als idealer Ausgangspunkt für einen Fünentörn an, da der Nord-Ostsee-Kanal auch Nordseeseglern eine günstige Zufahrt bietet. Ebenso sind Eckernförde, Damp, Kappeln, Maasholm und Schleimünde vorteilhafte Starthäfen. Von diesen Häfen aus sind Anlaufhäfen wie Marstal und Bagenkop im SW unseres Zielgebietes in einem bequemen Tagestörn zu erreichen.

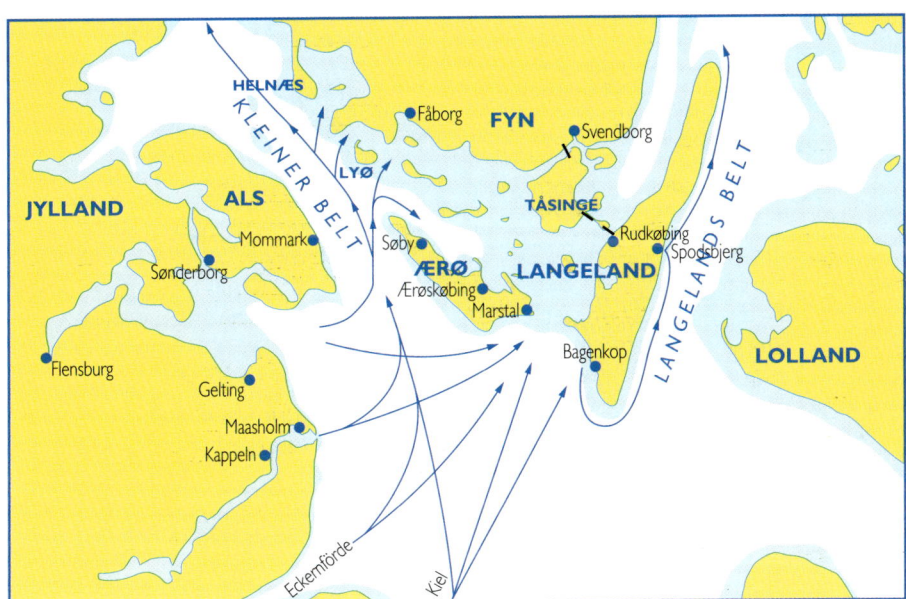

## Wegbeschreibung Richtung Marstal Bugt und Langelands Belt:

E-lich des Leuchtturms Vejsnæs Nakke verläuft die Küste Ærøs zunächst in NE-licher Richtung und dann weiter nach E. Sie bildet hier bis Ærø Hale, der SE-Ecke von Ærø bei Marstal, die N-Küste der Marstal Bugt. Die Steilküste bei Vejsnæs flacht nach E stetig ab.

Die Marstal Bugt hat ausreichende Wassertiefen, und von der Küstenlinie sollte man sich etwa 0,5 sm freihalten. Die Ansteuerungstonne des Fahrwassers nach Marstal, das Marstal Søndre Løb (Feuer in Linie 319,4°), erreichen wir 0,3 sm E-lich. **Achtung:** Betonnungsrichtung ist S! Nur über diese Rinne erreicht man auch die flachen Gewässer der „dänischen Südsee", da zwischen Søndre Løb und Ristinge ein Flach mit minimal 0,6 m Wassertiefe liegt.

2,9 sm SSE-lich des Søndre Løb-Fahrwassers liegt Ristinge Halvø, die W-Spitze Langelands. Starke S-liche Winde können den Wasserstand bis zu 1 m senken, N-liche dagegen bis zu 1 m heben.

Vom Marstal Søndre Løb aus erreicht man nach etwa 6 sm in ESE-licher Richtung Bagenkop, nach weiteren 1,6 sm bei Dovns Klint die S-Spitze von

Langeland und damit den S-Zugang zum Großen Belt. S-lich Bagenkop findet man eine hohe Küstenlinie vor (auffällige Erhebung an der S-Spitze Langelands ist Gustavs Klint), die an der SE-Spitze Langelands wieder abflacht.

Die Marstal Bugt ist ein offenes und bei W- bis S-Winden entsprechend unruhiges Gewässer. Bei schlechter Sicht und Starkwinden sollte Bagenkop auf 102° Richtfeuerlinie 2 Iso.W 4s (Sektorenfeuer Iso.W/R/G 4s, 8/5/5/ M) angesteuert werden. W-lich der S-Spitze von Langeland liegt die YBY-Untiefentonne

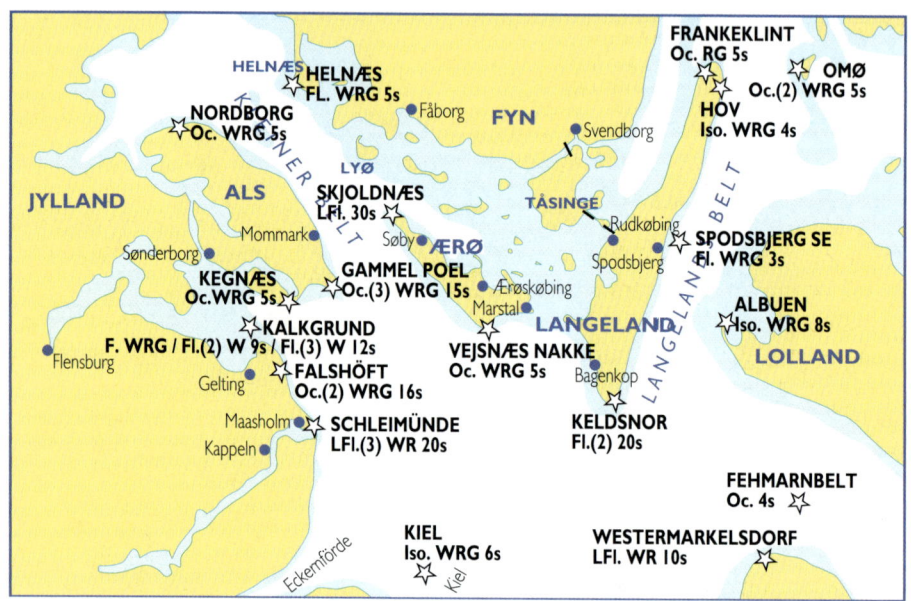

vor dem Snekke Grund. Ansteuerungsfeuer sind Vejsnæs Nakke (Oc.WRG.5s, 7/4/4 M) und Keldsnor (Fl.(2).20s, 25 M, Oc.WRG.5s, 2/9/9 M).

## Der Langelands Belt

... verläuft in NNE-licher Richtung entlang Langelands geradlinig verlaufender E-Küste. Man sollte sich etwa 0,5 sm von der Küste freihalten. Bei NNE- bis S-Winden ist das Wasser recht unruhig. Die Strömung kann hier bis zu 1 kn betragen, wobei Richtung und Stärke windabhängig sind. Winde aus NE bis SE verursachen N-liche, Winde aus NW bis SW demgegenüber S-liche Strömungen. E-W-Starkwinde haben, auf Grund der Gefälleströmung zwischen Kattegat und W-licher Ostsee, höhere Strömungsgeschwindigkeiten zur Folge.

Die Häfen der Flensburger Förde wie auch der Schleimündung sind günstige Ausgangshäfen für Törns in den Kleinen Belt.

## Wegbeschreibung S-licher Teil Kleiner Belt

Der Kleine Belt beginnt zwischen der Insel Als im Westen und der Insel Ærø im Osten und endet in N auf Höhe der N-Spitze Samsøs, wo er in die Århus Bucht übergeht. Vom Pöls-Rev SE-lich Als, mit dem Leuchtfeuer Gammel Pöl, sollte man sich 0,5 sm freihalten. Das gleiche gilt für die E-Küste von Als und die W-Küste von Ærø mit mindestens 0,3 sm. Auf dem Landgrund beider Inseln liegen Steine.

*Leuchtfeuer für die Ansteuerung des Kleinen Belts:*
Vejsnäs Nakke: Oc.WRG.5 s, 7/4/4 M
Falshöft: Oc(2).WRG.16 s,18/15/14 M
Kalkgrund: F.WRG.14/14/13 M; Fl(2)W.9s,19 M;Fl(3)W.12s,19 M
Kegnäs: Oc.WRG.5s,14/10/10 M
Gammel Pöl: Oc(3).WRG.15s,14/10/10 M
Skjoldnäs: LFl. 30s, 20 M.


Die in NNW-licher Richtung verlaufenden Küsten des S-lichen Kleinen Belts bieten bei Winden aus N und S keinen Schutz. Die dem Kleinen Belt zugewandten Küsten von Als (Alsen) und Ærø sind überwiegend Steilküsten.
3,5 sm N-lich Pöls Huk liegt Mommark (DK-V-8) als einziger Schutzhafen am S-Ausgang des Kleinen Belts.
Die Stromstärke in diesem Gebiet erreicht eine Geschwindigkeit von bis zu 1 kn. Selbstverständlich sind Richtung und Stärke windabhängig. Winde aus NE/E/SE lassen N-liche Strömungen entstehen, aus NW/W/SW hingegen S-liche. Hohe Stromgeschwindigkeiten werden durch Starkwinde aus E bzw. W verursacht, eine Folge der Gefälleströmung zwischen Kattegat und W-licher Ostsee. Die Wasserstände sind ebenfalls windabhängig. So führen starke E-Winde zu einem Steigen, aus W aber zu einem Fallen des Wasserstandes. Die Unterschiede können bis zu 1,6 m ausmachen.

# Häfen auf Langeland mit Strynø

Der angelsächsische Seefahrer Wulfstan, der um 890 eine Reise von Haithabu bei Schleswig nach Estland unternahm, erwähnte danach ein dänisches „Langaland". Merkwürdigerweise nannte man die Insel noch bis ins 17. Jahrhundert im Dialekt auch „Lavind".
Zu den auffallendsten Sehenswürdigkeiten gehören heute gewiß das Schloß Tranekær (13. Jahrh.), etwa 12 km nördlich Rudkøbings als der „Hauptstadt" Langelands, das „Grab des Königs Humble" in Humble, etwa ebensoweit nördlich Bagenkop, das malerische Ristinge Klint auf gleicher Höhe, das „Anglerparadies" unter dem Dovns Klint ganz im Süden und das „Safari-Museum" in Lohals. Ende Juli jeden Jahres lädt Langeland zu einem Musik-Festival für die ganze Familie ein.
Die mit 46 m höchste Erhebung finden wir auf S-Langeland, N-lich Tryggelev, auf Höhe des Ristinge Klint. Einen Rundflug über die Insel können wir von NW-Tåsinge aus unternehmen (von Rudkøbing etwa 15 km, Tel. 62 54 22 94).
–   Das zentrale Informationsbüro für Langeland befindet sich in Rudkøbing, Torvet 5, Tel. 62 51 35 05 und ist in der Saison von Montag – Samstag von 9 bis 17 Uhr geöffnet.

- Tourist-Informationen erhält man auch über „Danmarks Turistradio" auf UKW 104,8 (vom 9.Mai bis 9.September von Montag bis Freitag 9 bis 10 Uhr).
- Ärztliche Hilfe erhält man nach 16 Uhr über Tel. 65 90 60 20 bzw. rund um die Uhr vom Falck-Rettungsdienst über Tel. 62 21 22 22
- Die Polizei ist erreichbar über Rudkøbing, Kirkepladsen, Tel. 62 51 14 48.
- Der Notruf ist für ganz Dänemark Tel. 112.

## Bagenkop (DK-III-1)

**54°45,2' N | 10°40,3' E · Seekarten D 12, 14, 3002, DK 142, 185**
Hafenmeister Tel. 62 56 18 61, 62 56 13 63

Langelands Fischereihafen Nr.1 sowie Fähr-und Sportboothafen an der SW-Küste mit ausreichender Wassertiefe für alle Bootsklassen. Ausgangshafen für Segeltörns in die „dänische Südsee". Fährverbindung mit Kiel.
Gastliegeplätze befinden sich im N-Innenhafen oder an der Außenmole (insgesamt 150 Liegeplätze).

*Blickrichtung S*

✳ Der Hafen läßt sich bei Tag und Nacht ohne Schwierigkeiten ansteuern. Richtfeuer 102,3° (im weißen Bereich des Sektorenfeuers Iso.W/R/G 4s) 2 Iso.W 4s Hafeneinfahrt Fl.G 3s, Fl.R 3s. **Achtung:** Stellnetze an der Küste. Die Zufahrtstiefe von 3 m kann bei NE-Sturm +1,2 m und bei SW-Sturm -1,2 m betragen.

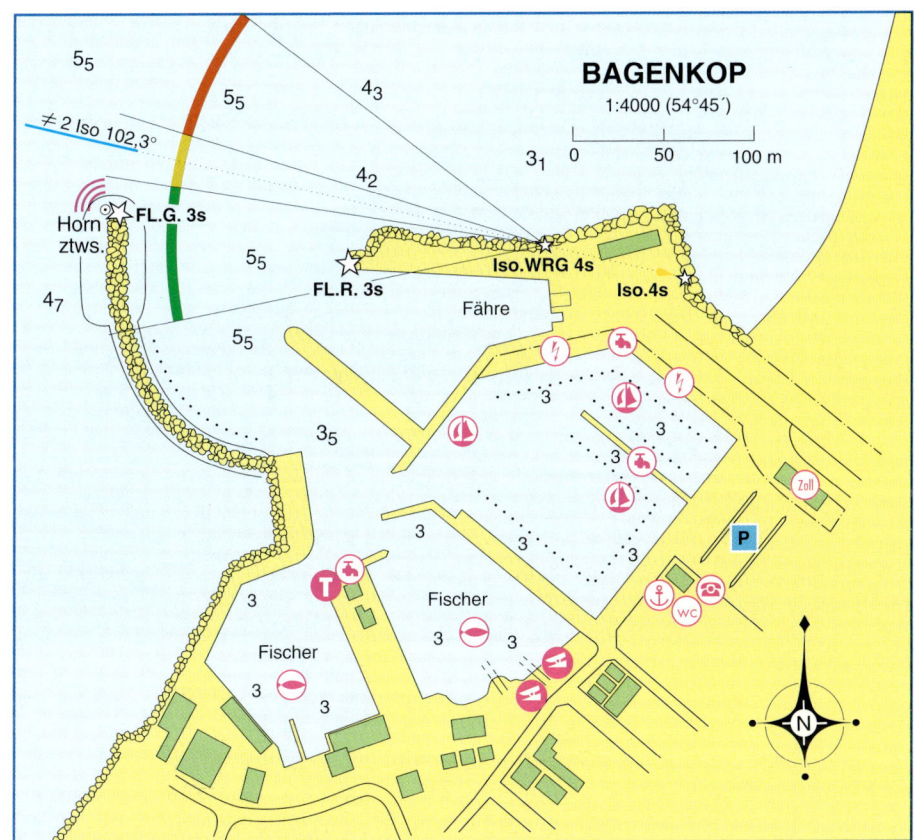

Bagenkop

BAGENKOP

1:4000 (54°45´)

0    50    100 m

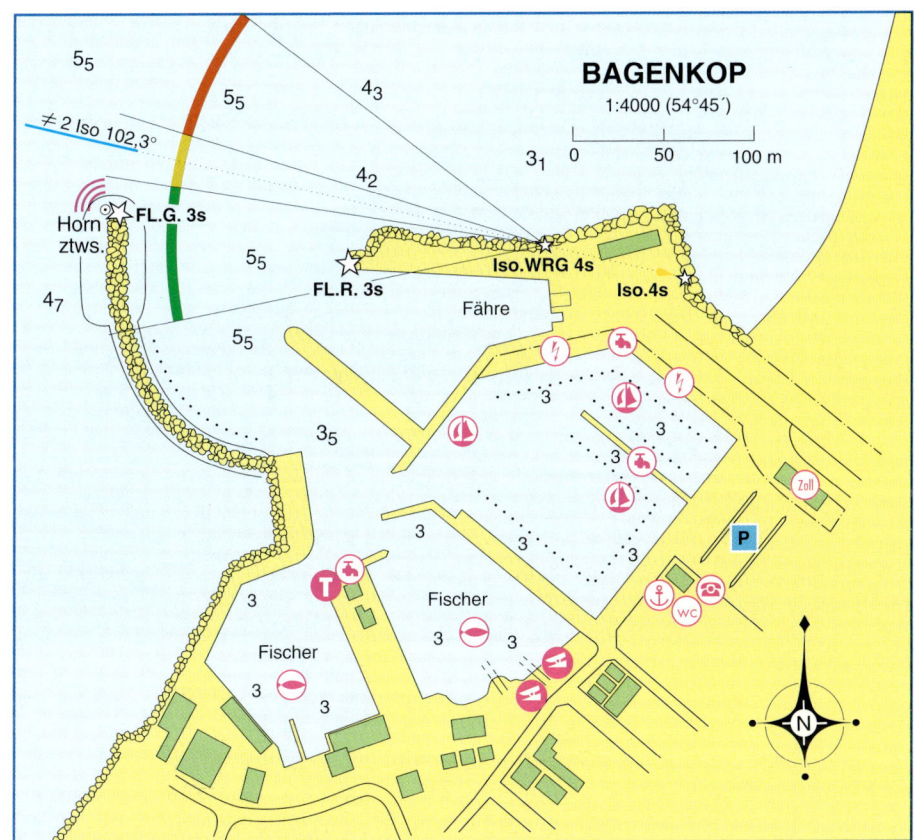 Hafen-Service: Wasser und Strom finden wir an den Stegen, die Zollabfer-
tigung, Telefon, Duschen und WC im Hafenbereich. Eine Tankstelle (D) ist im
Fischereihafen. Des weiteren befindet sich in der Havnegade 2 eine Werkstatt
für Motorreparatur sowie ein Schiffs- und Anglerausrüster.
Bank und Post: haben Filialen in Bagenkop.
Einkauf: Ein Versorger „Provianten" für den kleinen Einkauf (auch am Wochen-
ende) befindet sich direkt im Hafen, gleich neben dem BMC „Bagenkop Marine-
Center", das bereits ab 7 Uhr ein „English Breakfast" anbietet.
Mehrere Einkaufsmöglichkeiten finden wir außerdem im Ort (1 – 2 km).

**i** Informationsbüro: Tourist-Büro-Filiale Tel. 62 56 20 43 (nur während der
Ferienzeit im Sommer). Das zentrale Informationsbüro für Langeland befindet
sich in Rudkøbing, Torvet 5, Tel. 62 513505.
Übernachtung: Während an der Østergade Nr.3 ein „Ganzes-Jahr-Haus" zu
vermieten ist, finden wir unweit des Hafens, direkt am nördlich gelegenen
Badestrand, den „Strandgårdens Camping" mit Hütten und Ferienhäusern.
Apotheke: Die nächste Apotheke finden wir in Humble, Hovedgaden 2,
Tel. 62 57 10 55 (12 km). Taxi: Für S-Langeland über Tel. 62 57 22 26.

*Bagenkop gleich hinterm Wasser*

## Kultur, Sport ...
- Mitte Juli jeden Jahres findet in Bagenkop ein *Hafenfest* statt.
- *Kuttervermietung* für Sportangler sowie Fahrrad- und Pferdeverleih in „Strandgårdens Camping" am nördlichen Ortsausgang, hinterm Badestrand.

## Sehenswürdigkeiten ...
- Bagenkop ist ein typischer Fischerort mit einigen Reetdachhäusern und einem beschaulichen Fischereihafen.

## Landgang ...
- Ausflug zur Südspitze Langelands, dem *Dovnsklint*. Hier finden wir, mitten im Naturschutzgebiet, neben einem sauberen Parkplatz mit WC, einen wunderschönen Angelplatz unter der Steilküste. Für einen Ausflug hierher spricht vor allem eine einzigartige Natur rings um dieses Kap. Nur ein paar Minuten N-lich befindet sich das größte Nor Langelands, das Keldsnor, Rastplatz unterschiedlichster Vogelarten. (4 km)
- ... und unterwegs ein Abstecher zum *Hulbjergjættestuen*, einem der besterhaltenen Ganggräber Langelands, das sich links der Straße nach Gulstav befindet, gleich neben dem ehemaligen Gutshof Søgard. Eine Taschenlampe ist mitzunehmen. (2 km)
- Fahrradwanderung zum historisch erhaltenen und besteigbaren *Keldsnor Fyr* (1885) an der Ostküste nördlich von Dovnsklint, der mit 39 m Feuerhöhe und 25 sm Reichweite zu den lichtstärksten Leuchttürmen Dänemarks gehört. Von hier hat man eine schöne Aussicht über die gesamte Südspitze Langelands und über den Langelandsbelt bis nach Lolland. (etwa 5 km)

– Busfahrt nach Humble im Norden, zum *„Grab" des Königs Humble*, wie die Legende überliefert. Unweit einer der größten Dorfkirchen Dänemarks, querfeldein über einen Bauernhof, befindet sich dieses etwas überwachsene und fünftausend Jahre alte Ganggrab mit 77 Randsteinen. (etwa 12 km)

## Spodsbjerg (DK-III-2)

**54° 56,0' N I 10° 50,07' E · Seekarten D 12, 3002, DK 142**

Hafenmeister Tel. 62 50 11 26

Einziger Fischerei-, Fähr- und Sportboothafen (1994) an der E-Küste Lange-lands auf der Höhe von Rudkøbing. Ausgangspunkt für Hochseeangeltouren. Fährverbindung mit Tårs auf Lolland.

Gastliegeplätze sind im neu erbauten Sportboothafen in ausreichender Anzahl vorhanden (Gesamtkapazität 190 Plätze). Einer besonderen Regelung unter-liegt die Liegeplatzgebühr: Muß der Hafenmeister kassieren kommen, so kostet dies 10 DKr. Aufschlag. **Der Fährhafen ist für Sportboote gesperrt.** Es läuft Schwell der Großschiffahrt in den Vorhafen. In der Marina liegt man ruhig.

*Blickrichtung N*

⚗ Der Hafen ist bei Tag und Nacht problemlos anzusteuern. Die Hafeneinfahrt SW-lich des Fährhafens ist mit F.G. und F.R. sichtbar bezeichnet, die Einfahrt im Innenbereich zur Marina mit F.W., F.W. Das Feuer Spodsbjerg SE, mit der Kennzeichnung Fl.W/R/G. 3s, 8/5/5 M, steht 1 sm S-lich und 0,8 sm E-lich Spodsbjerg.

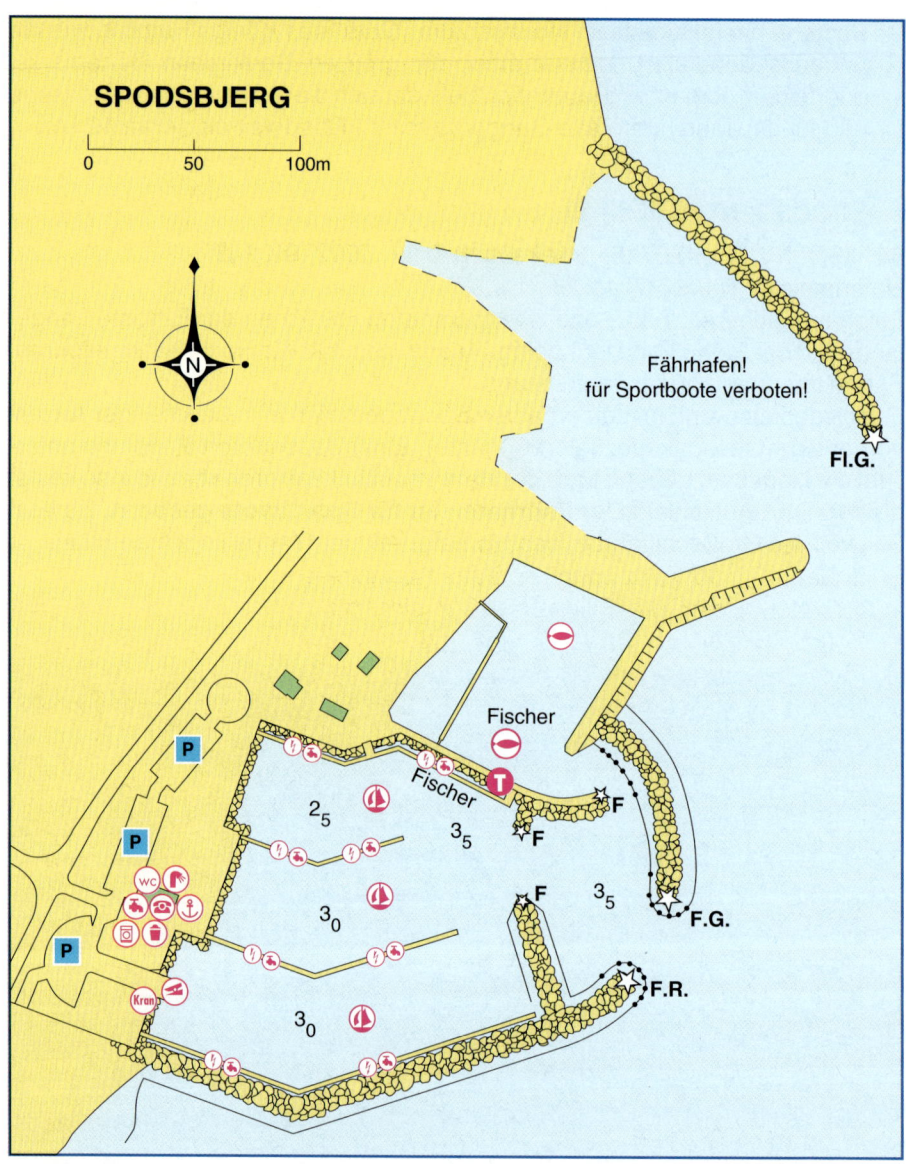

Die Zufahrtstiefe von 2,5 bis 3 m ändert sich bei NE-Sturm um +1m und bei SW-Sturm um -1m.

⊞ Hafen-Service: An den Stegen befinden sich Anschlüsse für Wasser und Strom. Im Hafenbereich finden wir Duschen, WC, eine Tankstelle (D) am N-Steg, Slip und Telefon.
Bank und Post finden wir im 8 km entfernten Rudkøbing.
Einkauf: Beschränkte Einkaufsmöglichkeiten sind im Ort vorhanden.

Rast: Im Fährhafen-Restaurant „Spodsbjerg Cafeteria", etwa 200 m vom Yacht-hafen entfernt, befindet sich außerdem ein Kiosk-Verkauf.
Das 300 m S-lich der Marina gelegene „Spodsbjerg Badehotel & Færgekro" (der Name läßt mehr erwarten) bietet eine weniger anspruchsvolle Küche.

**i** Informationsbüro: Auskunft erteilt das Zentrale Touristenbüro für Langeland in Rudkøbing am Torvet 5 unter Tel. 62 51 35 05.
Übernachtung: Ist im „Spodsbjerg Badehotel & Færgekro" ebenso möglich wie im Camping gegenüber der Marina sowie im S-lich des Ortes in Strandnähe gelegenen „Billevænge Camping", wo auch Hütten und Wohnwagen vermietet werden.
Arzt: Rudkøbing bietet die nächste Möglichkeit, desgleichen Apothekendienst.
Taxi: Über Rudkøbing Tel. 62 51 10 80 und 62 51 21 80.

### Kultur, Sport ...
- Jährlich Ende Juni gibt es in Spodsbjerg ein „Sct.Hans-Fest".
- Das Hafenfest findet hier Anfang Juli statt.
- Ende Juli erlebt ganz Langeland das traditionelle Musikfestival.
- Fahrradausleih ist im „Billevænge Camping" möglich wie auch bei Ole Dehn, Spodsbjergvej 186.
- Angelgerät, Boots- und Kutterausleih ebenfalls bei Ole Dehn.
- Bakkegård-Reitschule, Frellesvigvej 6, Tel. 62 59 12 66, bei Tullebølle, etwa 5 km N-lich Spodsbjerg.

### Sehenswürdigkeiten ...
- Spodsbjerg lebt von seiner na-türlichen Umgebung, mit Ba-deständen beiderseits der Ha-fenanlagen, mehreren Cam-pingplätzen und Sommerhaus-bebauung. Die neue Marina zieht immer mehr Segler an.

### Landgang ...
- Zu den Stränden N-und S-lich des Ortes.(1 – 3 km)
- Busfahrt in die „Insel-Haupt-stadt" Rudkøbing (siehe Rud-købing). (8 km)
- Ausflug entlang des S-lich der Hauptstraße nach Rudkøbing führenden Spodsbjergvejs zu der Eventyr-Møllen (3 km), Nørre Longelse, wo sich nicht nur eine schöne Aussicht bie-tet, sondern auch ein schmackhaftes Essen serviert

*Großsteingrab von 3000 v.Chr. bei Oldenbjerg, nördlich Rudkøbing*

*Schloß Tranekær, Langelands berühmtester Herrensitz*

wird (in der Hauptsaison täglich, sonst außer Dienstag 12 bis 21 Uhr). Nur 1-2 km weiter befinden sich ein Zierfisch-Aquarium (ganzjährig 10 bis 18 Uhr) sowie die *Skrøbelev-Kirche* mit einem Altarbild von 1590 und romanischen Bildquadern in den Mauern.

– Radwanderung nach Sønderskovsgaard, Longelse, einem *„Bauernhof zum Anfassen"* etwa 5 km S-lich Spodsbjerg (Mitte Mai bis Mitte August, 10 bis 18 Uhr, 25/15 DKr.).

– Spaziergang zur *Oldenbjerg Langdysse*, einem *Großsteingrab* in NW-licher Richtung. (3 km)

– Busfahrt zum *Schloß Tranekær*, mit Schloßpark und Natur-Ausstellung „Tickon" sowie der Museums-Schloßmühle.(12 km)

– Fahrradtour zum Herrenhof Skovsgaard, zwischen Lindelse und dem Meer, etwa 12 km S-lich Spodsbjerg. Hier ist u.a. eine *Pferdekutschen-Ausstellung* („Vognmuseum" von Mitte Mai bis September von 10 – 17 Uhr, Samstags ab 13 Uhr) zu besichtigen, und ein schöner Park lädt zum Picknick ein.


✺ Nach Lohals, dem nächsten Törnziel, läuft man etwa im Abstand von 0,7 sm entlang Langelands Küste nach N. Zur Ortsbestimmung in diesem Gebiet dienen die Feuer Bøstrup E (Fl.R/G 5s, 5M), Langelandsbelt-N (Fl.R/G 3s, 5M), Hov (Iso.W/R/G 4s, 16/12/12M) und Frankeklint (Oc.R/G 5s, 7/7M). Den weit ins Meer reichenden Landgrund an der N-Spitze Langelands sollte man erst in Höhe der 1,3 sm N-lich stehenden BY-Untiefentonne nach W umfahren. Etwa 2,3 sm WNW-lich liegt die bezeichnete Rinne (Kobberdyb), durch welche man zur E-Küste Fünens gelangt. Nach Lohals steuert man jetzt S-lichen Kurs und sollte sich etwa 0,5 sm von Langelands W-Küste freihalten.

## Lohals (DK-III-6)

**55° 08,1' N I 10° 54,1' E · Seekarten D 12, 14, 3002, DK 142 und 185**

Hafenmeister Tel. 62 55 13 85
N-lichster Fähr-, Fischerei-und Yachthafen an der W-Küste Langelands, auf Höhe Lundeborg gelegen. Zentrum für Hochsee-Sportangeln. Fährverbindung nach Korsør auf Seeland sowie Passagierschiffverbindung nach Kopenhagen (ca. 3 Std.).
Gastliegeplätze finden wir im Yachthafen (200 Liegeplätze) ebenso wie im Fischereihafen.

*Blickrichtung SE*

Ein Anlaufen des Hafens ist bei Tag und Nacht möglich. NW-lich Langelands, etwas oberhalb der Insel Freesen und 1 sm vor der W-Küste beginnend, erstreckt sich in NS-Richtung ein 10 sm langes und 1 sm breites Flach. Aus Nyborg oder Lundeborg kommende Segler können dieses nur durch das mit Untiefentonnen bezeichnete Kobberdyb oder das betonnte Smørstakke Løb durchfahren. Nachts sollte man nur durch das Smørstakke Løb anlaufen und

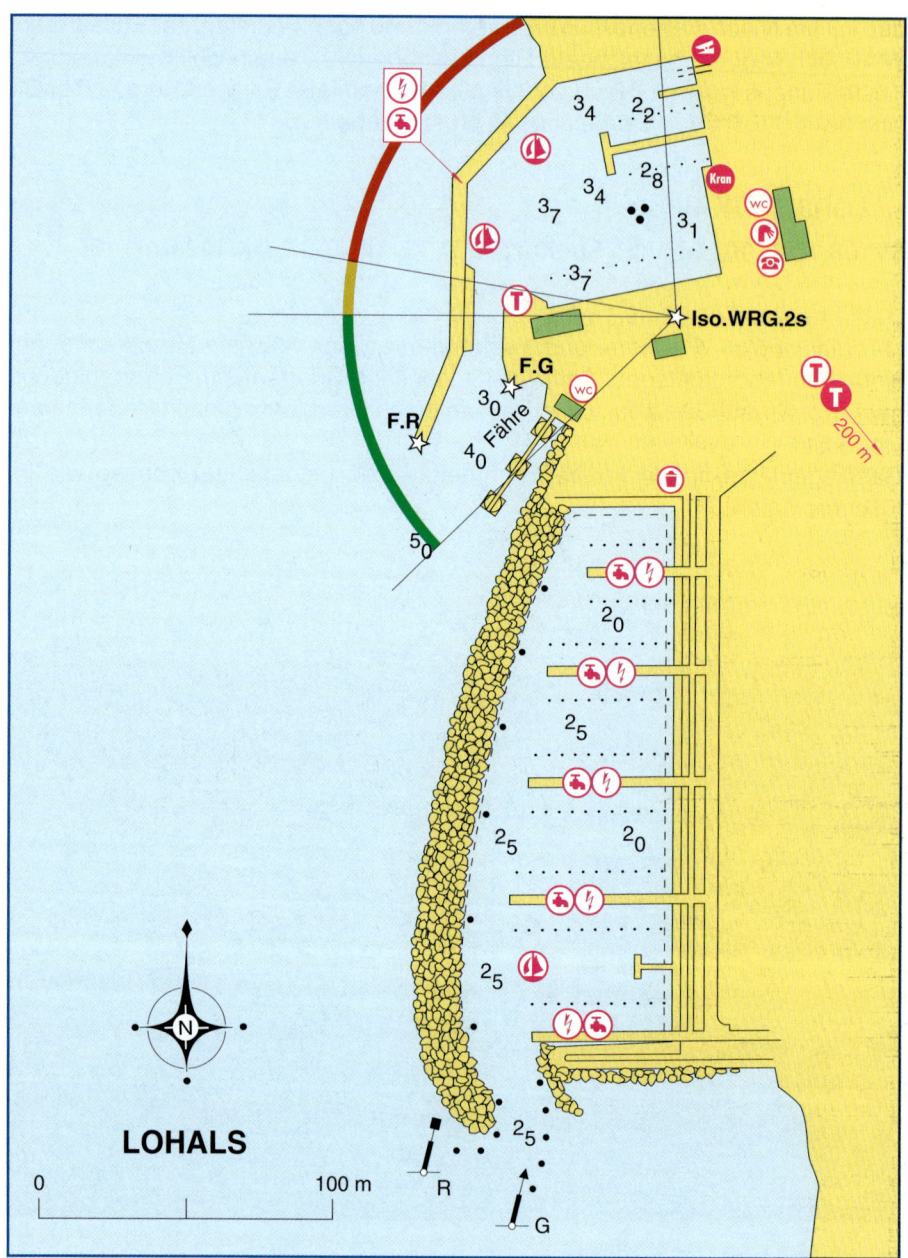

**LOHALS**

Iso.WRG.2s

F.G

F.R

Fähre

Kran

200 m

0    100 m

sich dabei im weißen Sektor des Lohalsfeuers (Iso.W/R/G 2s, 12/8/8 M) halten. Die Hafeneinfahrt des Fischereihafens ist mit F.G/F.R befeuert. Die Einfahrt des Yachthafens liegt etwa 250 m S-lich. Aus N kommende Segler können Lohals direkt zwischen der Barre und Langelands Küste anlaufen. Die 3 m Zufahrtstiefe kann sich bei SW-Sturm um +1,2 m und bei NE-Sturm um -1,5 m verändern.

⚓ Hafen-Service: An den Stegen des Yachthafens finden wir Wasser-und Stromanschlüsse. Im Hafenbereich befinden sich Duschen und WC, Telefon, eine Münzwäscherei, Slip, Kran sowie Möglichkeiten zur Boots-und Motorreparatur. Auch die Einrichtungen des nahegelegenen Camping dürfen genutzt werden.
Bank, Post: Filialen finden wir in der Søndergade.
Einkauf, Rast: Versorgungsmöglichkeiten gibt es im Ort ausreichend. Für ein Mittagessen bieten sich „Kystpavillionen" mit Blick über den Yachthafen und „Marinaen" am Fischereihafen an.

ℹ Übernachtung: Ist u.a. im Hotel Færgegården am Hafen, im Lohals Camping im Ort und dem Hov Camping am Nordstrand (4 km) sowie in zahlreichen Sommerhäusern möglich.
Apotheke: Apothekendienst Kpt.Kaasvej 2.
Taxi: Für Nordlangeland über Tullebølle Tel. 62 50 14 08 /62 55 15 23.

## Kultur, Sport ...
– In der ersten Hälfte Juli findet in Lohals ein *Sommerfest* statt.
– In den Sommermonaten lädt an einigen Wochenenden die Stoense Kirke zu *Konzerten* ein (6 km mit dem Bus).
– Ole Dehn, Søndergade 22, organisiert nicht nur *Angelausfahrten,* sondern vermietet auch Kutter, Boote und Angelgerät.
– Die Bedingungen zum *Surfen* sind in Lohals vor allem am Nordstrand außerordentlich günstig. Surfbretter verleihen die Campingplätze und Ole Dehn.

## Sehenswürdigkeiten ...
– Lohals hat sich mit seinen schönen Badeständen, vor allem dem Nordstrand bei Hov, immer mehr vom Fischer-zum Touristenort hinentwickelt. Neben der natürlichen Umgebung des Nordkaps sind die *Hov Kirche* von Lohals, die *Stoense Kirche*, der *Hov Leuchtturm* (1893) und das Safari-Museum sehenswert. Die Entwicklung des Fischerdorfes begann erst Ende des 19. Jahrhunderts.

## Landgang ...
– Wanderung zum Hov Strand, über das Frankeklint. In Hov und dem Hov Camping findet man auch Raststätten. Außerdem kann man hier Surfbretter ausleihen. (5 km)
– Besichtigung „*Tom Knudsens Safari Museum"* (Tom Knudsen wurde in Lohals geboren und wanderte 1910 in die USA aus), Hovvej 49, mit einer Sammlung interessanter Wild-Trophäen aus Afrika, Indien, USA und Kanada. (Pfingsten bis Ende August am Wochenende von 15 – 17 Uhr, sonntags auch 10 – 12 Uhr, während der Ferienzeit auch dienstags und donnerstags 15 – 17 Uhr). (1,5 km)
– Busfahrt zum *Schloß Tranekær*, mit Schloßpark-Ausstellung und Museums-Mühle. Direkt am Schloß befindet sich das Café Herskabsstalden, gegenüber die „Skvatmølle", ein Öko-Garten. (20 km)

⚓ Richtung Dageløkke S-lich Lohals muß das betonnte Smørstakke Løb nach W durchfahren werden, bevor mit Kurs SSW auf den etwa 4,5 sm S-lich liegenden Hafen zugehalten werden kann.

## Dageløkke (DK-III-5)

**55° 03,8' N I 10° 51,8' E · Seekarten D 12, 3002, DK 142**
Hafenmeister Tel. 62 59 17 30, 62 59 13 10
Zwischen Lohals und Rudkøbing an der W-Küste Langelands gelegener kleiner Fischerei-und Sportboothafen.
Gastplätze weist der Hafenmeister an (insgesamt 50 Liegeplätze).

*Blickrichtung NE*

⚓ Die Ansteuerung auf Dageløkke erfolgt etwa 1 sm W-lich zwischen zwei bezeichneten Untiefen hindurch in Richtfeuerlinie 122° mit 2 F.G ztws. Vor der Hafeneinfahrt liegt ein G/R Tonnenpaar aus.
Die Wassertiefe von 2,5-3 m ändert sich bei N-Sturm um +1,2 m und bei S-bis SW-Sturm um -0,9 m.

🏠 Hafen-Service: An den Stegen finden wir Wasser und Strom. Im Hafenbereich gibt es Dusche, WC, Telefon, Münzwäsche, Bootswerft, Slip, Kran, Yachtservice und eine Tankstelle (D).
Bank, Post: Bank- und Post-Filialen im 4 km entfernten Snoede.
Einkauf,Rast: Für den notwendigen Einkauf sind Möglichkeiten vorhanden. Im

Hafen befindet sich das zum Ferienzentrum gehörende Restaurant „Lanternen".
Der Dageløkke Kro, etwas oberhalb des Hafens, ist leider meist unter Vertrag.

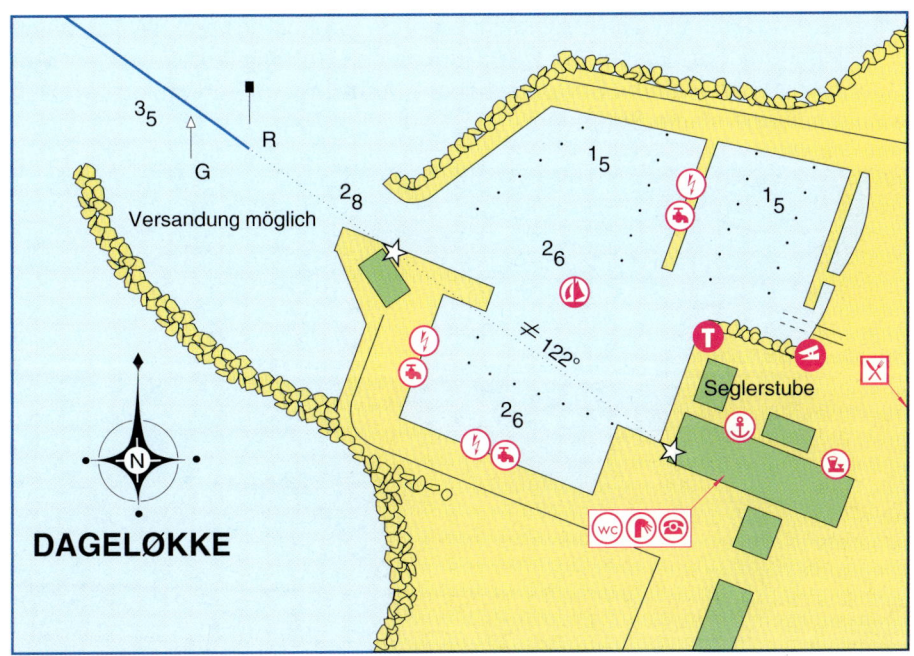

**i** Informationsbüro: Informationen aller Art über Tel. 62 51 14 44 bzw.
Rudkøbing Tel. 62 51 43 35.
Übernachtung: Wenn nicht im Ferienzentrum, so findet man gewiß im gutklas-
sigen Emmerbølle Strand Camping (3 km) S-lich eine Wohnhütte. Der Anlege-
steg dort ist allerdings nur fürs Dingi geeignet.
Apotheke: Einen Apothekenausweichdienst finden wir in Snoede (4 km).
Taxi: Über Tullebølle Tel. 62 50 14 08 oder 62 55 15 23.

## Kultur, Sport ...
– In den Sommermonaten finden in der Stoense Kirche an einigen Wochenen-
den *Konzerte* statt (5 km).
– Einen *Fahrradverleih* finden wir im Ferienzentrum bzw. im Emmerbølle
Camping.

## Landgang ...
– Fahrt zum *Schloß Tranekær* mit Parkanlage und *Museums-Mühle* (1845).
(8 km)
– Spaziergang zum S-lich Dageløkke gelegenen spätklassizistischen *Herrenhaus Egeløkke* (1840), dessen Park an den Wochenenden Besuchern
offensteht. (2 km) Bekannt auch durch den dänischen Glaubensreformer
Grundtvig, der hier 1805 eine Hauslehrerstelle übernahm und dessen

unglückliche Liebe zu Constanze Leth nach seinem Tagebuch Vorlage zu einem Drama wurde.

✺ Das etwa 9 sm SW-lich Dageløkke liegende Rudkøbing kann SW-lich durch ausreichend tiefes Wasser bis zum Rudkøbing Løb angelaufen werden (Ansteuerungstonne R/W mit Balltoppzeichen). **Achtung:** im Rudkøbing Løb läuft windabhängige starke Strömung.

*Blickrichtung sSW*

## Rudkøbing (DK-III-4)

**54° 56,4' N I 10° 42,5' E · Seekarten D 14, 15, 3002, DK 170, 172, 185**
Hafenmeister Tel. 62 51 13 39
Handels-, Fischerei-und Yachthafen SE-lich der Insel Siø an der W-Küste Langelands. Hier führt die mit ihrem Halbbogen markante Brücke seit 1962 über den Siø Sund nach Tåsinge und Svendborg auf Fünen. Der Skudehavn (1989), auf deutsch Schutenhafen, bietet einen exklusiven Liegeplatz und nicht nur Seglern vollkommenen Service. Fährverbindung nach Marstal auf Ærø sowie zur Insel Strynø.
Gastplätze im Skudehavn (insgesamt 286 Plätze) bzw. begrenzt auch im S-Becken des Handelshafens vorhanden.

✺ Der Hafen wird, von N kommend, durch das betonnte Rudkøbing Løb über 3 Richtfeuerlinien angelaufen – Ansteuerung anfangs mit 205° 2 Iso 4s/2s

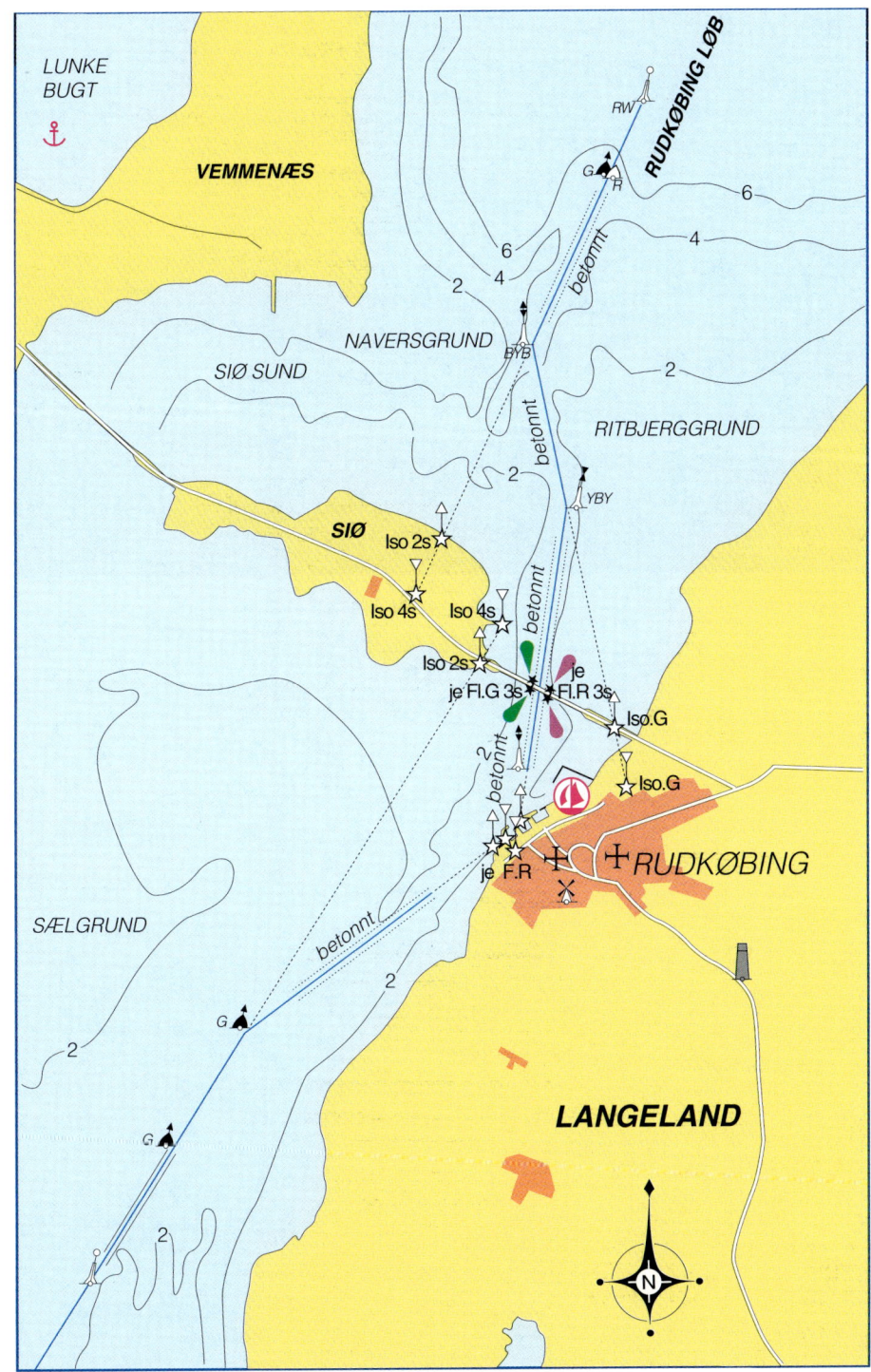

LUNKE
BUGT

⚓

VEMMENÆS

RUDKØBING LØB

RW

G R

6

6

4

4

2

NAVERSGRUND

BYB

SIØ SUND

2

RITBJERGGRUND

SIØ

2

Iso 2s

YBY

Iso 4s    Iso 4s

Iso 2s

betonnt

je

je Fl.G 3s    Fl.R 3s

Iso.G

2

Iso.G

je F.R

RUDKØBING

SÆLGRUND

betonnt

2

G

2

LANGELAND

G

2

N

43

*Blickrichtung S*

≠ 189°

$2_5$

$2_5$

$2_5$

$2_5$

$2_5$

$2_5$

$5_0$

$2_3$

$2_3$

$1_4$

$2_5$

$2_2$

$2_6$

≠ 199°

$5_0$

$1_3$

F.G. $5_0$ F.R.
Industriehafen

F.G.

F.R.

≠ 054°

F.R.

F.R.

Zoll

N

**RUDKØBING**

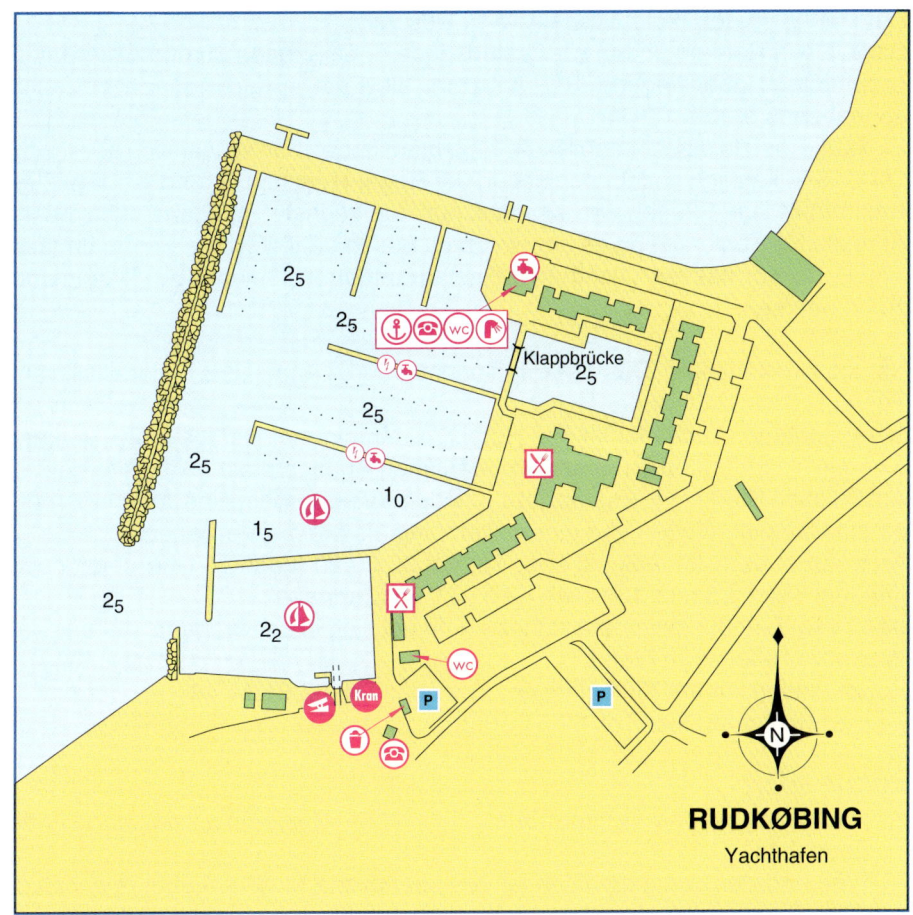

RUDKØBING

Yachthafen

wechselnd auf 167,6° 2 Iso G und schließlich auf 188,7° 2 F.R. Die dabei zu passierende Hochbrücke hat die Kennung Fl.G/Fl.R 3s sowie eine lichte Höhe von 26 m. **Die Betonnungsrichtung ist S**.

Aus S kommend erreicht man auf der Höhe von Strynø das betonnte und in Richtfeuerlinie mit 32,9° 2 Iso 4s/2s befeuerte Fahrwasser, das später auf 2 F.R 53,7° wechselt. **Die Betonnungsrichtung ist hier N**! Vom Fahrwasser aus führt eine ausgetonnte Rinne in den Yachthafen.

**Achtung**: bezeichnete Untiefe beachten! **Vor allen drei Hafeneinfahrten muß mit starkem Querstrom gerechnet werden!**

Die Zufahrtstiefe von 2,3 m kann sich bei N-Sturm um +0,6 m und bei SW-Sturm um -1,2 m ändern.

Hafen-Service: Im Skudehavn gibt es an allen Stegen Wasser-und Strom-anschluß. Im Hafenbereich finden wir Duschen, WC, Telefon, Ferienwohnun-gen, Hotel, Restaurant, Hallenbad, Sauna, Fahrradverleih, Slip, Kran, Trai-lerbahn, Boots-und Motorreparatur sowie Tankstelle (B+D).

Der Handelshafen bietet Wasser, WC, Dusche.

Bank, Post: Banken finden wir Ørstedsgade 6, Østergade 39 und Østerport 2 (wochentags überwiegend 10 – 17 Uhr), die Post in der Brogade 13 (auch sonnabends 9.30 – 12 Uhr).

Einkauf, Rast: In dieser alten Kaufmannsstadt findet man so ziemlich alles, was Langeland käuflich anzubieten hat (in der Regel zwischen 10 und 17 Uhr). Das Restaurant am Skudehavn ist nicht nur die nächste, sondern auch beste Adresse für Segler, wenn es um ein gutes Essen geht. Weitere Empfehlungen sind dem informativen Yachthafen-Restaurantführer „Landgang in Dänemark" zu entnehmen.

**i** Informationsbüro: Das zentrale Touristenbüro Langelands befindet sich am Torvet 5, Tel. 62 51 35 05.

Übernachtung: Auch hier ist das Hotel Skudehavn, nur wenige Meter von der eigenen Yacht entfernt, mit seinem maritimen Ambiente die beste Alternative. Am S-lichen Stadtrand, Engdraget 11, finden wir außerdem eine Jugendherberge mit Camping-Hütten und einem Camping als preiswerte Variante.

Arzt: Außer dem Ärztedienst über Tel. 65 90 60 20 (nach 16 Uhr) seien noch genannt Tel. 62 51 11 18 sowie 62 51 21 66 (Zahnarzt).

Apotheke: Eine historische Apotheke befindet sich in der Brogade 15, auf dem Weg vom Hafen zum Markt.

Polizei finden wir am Kirkepladsen oder über Tel. 62 51 14 48.

Taxi erreicht man über Tel. 62 51 10 80.

## Kultur, Sport ...

- Rudkøbing ist das Zentrum des alljährlichen *Musik-Festivals* Langelands Ende Juli.
- Während der Sommersaison ist das abendliche Musikangebot reichhaltig. „Den Gamle Kro", Nørrebro 13, bietet jeden Freitag abend Live-Musik und Unterhaltungsprogramme. Etwas ganz besonderes ist allerdings *„Tingstedet"*, ein 300 Jahre alter Kaufmannshof in der Østergade, wo in historischer Umgebung, bei einem auch reichen gastronomischen Angebot, an mehreren Abenden in der Woche von Klassik bis Rock eigentlich alles geboten wird.
- Das reichhaltigste *Sportangebot* hat „Skudehavn" selbst zu bieten: Schwimmhalle, Kraftraum, Tennis, Volleyball, Windsurfing und Fahrradausleih.

## Sehenswürdigkeiten ...

- Die stimmungsvolle Kleinstadt Rudkøbing (Stadtrecht 13. Jahrh.) besitzt noch eine ganze Reihe hübscher alter Fachwerkhäuser, vor allem in der...
- Smedegade, wo sich auch Langelands Museum befindet, der Brogade mit dem Gänsemarkt, wo wir die *historische Apotheke* finden, in der H.C.Ørstedt (Denkmal), der Entdecker des Elektromagnetismus, geboren wurde sowie der ...
- Østergade 24 mit Bays Gård, einem gut erhaltenen Handelshof aus dem

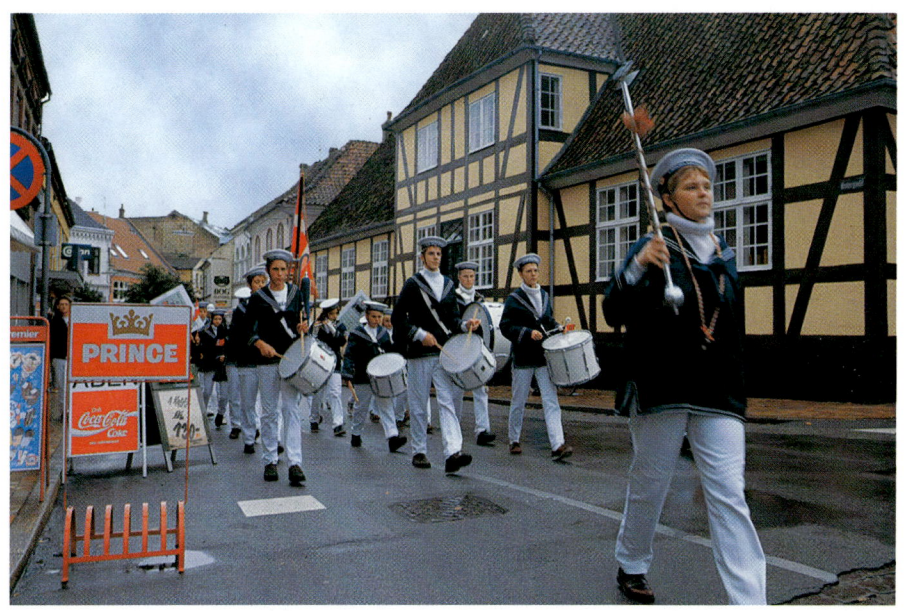

PRINCE
Coca-Cola
*Auf der Østergade in Rudkøbing*

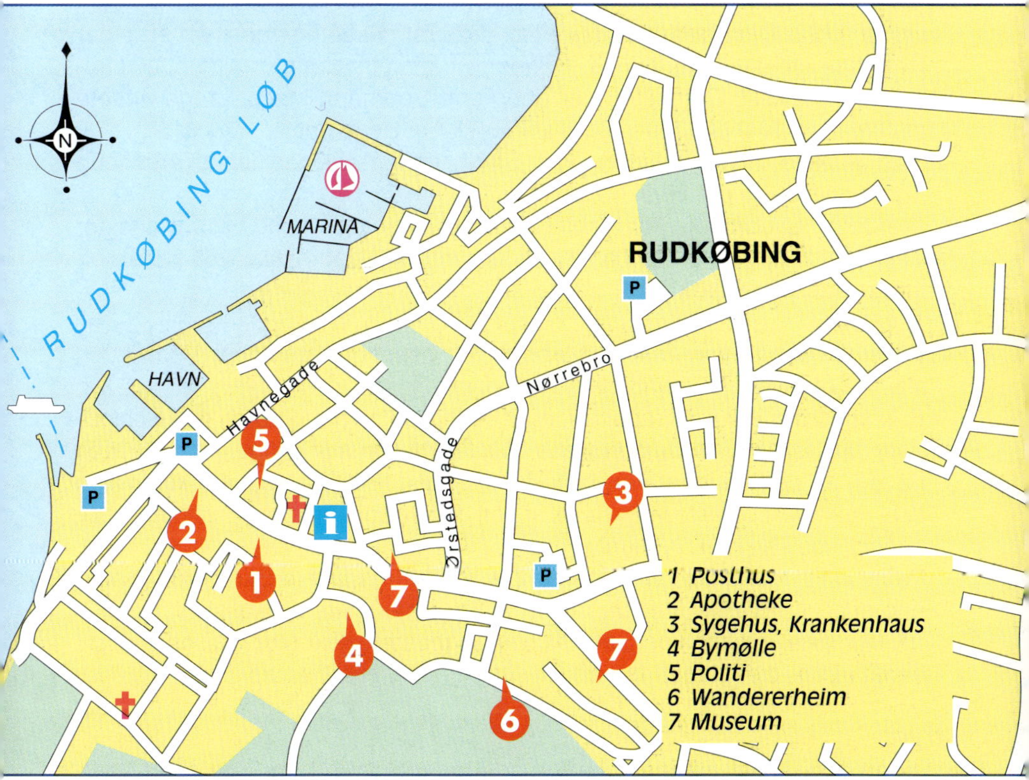
RUDKØBING LØB
MARINA
HAVN
RUDKØBING
Havnegade
Nørrebro
Ørstedsgade
P
1 Posthus
2 Apotheke
3 Sygehus, Krankenhaus
4 Bymølle
5 Politi
6 Wandererheim
7 Museum

*Stimmungsvoller Hof in Rudkøbing*

Jahre 1782. Daneben lädt das Fischerei-und *Seefahrtsmuseum* zu einer Besichtigung ein. Über der Nr. 4 finden wir eine Inschrift für ein ungewöhnliches Schicksal: Der 1807 hier geborene Seemann Mads Lange endete nach vielen Irrwegen als *„König auf Bali".* Am Ende der ...
- Rue Stræde, am S-Ausgang der Stadt, finden wir das letzte erhaltene Mühlengebäude der *Rue Mølle* von 1790.
- Die beste Landmarke Rudkøbings, die Rudkøbing Kirche, deren ältester Teil, das spätromanische *Langhaus*, aus dem 13. Jahrh. stammt, finden wir in der Nähe des Marktes.

*Landgang* ...
- Für einen Stadtbummel ist Rudkøbing ganz besonders geeignet. Vom Hafen sind es nur wenige Schritte ins Stadtinnere.
- Busfahrt zum Schloß Tranekær, mit einem Spaziergang durch den Schloßpark und einer Besichtigung des Mühlen-Museums Langelands. Unweit davon, an der Hauptstraße, befindet sich der 1802 privilegierte königliche Kro *„Trankjær Gjæstgivergaard",* in dem sich gepflegt in historischer Atmosphäre speisen läßt. (12 km)
- Fahrt in Richtung Spodsbjerg, ins *Zierfisch-Aquarium* in Skrøbelev (3 km) und evtl. zur Eventyr Møllen, in der, außer einer schönen Aussicht, von 12-21 Uhr eine reichhaltige Speisekarte angeboten wird (zur Saison täglich, sonst außer dienstags). (5 km)

*Strynø* ...
ist eine flache Insel mit einer N-S-Ausdehnung von 1,8 sm und einer W-E-

Ausdehnung von 1,9 sm (9,6 km Küstenlänge). Sie liegt 1,8 sm S-lich Tåsinge und 3 sm W-lich Langelands Küste. Auf dem S-SE-Landgrund liegen viele Steine. Die W-und N-Küste Strynøs mit den vorgelagerten kleinen Inseln Strynø Kalv, Voglerholm und Bondeholm ist mit Sportbooten nicht erreichbar.

Etwa 2,8 sm E-lich Strynøs liegt ein 2,6 sm tief ins Land gehender und 1,6 sm breiter Einschnitt an Langelands W-Küste mit einem stark zergliederten Küstenverlauf, mehreren Sandbänken und stellenweise Steinen auf dem Grund – das Lindelse Nor. Ortskundige Navigatoren finden dort, vor Kueholm, auf 4 bis 6 m Wassertiefe guten Ankergrund. Bei W-Winden liegt man allerdings etwas unruhig. Die Einfahrt in den Fjord unterliegt starker Versandung.

## Strynø Havn (DK-III-12)

**54° 54,2' N I 10° 37,7' E · Seekarten D 14, 3004, DK 170**
Hafenmeister Tel. 62 51 53 12 /62 51 13 39
Kleiner Boots-und Fährhafen in der Mitte der E-Seite der Insel Strynø, am Ende eines etwa 300 m langen Dammes. Fährverbindung mit Rudkøbing (30 min). Liegemöglichkeiten bestehen im Bootshafen und an der S-Seite des Molenkopfes (der Hafen verfügt über 35 Liegeplätze).

*Blickrichtung N*

✳ Von Rudkøbing kommend, zweigt man nach der Fahrwassermitten-Tonne (LFl. 10s) nach Stb. ab und hält sich im weißen Sektor des Hafenfeuers. **Achtung:** Das von der S-Mole in SE-licher Richtung verlaufende Bundgarn beachten!

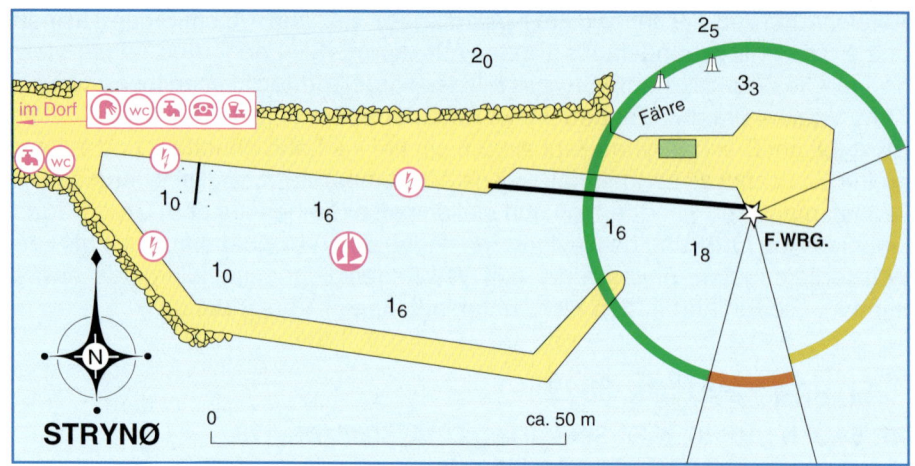

im Dorf

WC

STRYNØ

0  ca. 50 m

2₀

2₅

3₃

Fähre

1₀

1₆

1₆

1₆

1₈

1₀

1₀

F.WRG.

Aus der Marstal-Rinne oder dem Mørkendyb kommend, läuft man ab der Fahrwassermitten-Tonne (R/W mit Balltopzeichen) E-lich bis zur S-lich Strynø stehenden Tonne (G), nimmt mit 32,9° Kurs auf das Rudkøbing-Fahrwasser und biegt dann nach W (im weißen Sektor des Hafenfeuers) zur Hafeneinfahrt ab. Die 2 m tiefe Zufahrtsrinne ändert sich bei NE-Sturm um +1,2 m und bei SW-Sturm um -0,9 m. Bei SW-Starkwind kann der Hafen von Booten mit über 1,5 m Tiefgang nicht mehr angelaufen werden.

Hafen-Service: Wasser, Strom und WC finden wir im Hafen. Duschen und Waschräume befinden sich im 1,5 km entfernten Ort. Trinkwasser gibt es am ersten links an der Straße liegenden Bauernhof (Brovejen). Fahrräder stehen am Hafen, ihre Benutzung ist kostenlos.
Einkauf, Rast: Im Ort gibt es Einkaufsmöglichkeiten sowie das Restaurant „Den gamle Smedie", das sich in der ehemaligen Schmiede befindet und u.a. Fischspezialitäten zu bieten hat.

Informationsbüro. Über Tel. 62 51 35 05 (Rudkøbing).

### Sport ...

– Am Hafen befindet sich „Øhavets Smakkecenter" (Schmackencenter), wo das Bootsmuseum mehrere alte Holzjollen mit den charakteristischen Sprit-segeln ausstellt. Zwei neue Schmacken werden, sogar für mehrtägige Ausflüge ins Inselmeer, verliehen.

### Sehenswürdigkeiten ...

– Strynø gehörte schon im 13. Jahrhundert zur Krone, die auf der damals noch bewaldeten Insel Pferde und Hirsche hielt. Ab 17. Jahrhundert kam die Insel in Privatbesitz. Seit 1800 war Strynø für seine intensive Landwirtschaft bekannt, man düngte mit Tang. Noch heute ist mehreren Häusern im Ort anzusehen, daß Strynø im 19. Jahrhundert auch Heimat vieler Seeleute war.

- Die mitten im Ort stehende Strynø Kirche wurde im 18. Jahrhundert aus gelben Steinen errichtet.
- Auf der gegenüberliegenden Inselseite, an der W-Küste, finden wir noch die *Strynø Mølle* (Mühle), die früher den Inselbauern ihr Getreide abnahm.

*Landgang* ...
- In der Feriensaison kann man im *Schmackencenter* auch kulturhistorische Wanderungen über die Insel vereinbaren (Tel. 62 51 55 99).

## Ristinge (DK-III-3)

**54° 50,1' N | 10° 38,3' E · Seekarten D 14, DK 170**
Hafenmeister Tel. 62 57 16 50
Idyllisch gelegener kleiner und enger Fischereihafen E-lich Store Holm und Ristinge Hale an der W-Küste Langelands.
Bei 25 Liegeplätzen überhaupt, ist hier für Gastlieger leider wenig Platz.

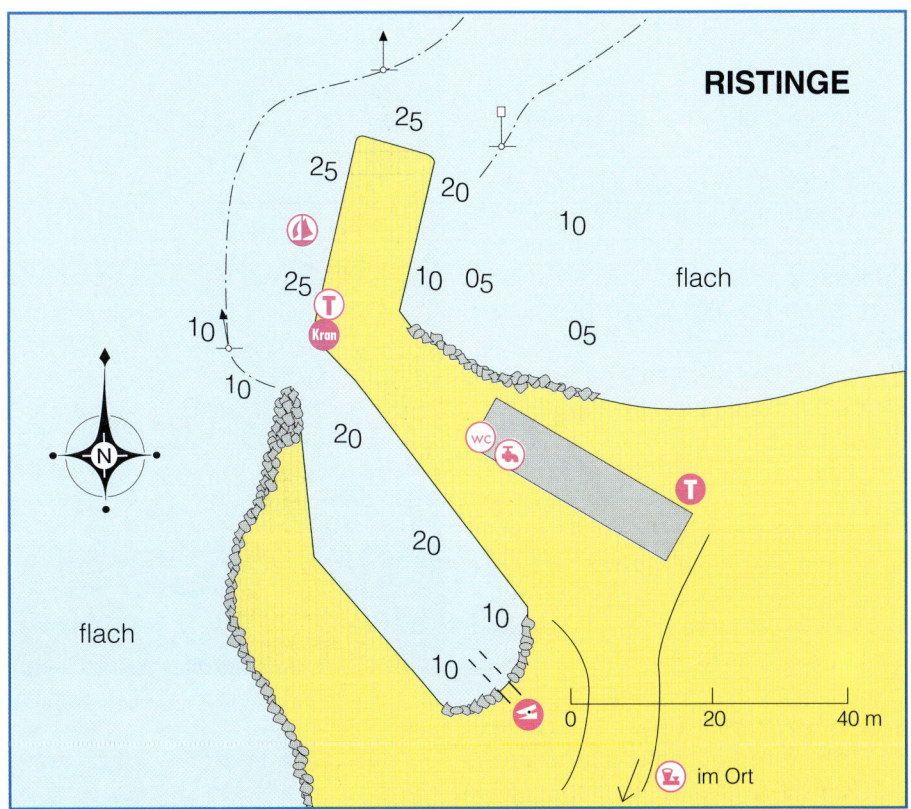

Ein Anlaufen ist hier nur am Tage möglich. Aus der Marstalrinne oder dem Mørkendyb kommend, hält man SE-lich auf die RW-Tonne mit Balltopzeichen zu, von der eine 2,5 m tiefe, bezeichnete Fahrrinne zum Hafen führt. Kommen wir aus Strynø, so halten wir mit N-lichem Kurs auf die Ansteuerungstonne zu.

Die Zufahrtstiefe von 2,5 m schwankt von +1,5 m bei NE-Sturm bis -1,2 m bei SW-Sturm.

**Hafen-Service:** Im Hafenbereich finden wir Wasser, WC und eine Tankmöglichkeit (B, D).

Bank, Post: Filialen sind in Humble. (6 km W-lich)

Einkauf, Rast: Einkaufsmöglichkeiten sind im Ort vorhanden, ebenso gibt es einen Kro. Im S-lich gelegenen Ristinge Camping gibt es neben einem Supermarkt auch eine Cafeteria. (2 km)

**i** Informationsbüro: In Humble (6 km westlich)

Übernachtung: Vermietung von Hütten, Wohnwagen und Wohnungen im Ristinge Camping & Feriecenter am Südstrand. (2 km)

Arzt: über Tel. 62 57 10 09 (für S-Langeland).

Apotheke: Die nächste Apotheke befindet sich in Humble, Hovedgarden 2. (6 km)

*Sport ...*
– Das Ristinge Camping & Feriecenter bietet *Fahrradverleih und Tennisplätze* an. Fahrräder können wir auch bei J. Jensen am Ristingevej 151 ausleihen.

*Sehenswürdigkeiten ...*
– Eine einmalige natürliche Attraktion ist das steile und etwa 20 m hohe *Ristinge Klint*, das unter Naturschutz steht.

*Landgang ...*
– Wanderung auf dem Kliffweg des Ristinge Klint, das sich über mehr als 1 km Küste erstreckt. Vom Strand führt eine Treppe auf das Plateau, von dem sich

*Die etwa 20 m hohe Abbruchkante des Ristinge Klint an der W-Seite Langelands*

eine schöne Aussicht über Inselmeer und Marstal-Bucht bietet. (2 – 4 km)
– Radtour nach Humble sowie zum *„Grab des Königs Humble"*, wie die
  Legende meint. Es befindet sich am N-Ausgang des Ortes und ist von der
  Kirche aus zugänglich. Eine heute etwas überwachsene Schiffssetzung mit
  77 Randsteinen. (8 km)

# Häfen auf Ærø mit Birkholm

Die Insel Ærø erstreckt sich zwischen Kleinem Belt und Inselmeer über 22 sm in NW-Richtung. An der Belt-Küste Ærøs gibt es keine Häfen. Der steinige Landgrund der Insel zum Kleinen Belt und zur Marstal Bugt hin bewegt sich zwischen 0,3 und 0,5 sm. Die geradlinig verlaufende Küste ist geprägt von Steilküsten, unterbrochen von flach auslaufenden Abschnitten. Punkte für die Ortsbestimmung sind die auf der S- und N-Spitze stehenden Leuchttürme und eine auf 54° 55,6' N I 10° 14,9' E stehende Mühle.

Die NE-Küste entlang dem Inselmeer bis zur Æroskøbing-Ansteuerung hat eine Landgrundbreite zwischen 0,3 und 0,6 sm. Der relativ geradlinige Küstenverlauf geht dann am Revkrog in eine weite Bucht über und endet in einer Steilküste auf der Halbinsel Urehoved.

Von hier aus dehnt sich in E- und SE-Richtung ein weites, mit kleinen Inseln durchsetztes Flach aus, das auf der Linie Marstal (Ærø Hale) – Ristinge endet. Dieses Gebiet sollte nur innerhalb der gut bezeichneten Fahrwasser befahren werden.

Ærø wurde erstmals in einem isländischen Skaldenlied zu Ereignissen im Sommer des Jahres 1137 erwähnt. Im 13. Jahrh. war die Insel nachweislich königliches Erbgut. Die weitere Geschichte bis 1864 aber ist von komplizierten Zugehörigkeitsverhältnissen zwischen dem dänischen König, den Schleswiger Herzögen und norddeutschen Grafen geprägt. Im 18. und 19. Jahrh. schrieb Ærø dann immer auffälliger an der dänischen Schiffahrtsgeschichte mit und wurde durch seine Marstal-Schoner bekannt. Um 1900 gab es allein in Marstal 8 Werften. Heute sind die Stahlschiffswerften in Søby und Marstal wichtige Erwerbsgrundlage der Ærøer.

Bei Bregninge, auf der N-lichen Inselhälfte, befindet sich der höchste Punkt Ærøs mit 68 m, Synneshøj genannt.

## Marstal (DK-III-7)

**54° 51,3' N I 10° 31,4' E · Seekarten D 12, 3002, DK 170**
Hafenmeister Tel. 62 53 10 93
Handels-, Fähr- und vielbesuchter Yachthafen im SE der Insel Ærø. Fährverbindung mit Rudkøbing auf Langeland (60 min) sowie mit Kiel (Personenfähre).

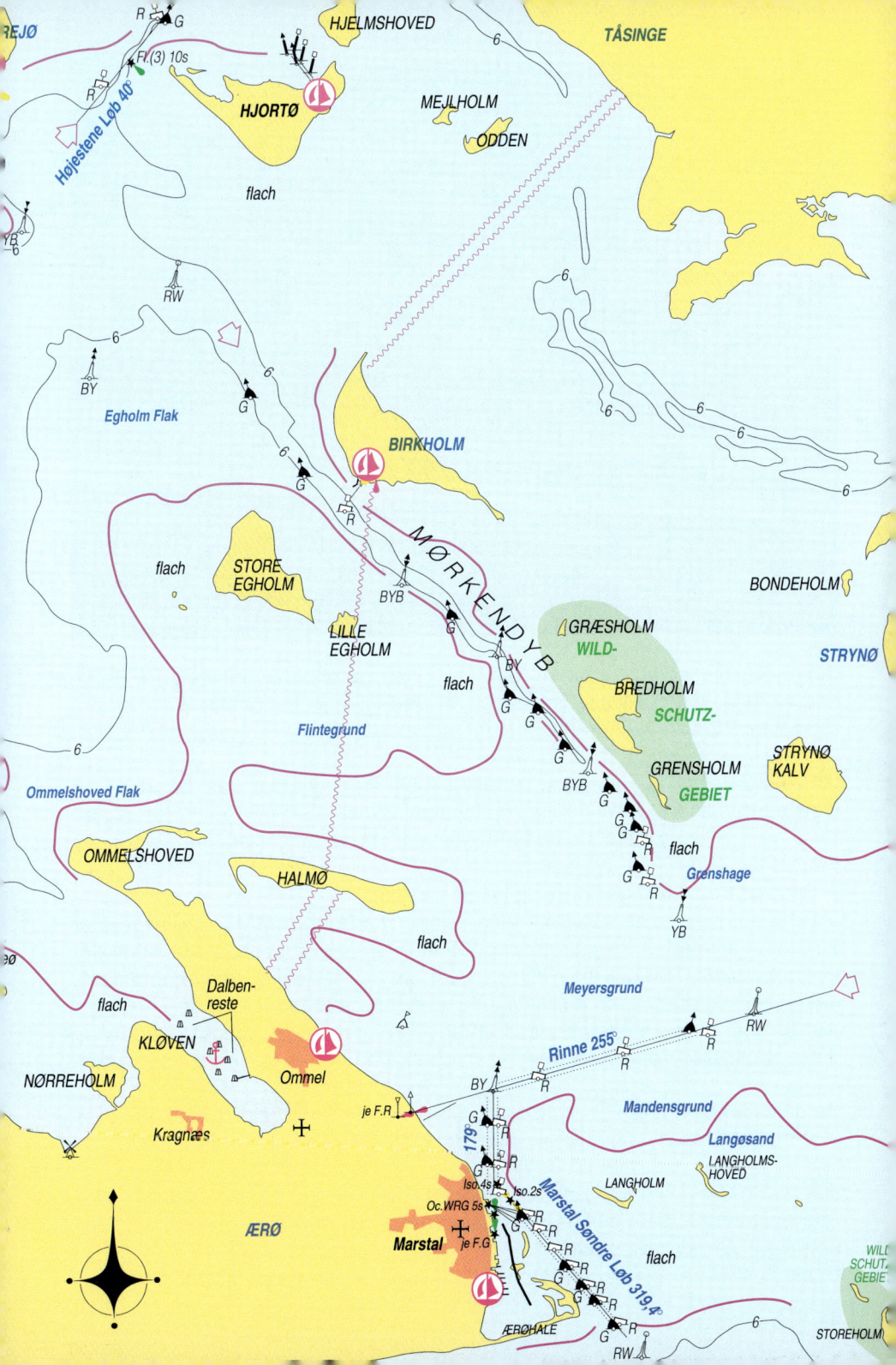

*Blickrichtung NW*

Einige Gastliegeplätze können wir im N-lichen Hafenbereich finden. Im S-Teil des Hafens, am Sejlklub, vor allem an den Stegen 2,3,5 und 8 ist es am ratsamsten festzumachen (insgesamt 400 Liegeplätze).

⎈ Aus SW bis S kommend, erreicht man Marstal über das Søndre Løb (Ansteuerungstonne RW mit Balltopzeichen, Feuer in Linie 319,4° 2 Iso.W 2s). Kurz vor Erreichen der Hafeneinfahrt hält man sich dann im weißen Sektor des Feuers Oc. W/R/G 5s, 7/5/5 M.

**Achtung: Betonnungsrichtung ist S!**

Von NE aus dem Inselmeer kommend, steuert man durch die Marstal Rinne über 2 Richtfeuerlinien: 2 F.R 254,8° und 2 F.G 178,7° (Kurswechsel auf Höhe der Untiefentonne) Marstal an. Bei Tage ist die Ansteuerung unproblematisch, nachts sollten den Hafen nur navigationserfahrene Skipper anlaufen.

**Achtung:** Ein- und auslaufenden Fähren ist entsprechend Raum zu geben, da diese direkt neben der Hafeneinfahrt anlegen, wodurch es dort ganz eng werden kann.

Wasserstandsänderung bei NE-bis E-Sturm +1,2 m und bei SE-bis SW-Sturm -1,2 m. Bei Starkwind läuft in und vor der Hafeneinfahrt starke Strömung.

🏠 Hafen-Service: Im S-Teil des Hafens finden wir Wasser und Strom an den Stegen. In der Marina gibt es zwei Sanitärgebäude mit Duschen und WC, Tel. sowie ein „Sejlklub-Restaurant".

Bank, Post: In der Haunegade Nr.1 befindet sich die Post (11 – 17 Uhr, samstags

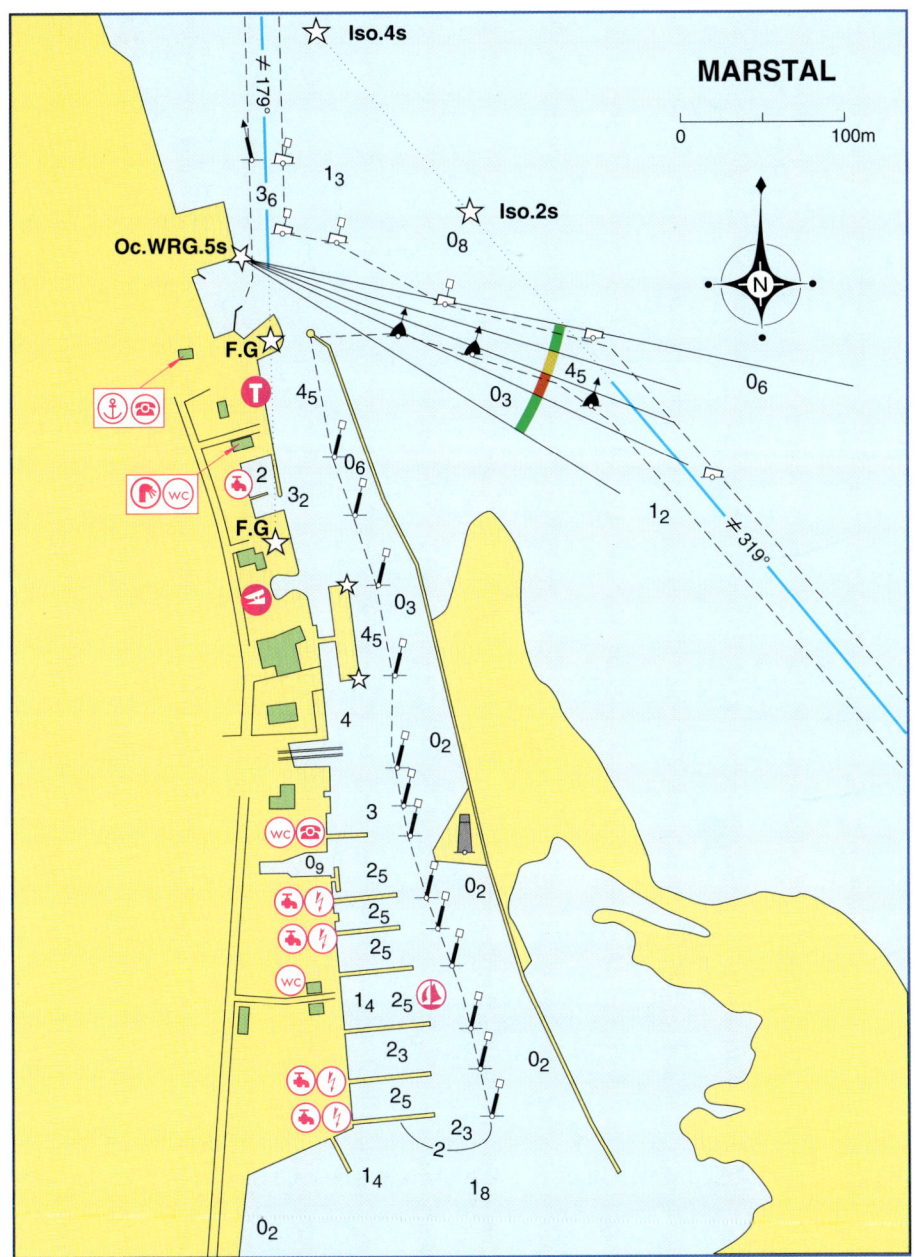

11 – 13 Uhr). Geldwechsel ist in der Kongensgade, in Kirchennähe, oder in der Prinsensgade möglich.

Einkauf: Einkaufsmöglichkeiten gibt es ausreichend. Mitte der Kirkestræde, 5 min. von der Marina, finden wir einen Bäcker.

Rast: 5 min vom Fähranleger, über die Havnegade hinweg, bietet das Hotel

1 Minors Minde
2 Post
3 Søfartsmuseum
4 Touristbureau, Politi
5 Lægehus, Ärtztehaus
6 Apotheke

Marstal eine traditionelle Küche. Eine Alternative dazu befindet sich 10 min von der Marina in W-licher Richtung, am Ortsausgang, mit dem Ærø Kongreßhotel an.

ℹ️ Informationsbüro: Das Marstal Touristbureau finden wir in der Havnegade 5, in Werftnähe, Tel. 62 53 19 60 (in der Saison 10 – 17 Uhr, samstags 10 – 15 Uhr).
Übernachtung: Neben 4 Hotels bietet Marstal als preiswerteste Variante ein Wandererheim in der Færgestræde 29, nur wenige Minuten von der Marina,

bzw. Holzhütten im Marstal-Camping am S-Strand.
Arzt: Über das Krankenhaus in der Rådhusstræde, Tel. 62 53 10 28.
Falck-Rettungsdienst über Tel. 62 52 22 22.
Apotheke: Eine Apotheke ist in der Kirkestræde.
Polizei: In der Havnegade oder über Tel. 62 53 14 48.
Taxi: Tel. 62 53 23 06, 62 53 24 25, 62 53 12 89.

*Der originelle Eingang in das Seefahrtsmuseum Marstal, das man unbedingt gesehen haben muß!*

## Sport ...
– Eine *Schwimmhalle* finden wir am Torvet (Tel. 62 53 19 00).
– *Fahrradverleih* über das Informationsbüro in der Havnegade bzw. bei „Nørremark Cykelforretning" Tel. 62 53 14 77.
– Pferde können über „Marstal Camping" ausgeliehen werden.
– *Autovermietung* über Q8-Service am Hafen (Tel. 62 53 18 55).

## Sehenswürdigkeiten ...
– Das im 16. Jahrh. kleine Fischerdorf Marstal erhielt 1760 Stadtrecht und entwickelte sich im 19. Jahrh. zum Heimathafen von sage und schreibe 350 Segelschiffen. Die Hafenmole, die man zwischen 1825 und 1830 ohne fremde Hilfe errichtete, kann man heute noch bewundern.
– Die ganze Stadt ist ein lebendiges Stück dänischer Schiffahrtsgeschichte, die besonders auch im *Seefahrtsmuseum* in der Prinsensgade, mit seinen 300 Kapitänsbildern, 200 Schiffsmodellen, Unmengen gesammelter Gegen-

stände und liebevoll gestalteten traditionellen Stuben in rührender Weise erhalten wurde.
- Auch die 1737/38 errichtete Kirche von Marstal ist eine echte *Seefahrtskirche* mit ausnehmend schönen Votivschiffen.
- *„Minors gamle Skipperhus"* (Minors altes Schifferhaus) in der Teglgade gehört zu den typischen Häusern der Stadt aus dem 18. Jahrh..

*Überall in Marstal wird man an die große Seefahrertradition erinnert*

*Landgang ...*
- Der erste Landgang sollte in das wirklich einmalige *Søfartsmuseum* in der Prinsensgade, gegenüber dem Informationsbüro, führen. (Juni-August täglich von 9 – 17 Uhr, im Juli sogar bis 21 Uhr, ansonsten 10 – 16 Uhr).
- Ein *Rundflug* über Ærø und das südfünische Meer, vom Flugplatz etwa 5 km W-lich Marstal kann ein besonderes Erlebnis sein (über Tel. 62 53 33 94).
- Wanderung zum meistbesuchten Altertumsdenkmal Ærøs, einem über Fünftausend Jahre alten Ganggrab hinter Kragnæs W-lich Marstal, genannt *„Jættestuen"*. (3 km) Von hier ist es nicht weit zur jetzt mit dem Land verbundenen Insel Nørreholm, wo sich besonders viele Stelzvögel aufhalten.

## Ommel (DK-III-10)

**54° 52,6' N | 10° 29,6' E · Seekarten D 14, 3002, DK 170**

Idyllischer kleiner Fischerhafen an der E-Küste Ærøs, in NW von Marstal. Mit lediglich 1 m Wassertiefe ist er allerdings nur für flachgehende Sportboote erreichbar.

Liegeplätze in freien Boxen gibt es wenige (Aber: In der Kløven-Bucht W-lich Ommels, über Ærøskøbing zu erreichen, gibt es gute Ankermöglichkeiten, die unter „Ankerplätze Rund Fünen" beschrieben sind).

✳ Die Ansteuerung erfordert gute Ortskenntnisse. Von Marstal kommend, hält man sich mit NW-lichem Kurs etwa 0,2 sm E-lich Ærøs Küste frei. Vor der Einfahrt liegt ein Tonnenpaar G/R aus.

⬓ Hafen-Service: Wasser, WC, Telefon, Mastenkran und Slip vorhanden.

*Sehenswürdigkeit ...*
- ist das *Ommelshoved*, dessen ständig wachsende Landzunge Trillerne Nistplatz von Möwen- und Seeschwalbenkolonien ist (6 km).

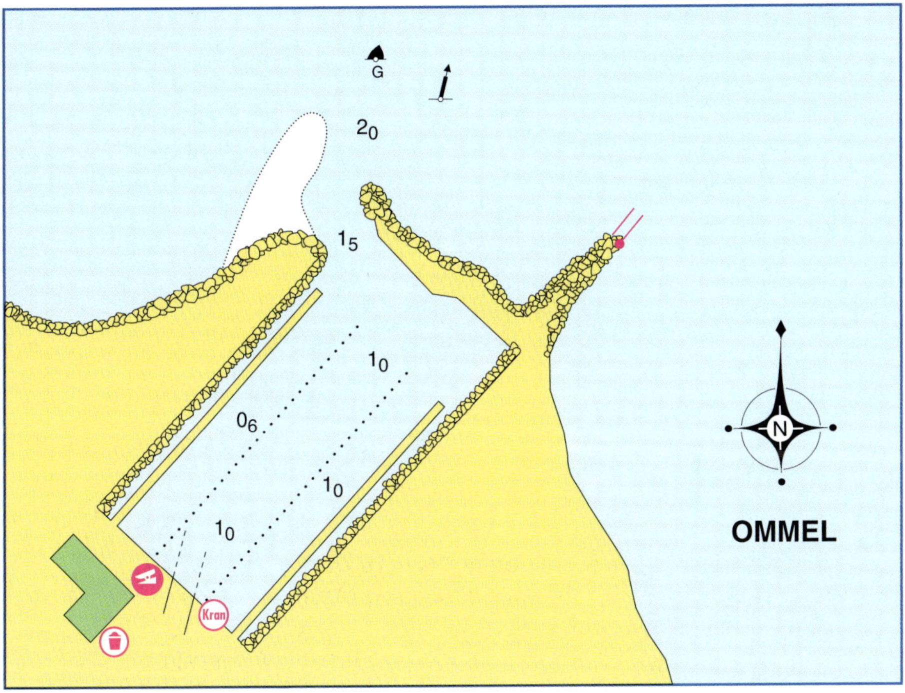

OMMEL

G

$2_0$

$1_5$

$1_0$

$0_6$

$1_0$

$1_0$

Kran

N

**OMMEL**

## Birkholm (DK-III-11)

**54° 55,7' N I 10° 30,1' E · Seekarten
D 14, 3002, DK 170**

Birkholm ist eine kleine, flache Insel
NW-lich Tåsinge direkt am Mørkedyb gelegen. Der kleine Fischer-und
Versorgungshafen mit wenigen Liegeplätzen liegt etwa 1,5 sm NE-lich
der N-Ansteuerungstonne zum Mørkedyb. Fährverbindung nach Marstal und Postbootverbindung nach
Marstal. Etwa 1 sm SE-lich Birk-
holms, auch am Mørkedyb, liegen in
einem Wildschutzgebiet die unbe-
wohnten Inseln Græsholm, Grens-
holm und Bredholm. SW-lich Birk-
holms liegen Store Egholm und Lille
Egholm, deren Flach mit Wassertiefen zwischen 0,3 und 0,7 m direkt
S-lich an das Mørkedyb-Fahrwasser
heranreicht.

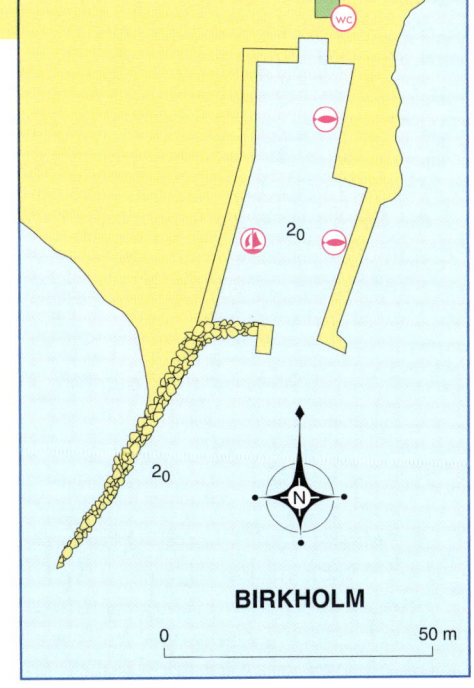

$2_0$

$2_0$

**BIRKHOLM**

0                    50 m

*Blickrichtung NNE*

⚓ Die Ansteuerung aus NW erfolgt über das W-lich direkt am Hafen vorbeiführende betonnte Mørkedyb, von dem aus der Hafen in NE-Richtung angelaufen wird. Die Fahrrinne in der Einfahrt neigt zur Versandung.

Die Ansteuerung aus S erfolgt über die Marstal-Rinne, die man nach Erreichen der R/W-Ansteuerungstonne nach NW verläßt. Die dann in Sicht kommende YB-Untiefentonne muß an Stb. liegenbleiben. Danach fährt man ins bezeichnete Mørkedyb ein. Liegeplätze an freien Plätzen.

An der NE-Küste gibt es eine kleine Brücke mit 1m Wassertiefe, die aber nur von Ortskundigen durch das unbezeichnete Flach N-lich der Insel erreicht wird.

Die Wasserstände ändern sich gegenüber normal bei NE-Sturm um +1m und bei SW-Sturm um -1 m.

🏠 Hafen-Service: Strom, Toiletten, Ablaufbahn.

*Sehenswürdigkeiten ...*

– Birkholm ist eine der kleinsten bewohnten Inseln des südfünischen Inselmeeres (etwa ein Dutzend Einwohner). Da der höchste Punkt nur 1,8 m über den Meeresspiegel ragt, ist sie eingedeicht. Der letzte Deichbruch ereignete sich 1976, als der NW-liche Teil überflutet wurde. Die Insel besitzt gute Badestrände sowie einige Strandwiesen, auf denen Enten und Stelzvögel nisten. Nach Absprache mit den Bewohnern ist Zelten erlaubt. Eigene Verpflegung ist allerdings auf dieser Insel Voraussetzung.

## Æroskøbing (DK-III-9)

**54° 53,5' N I 10° 24,9' E · Seekarten D 14, 3002, DK 152, 170**

Hafenmeister Tel. 62 52 12 53

Zollamt am Hafen über Tel. 62 52 10 30

Handels-, Werft-und Fährhafen in der Mitte der NE-Küste Ærøs, Yachthafen N-lich davon. Fährverbindung mit Svendborg (70 min.).

Gastliegeplätze im Handelshafen für größere Yachten. Liegemöglichkeiten im Yachthafen (insgesamt 275 Plätze).

*Blickrichtung NW*

✵ Von der N-Spitze Ærøs kommend, segelt man ESE-lichen Kurs und hält sich etwa 0,7 sm E-lich von der Halbinsel Urehoved frei, bis die Ansteuerungstonne (RW mit Balltopzeichen) erreicht ist.

Aus dem Højestene Løb oder dem Mørkendyb kommend, hält man mit etwa SSW-lichem Kurs auf das Møllegab-Fahrwasser zu. Dieses ist betonnt (Feuer in Linie 2 F.G 196,3°) und die Hafeneinfahrt mit Fl.G/Fl.R 5s befeuert.

Zum Yachthafen ist etwa 0,5 sm vor dem Handelshafen in das auf Stb. abzweigende, ebenfalls betonnte Fahrwasser einzulaufen. Die Marina-Einfahrt ist mit Fl.G/Fl.R 3s befeuert.

Die 3,5 m Zufahrtstiefe ändert sich bei E-bis SE-Sturm um +2 m und bei SW-bis W-Sturm um -1,5 m.

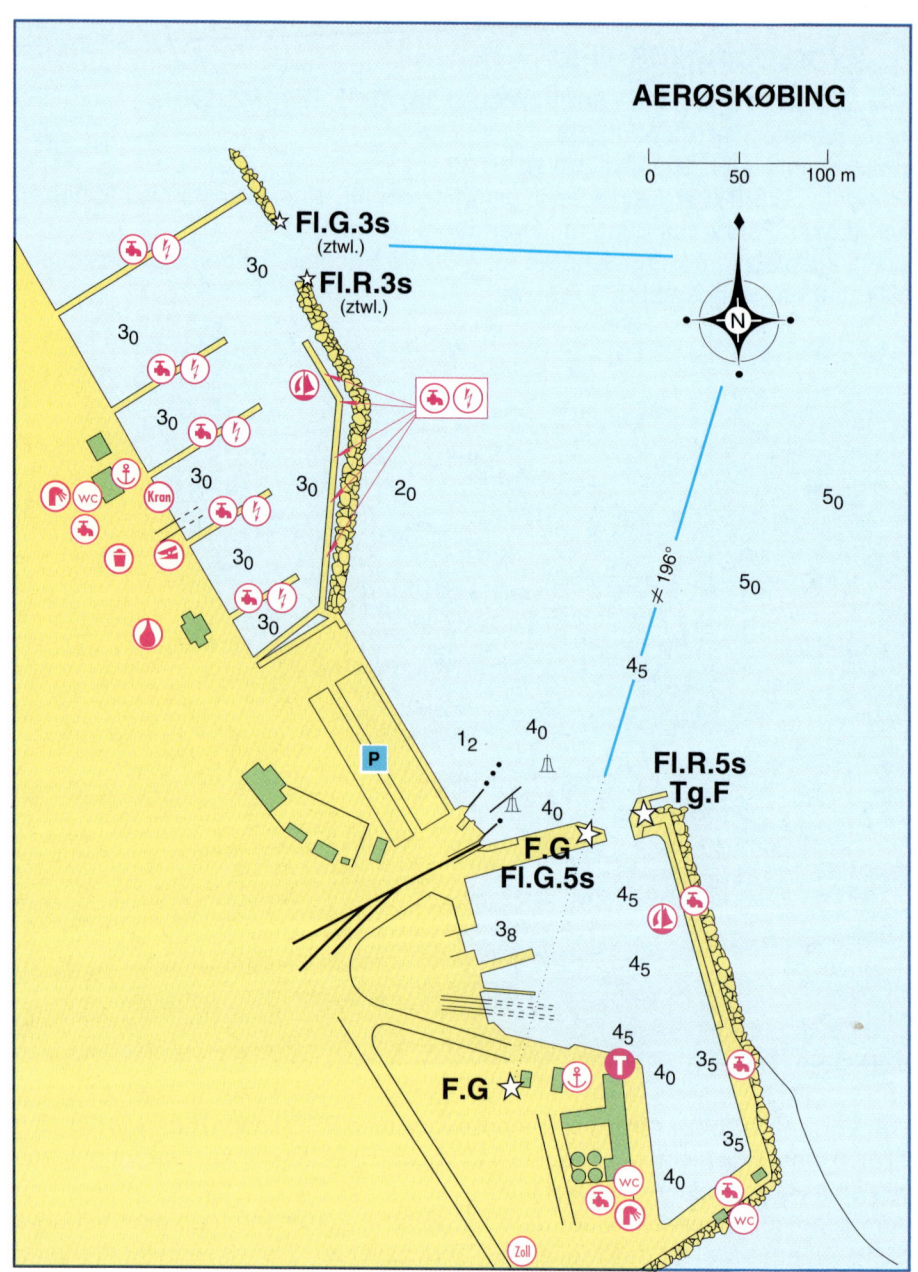

**AERØSKØBING**

Fl.G.3s
(ztwl.)

Fl.R.3s
(ztwl.)

Fl.R.5s
Tg.F

F.G
Fl.G.5s

F.G

🏠 Hafen-Service: Im Yachthafen finden wir Wasser und Strom an den Stegen
sowie Wasch-Duschräume mit WC, Telefon, außerdem im Hafenbereich Slip
und Kran. Im Bereich des Handelshafens gibt es Wasser, Strom, Duschen, WC,
Telefon, Slip, Kran, Werft-Service sowie eine Tankstelle (B,D).

**64**

*Der Yachthafen Ærøskøbings, direkt aus dem Fahrwasser des Handelshafens zu erreichen.*

Bank, Post: Die Post befindet sich an der Tatene, die Vestre Alle hinauf, öffnet von 11 – 16.30 Uhr, samstags bis 13 Uhr. Geldwechsel-Gelegenheiten gibt es in der Vestergade und am Torvet.
Einkauf: Die Einkaufsmöglichkeiten sind zahlreich, direkt am Hafen befinden sich ein Supermarkt und eine Bäckerei.
Rast: Auch mehrere ganz besondere Restaurant-Adressen bietet Ærøskøbing. Hier dürfte „Landgang in Dänemark", der Restaurantführer durch die dänischen Yachthäfen, besonders von Nutzen sein.

ℹ️ Informationsbüro: Das Turistbureau befindet sich am Torvet und ist über Tel. 62 52 13 00 zu erreichen (Mitte Juni bis Ende August einschl. Samstag 9 – 17 Uhr, sonst 9 – 16 Uhr und Samstag bis 12 Uhr).
Übernachtung: Am nächsten ist es zum „Feriehotel Ærø Marina", gleich hinter der Marina. Außerdem bieten sich mit dem Hotel „Ærohus" in der Vestergade und dem „Lille Hotel" in der Smedegade traditionelle und gemütliche Gelegenheiten im Stadtinnern an. Außerdem hat das „Camping og Feriecenter" am Vesterstrand, 10 min N-lich der Marina, preiswerte Camping-Hütten und Wohnwagen, direkt am Badestrand. Ærøs schönstes Wandererheim befindet sich am S-lichen Ortsausgang, Smedevejen 15.
Arzt: Das Krankenhaus am Sygehusvejen erreichen wir von der Marina in 2 min (Tel. 62 52 10 06). Falck-Rettungsdienst über Tel. 62 52 22 22.

**ÆRØSKØBING**

1 Post
2 Politi
3 Apotheke
4 Museum
5 Buddelschiffsammlung
6 Sygehus, Krankenhaus

Apotheke: Mitte der Vestergade, auf dem Weg vom Hafen ins Stadtinnere, befindet sich eine Apotheke.

Polizei: Gleich hinterm Handelshafen, Jomfruvejen, befindet sich die Polizei-Dienststelle, Tel. 62 52 14 48.

Taxi: Über Tel. 62 52 19 14 oder 62 52 13 63.

*Sport* ...

– Ein *Schwimmbad* besitzt das „Feriehotel Ærø Marina" am Yachthafen.
– *Fahrradvermietung* wird in Ærøskøbing groß geschrieben und ist u.a. im Camping (40 DKr./Tag, 100 DKr./3 Tage), im Wandererheim und am S-lichen Pilebækken möglich, wo sich ebenfalls *Tennisplätze* befinden.

## Sehenswürdigkeiten ...

– Erste Dokumente über Æroskøbing gehen auf das Jahr 1442 zurück. 1522 erhielt die Stadt ein Handelsprivileg der Krone, das Christian II. ausstellte. Die Stadt ist, wohl auch weil sie vor größeren Stadtbränden verschont blieb, zu einem großen Teil in ihrem historischen Bild erhalten geblieben. Das macht sie heute zu einem Kleinod im südfünischen Meer.

*Das „Kochhaus" im Hafen von Æroskøbing erinnert an die Zeiten der Holzschiffe*

– Das „Kogehuset"(Kochhaus) auf der Mole des Handelshafens ist ein recht merkwürdiges Gebäude. Es stammt aus der Zeit der hölzernen Großsegler und diente den Besatzungen als Ersatzkombüse, da nach mehreren Schiffsbränden lt.Verfügung von Christian IV. im Jahre 1618 während der Werftliegezeit kein Feuer mehr an Bord unterhalten werden durfte.

– Die beiden ältesten Häuser finden wir in der Søndergade. Die Nr.36 ist „Philip Kochs Haus" aus dem Jahre 1645 und die Nr.32 nur wenig jünger mit einer schönen alten Tür.

*Der Markt mit den alten Wasserpumpen*

– Ausstellungen können wir in drei Häusern besuchen, alle unweit des Torvet: in „Hammerichs Hus" Ecke Brogade/Gyden werden Einrichtungsgegenstände und Volkskunst gezeigt (Juni bis Ende August), im „Ærø Museum" Brogade 3-5 befindet sich das Regionale Heimatmuseum (geöffnet von Mai bis September von 10 – 16 Uhr) und im ehemaligen Armenhaus der Stadt in der Smedegade 22 das „Flaskeskibsmuseum", das der Seemann Peter Jacobson im Alter von 84 Jahren durch Schenkung von 300 Buddelschiffen an die Gemeinde ins Leben rief (geöffnet ganzjährig von 10 – 16 Uhr).

– Am Torvet mit seinen auffallen-

*Ein solches „Puppenhaus" finden wir nur in Æroskøbing.*

*Türen zu Häusern auf der Vestergade, die vom Hafen in die höhergelegene Innenstadt führt.*

den hölzernen *Wasserpumpen* steht die alte Schule aus dem Jahre 1789 hinter einer Reihe beschnittener Bäume. Dahinter erhebt sich die Kirche, die 1758 errichtet wurde und eine herrliche Aussicht über die Dächer der Stadt und den Hafen bietet.
- In der trotz ihres Kopfsteinpflasters stattlichen Vestergade aber, die vom Hafen in die Stadt führt, gehören die Nr.46, ein Doppelhaus für den Seemann Albert Isaksen Rise aus dem Jahre 1784, sowie das alte *Posthaus* in der Nr.29, das 1749 für den Postmeister Hans Kehlet gebaut wurde, zu den repräsentativsten Bauten.

*Landgang* ...
- Ein Spaziergang durch die mittelalterlichen Straßen von Æroskøbing mit den noch so zahlreich erhaltenen Fachwerkhäusern aus dem 17. – 19. Jahrh. bietet sich zuallererst an und beginnt üblicherweise, gegenüber dem Fähranleger, an der Vestergade.
- Mit einem „*1-dagsbillet*" darf man mit der Buslinie 990 einen Tag lang zwischen Marstal (Seefahrtsmuseum) – Dunkær Kro – Lille Rise (Rastplatz mit Aussicht über den gesamten O-Teil Ærøs) – Olde – Tranderup – Bregninge (empfehlenswerter alter Kro) – Skovby – Leby – Søby (Burghügel Søbygard aus dem 12. Jahrh.) und Æroskøbing mitfahren (46 DKr., Familienkarte 115 DKr. für 2 Erw. mit bis zu 3 Kindern). Der Busbahnhof befindet sich gegenüber dem Fähranleger.
- Wanderung auf die Landzunge *Urehoved* hinaus, die von herrlichen Badestränden umgeben ist. (3 km)

## Søby (DK-III-8)

**54° 56,6' N I 10° 15,6' E · Seekarten D 14, 3004, DK 170**
Hafenmeister Tel. 62 58 14 30
Zollamt am Hafen Tel. 62 58 10 32

Handels-, Fähr-und Yachthafen an der NE-Küste Ærøs, 3 sm S-lich Ærøs N-Spitze. Fährverbindung mit Fåborg (60 min) und Mommark (Mai bis Oktober, 65 min).
Gastliegeplätze im Yachthafen (125 Liegeplätze gesamt).

✳ Der Hafen kann bei Tag und Nacht angelaufen werden. Aus dem Kleinen Belt kommend, ist die Ærø-N-Spitze mit dem Skjoldnæs-Lcht.-Tm. (LFl. 30s, 20 M) im Abstand von 0,5 sm zu umrunden, um dann SSF-lichen Kurs auf die Hafeneinfahrt zu nehmen.
Aus dem Inselmeer kommend, kann man mit SW-lichem Kurs auf den Hafen zuhalten.
**Achtung:** N-lich der W-Mole liegt eine in NS-Richtung verlaufende Steinbarre, die nachts nicht beleuchtet ist.
Die Zufahrtstiefe von 3,5 m ändert sich bei E-bis SE-Sturm bis +2 m und bei SW-bis W-Sturm bis -1,5 m.

Blickrichtung N

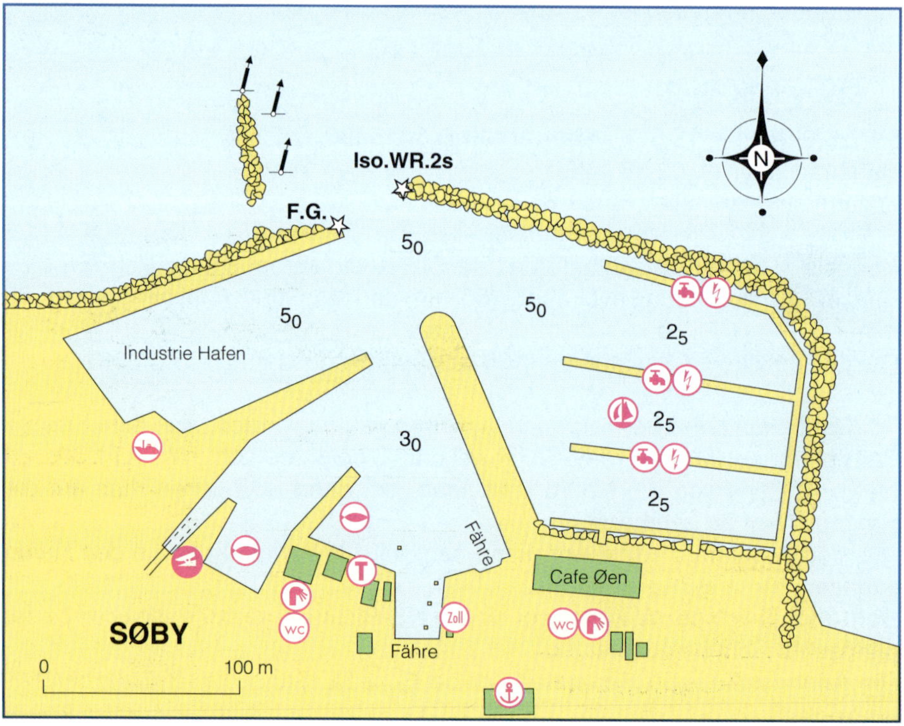

Iso.WR.2s

F.G.

$5_0$

$5_0$

$5_0$

Industrie Hafen

$2_5$

$2_5$

$3_0$

$2_5$

Fähre

Cafe Øen

T

Zoll

WC

WC

SØBY

Fähre

0        100 m

⚓ Hafen-Service: An den Stegen sind Wasser-und Stromanschlüsse. Im Hafenbereich befinden sich Dusche, WC, Tankstelle (B,D), Werft, Slip, Kran, Telefon und Post.

Bank, Post: Die Amtssparekasse zum Geldwechseln befindet sich in der Havnegade 1 und die Post gegenüber dem Handelshafen.

Einkauf: Einkaufsmöglichkeiten sind vorhanden.

Rast: Außer in der „Cafeteria Øen" an der Marina kann man auch ins „Sø Hotel og Kro" in der Østerbro 2 gehen, um seinen Hunger zu stillen.

ℹ️ Informationsbüro: Eine Turistbureau-Filiale befindet sich gleich am Fährhafen, Tel. 62 58 13 88 (Mitte Juni bis Ende August, Montag bis Samstag von 10 – 16 Uhr).

Übernachtung: Hier findet man Möglichkeiten im o.g. „Sø Hotel og Kro" bzw. im „Søby Camping", Vitsø 10, am W-Badestrand. Privatquartiere erhält man über das Touristenbüro.

Arzt: Notdienst über Tel. 65 90 60 20, Falck-Rettungsdienst über Tel. 62 52 22 22. Polizei: Tel. 62 52 14 48. Taxi: Tel. 62 58 11 35

## Sport ...

– Einen *Fahrradverleih* finden wir am Langebro 4a, zwischen Kirche und Mühle sowie im „Søby Camping".

*Die Kirche von Søby (1745)*

- In der Nähe des Søby Camping kann uns eine Minigolf-Anlage etwas in Bewegung bringen.

*Sehenswürdigkeiten ...*
- Die Anfänge städtischer Besiedlung auf Ærø, so zeigen Ausgrabungen in den 70er Jahren, liegen offensichtlich S-lich Søby, wo noch heute mächtige Wallanlagen bei *Søbygard* aufragen. In der Nähe steht die Holländermühle *Vester Mølle*, die 1834 hier zwei ältere Bockmühlen ersetzte. Der Schwerpunkt aber verlagerte sich dann nach Æroskøbing und Marstal, was wir auch heute ganz offensichtlich spüren.

*Landgang ...*
- Fußweg durch die Stadt bis zur Kirche und auf dem Skovvejen zum W-Badestrand. (1,5 km)
- Wanderung zum Leuchtturm Skjoldnæs an der N-Spitze Ærøs. 1881 wurde er von schwedischen Steinmetzen aus Granitquadern errichtet und bietet mit seinen 22 m eine schöne Aussicht über den Kleinen Belt. Etwa 0,5 km vor dem Leuchtturm geht ein Weg zur Landspitze Næbbet ab, wo zwischen Strandseen Stelzvögel und Seeschwalben nisten. (3,5 km)
- 1-Tages-Rundfahrt über Ærø auf der Buslinie 990 für 46 DKr. (Familie bis 3 Kindern für 115 DKr.). Siehe Marstal und Æroskøbing. Evtl. Rundflug vom Flugplatz bei Marstal (von Lille Rise 2 km Fußweg).

# Inseln der Svendborg-Kommune
# Skarø, Hjortø und Drejø

Vor dem Svendborg Sund liegen die Inseln Skarø, Hjortø und Drejø. Sie gehören zur Kommune Svendborg und halten auch nur mit Svendborg einen Fährverkehr aufrecht. Auch sie waren bereits im 13. Jahrh. im Besitz der Krone und Hjortø wie auch Drejø wurden damals zur Hirsch-und Vogeljagd sowie zur Pferdezucht genutzt. Vom Markt in Ribe im SW-lichen Jütland wurden die Pferde nach Deutschland weiterverkauft. Wen die dörfliche Idylle der Inseln anzieht, der wird schon recht bald verspüren, daß das Leben auf diesen Inseln seinen ganz eigenen Rhythmus besitzt, es geht streßfreier als „an Land" zu und man fühlt sich gewissermaßen wie „an Bord".

## Skarø

... ist eine relativ flache Insel mit dem Vesterbjerg (9 m) in E als höchster Erhebung sowie 25 Einwohnern. Die Küstenlänge beträgt 8,4 km.

## Skarø Havn (DK-III-16)

**55° 0,7' N I 10° 28,5' E · Seekarten D 14, 3002, DK 170**
Hafenmeister Tel. 62 21 58 09
Der Fähr-, Fischerei- und Yachthafen wurde 1988 neu angelegt. Fährverbindung besteht nach Svendborg (50 min) und Drejø.

*Blickrichtung E*

⚓ Von der 0,8 sm NE-lich des Hafens gelegenen Ansteuerungstonne (R/W mit Balltopzeichen) hält man, gleich ausgangs des W-lichen Svendborgsundes, mit SW-Kurs auf den Hafen zu.

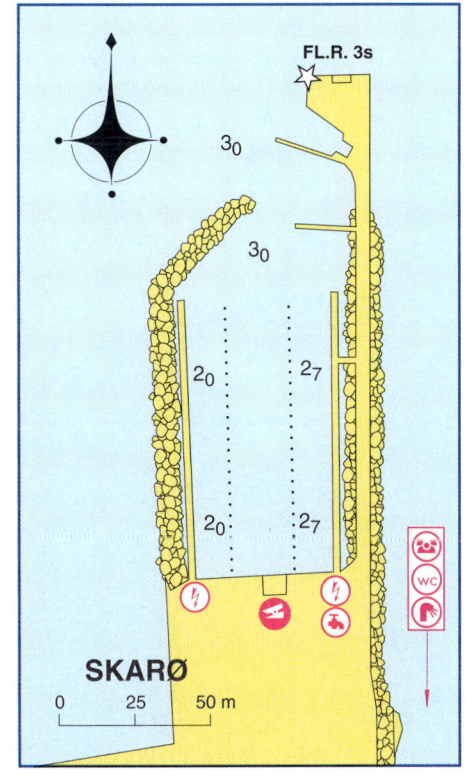

Aus S-licher Richtung kommend, passiert man das betonnte Højestene Løb. An dessen N-lichen Ausgang nehmen wir, nach Erreichen der BYB-Untiefentonne, Kurs NW in Richtung Ansteuerungstonne. Das Feuer auf dem Brückenkopf des Fähranlegers ist Fl.R 3s.

**Achtung:** Auf dem Landgrund der Insel, SE-lich des Hafens, liegen viele Steine.

Einige Gastliegeplätze finden wir in freien Boxen (65 Liegeplätze Kapazität).

Wasserstände siehe Svendborg, Zufahrtstiefe 2,5 m.

🏠 Hafen-Service: Wasser, Strom und Slip finden wir im Hafen. In etwa 200 m Entfernung gibt es Duschen, WC und Telefon.

Einkauf, Rast: Im Ort gibt es ein Geschäft, einen Kiosk und eine Imbißstube.

**i** Übernachtung: Nach vorheriger Absprache darf auf dem Sportplatz am Hafen gezeltet werden.

Arzt: Hilfe über Tel. 65 90 60 20. Polizei: Über Tel. 62 21 14 48.

*Sehenswürdigkeiten* ...

– Die aus dem letzten Jahrhundert stammende *Kirche* steht etwas außerhalb SW-lich des Ortes.

– Die Strandwiesengebiete Revet und Fælleden in NW sowie die kilometerlange *Skarø Odde* sind nicht kultiviert, weshalb hier mehrere Kolonien von Küstenvögeln zu Hause sind.

# Hjortø

... ist nur halb so groß wie Skarø, und die kleine, flache Insel erhebt sich lediglich bis 2 m über den Meeresspiegel, weshalb sie auch fast vollständig eingedeicht ist. Die 16 Bewohner verfügen über 5,3 km Küstenlänge. Hjortø liegt S-lich des Højestene Løb und seine NW-Spitze reicht bis dicht ans Fahrwasser heran. Das Flach der Insel in N beginnt etwa 0,4 sm vor der Küste. NE-lich Hjortøs liegt die unbewohnte Insel Hjælmshoved, deren Landgrund ebenfalls etwa 0,4 sm ins Meer läuft. Das Gewässer E-lich Hjortø und Hjælmshoved sollte nicht befahren werden, auch wenn es dort eine nicht bezeichnete, befahrbare Rinne gibt.

In früheren Jahren wurde Hjortø vom Pastor Drejøs als Sommerweide für Kühe genutzt, die von der E-Küste Drejøs zur Sandbank Græsholm durchs flache Wasser getrieben wurden und von dort aus, das Højestene Løb durchschwimmend, nach Hjortø verbracht wurden. Seit dem großen Brand durch Blitzeinschlag im Jahre 1917 liegen die 5 Höfe über die Insel verstreut. Die historische Insel-Trommel wird heute noch benutzt, wenn der Zunftmeister gewählt wird. Er verwaltet das gemeinsame Gut der Inselbewohner.

HJORTØ

*Blickrichtung ESE*

# Hjortø Havn (DK-III-13)

**54° 58' N | 10° 29,6' E · Seekarten D 14, 3004, DK 170**

Hafenmeister Tel. 62 54 15 18

An der N-Seite der gleichnamigen Insel gelegener kleiner Fischerhafen. Fährverbindung mit Svendborg (60 min).

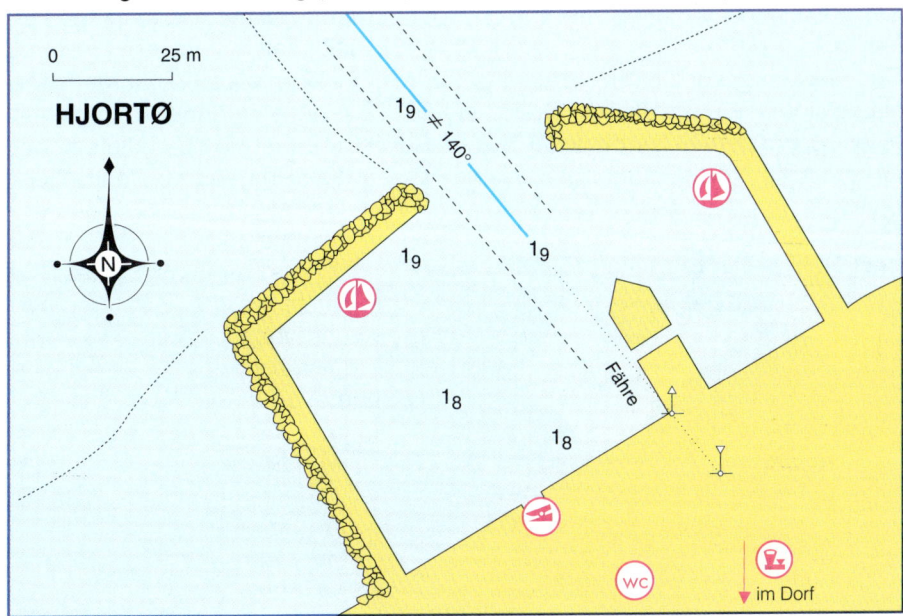

⊛ Aus dem in NE-Richtung verlaufenden Højestene Løb biegen wir in SE-Richtung zur etwa 0,8 sm langen betonnten Hafenrinne ab. Ein Anlaufen ist nur bei Tag ratsam.

Liegeplätze für Sportboote stehen nur begrenzt zur Verfügung, und wir können sie an beiden Moleninnenseiten finden (insgesamt 20 Plätze).

Die Zufahrtstiefe von 1,6 m ändert sich bei NE- bis E-Sturm bis +1,1 m und bei W-Sturm bis -1,1 m. In der Baggerrinne und im Hafen muß wegen Versandung mit geringeren Wassertiefen gerechnet werden.

🏠 Hafen-Service: WC und Slip.

Einkauf bei einem Kaufmann im Ort möglich.

ℹ️ Übernachtung: Nach Vorabsprache darf gezeltet werden.

*Sehenswürdigkeiten ...*

Sie liegen vor allem im natürlichen Reichtum der Insel. So nisten in den Hohlräumen der Steinwälle auffallend viele Starenpaare. In mehreren Tümpeln auf der Insel laicht die Rotbauchunke, und auf den Strandwiesen wächst der seltene vielblütige Hahnenfuß.

# Drejø

... ist eine aus zwei Teilen bestehende Insel, die durch eine schmale Landzunge, Drejet, zusammengewachsen ist.

Die größte Ausdehnung geht über 4,5 sm in W-E-Richtung. Der E-liche Teil mit dem Dorf Drejø und den beiden Häfen ist relativ flach und zum Teil eingedeicht. Der W-liche Teil besteht aus einer 17m hohen Endmoräneninsel, die nach W Steilküste aufweist. Insgesamt 110 Einwohner hat das Eiland. Küstenlänge 16,3 km.

Das Gewässer vor Drejøs N-Küste ist nur mit Ortskenntnis zu befahren (siehe Navigation). 1,1 sm W-lich Drejø ist die YBY-Untiefentonne zu beachten (Steine). Vor dem E-Teil der Insel , 0,8 sm S-lich Drejøs ist die YB-Untiefentonne zu umfahren. NE-lich Drejøs gibt es eine Passage für flachgehende Boote (siehe Skarø).

*Blickrichtung NW*

## Drejø Bro (DK-III-14)

**54° 57,9' N I 10° 26,3' E · Seekarten D 14, 3002, DK 170**

Hafenmeister Tel. 62 21 93 87

Im SE der Insel gelegener kleiner Fähr-und Yachthafen. welcher sich am Ende eines etwa 220 m langen Dammes befindet. Fährverbindung mit Svendborg und Skarø.

⚓ Aus W-lichen Richtungen kommend, muß die 0,9 sm SE-lich Drejøs stehen-de YB-Untiefentonne (Steine) umfahren werden. Danach kann in N-licher

Richtung auf den Hafen zuge-steuert werden.

Durch das betonnte Højestene Løb kommend, biegt man am S-Ende des betonnten Fahrwas-sers W-lich zum Hafen ab. Der Molenkopf ist befeuert mit F.W. **Achtung:** Die neue SW-Mole des Yachthafens ragt über den alten Molenkopf hinaus und ist nicht beleuchtet (Vorsicht bei Nacht!).

Liegemöglichkeiten bestehen im neuen Yachthafen und am Brückenkopf (10 Plätze), wo man aber bei E-Winden unruhig liegt.

Die Zufahrtstiefe von 2,5 m än-dert sich bei N- bis NE-Sturm um +1 m und bei SW- bis W-Sturm um -1 m.

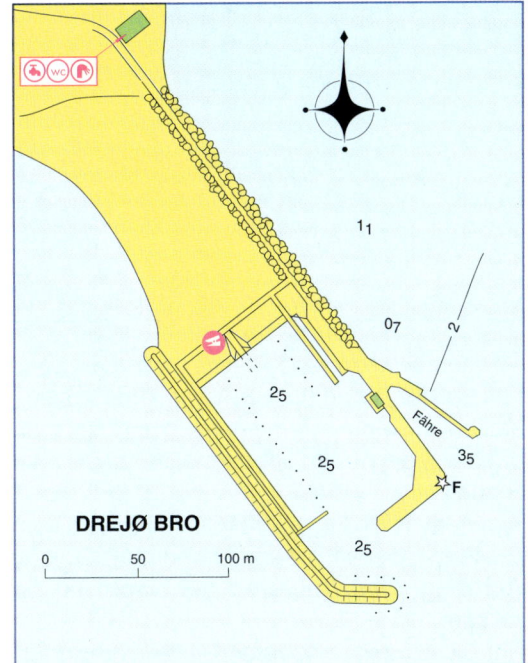

DREJØ BRO

🏨 Hafen-Service: Wasser, Strom, WC und Dusche. Einkäufe sind im 1,8 km entfernten Dorf möglich. Rast: Im Ort gibt es ein Restaurant.

ℹ Übernachtung: In der Nähe des Brückenfußes (Drejø-Bro) darf man zelten.

*Sehenswürdigkeiten ...*

– Leider wurden die meisten alten Gebäude durch einen Brand im Jahre 1942 zerstört. Trotzdem ist das Dorf sehenswert, und südlich des Ortes steht die *Kirche* aus dem Jahre 1535. Wenn man zuweilen von Drejø als „Insel im Zentrum der Welt" hört, so hat dieser Ausspruch seine Anekdote: Als Mitte des 19. Jahrh. der Bischof auf die Insel kam, gestand ihm ein altes Mütterlein „Ja, Hochwürden, eine Meile bis Ærø, eine nach Fünen und eine Meile bis nach Tåsinge. Ach Gott, daß Drejø aber auch so im Zentrum der Welt liegt!".

– Mehr als 60 Vogelarten nisten auf den Strandwiesen, weshalb man diese im Vorsommer meiden sollte. Badestrand finden wir gleich W-lich des Hafens.

## Drejø Havn (DK-III-15)

**54° 58,5' N I 10° 25,3' E · Seekarten D 14, 3002, DK 170**
Hafenmeister Tel. 62 21 93 87
Inmitten einer von E, W und S geschützten Bucht (Vigen) liegt der kleine Fischereihafen von Drejø. Der Hafen ist nur für flachgehende Boote geeignet (Rinne max. 1,5 m Tiefe, zur Versandung neigend).

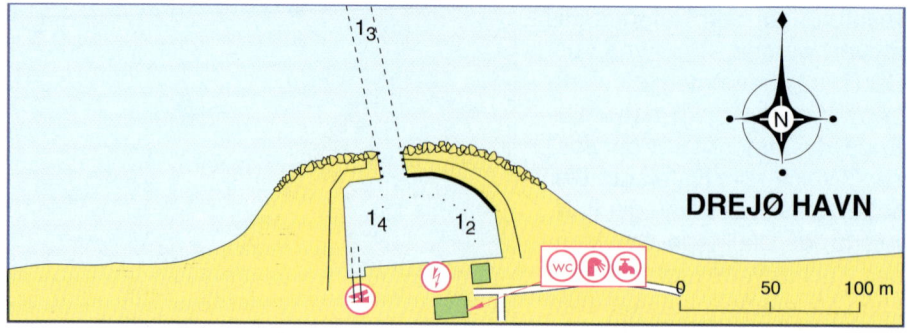

DREJØ HAVN

0    50    100 m

⚓ Aus W kommend, durchquert man den Billes Grund S-lich Avernakø und hält auf die Tonne (G) SE-lich Avernakøs zu. Von hier aus hält man E-Kurs über stellenweise nur 1,8 m tiefen Grund, bis man die Peilung von 175° hat und hält dann auf die nur an Stb. bezeichnete, 0,5 sm lange Rinne zu (F.W in Linie der Rinne).

Aus dem tiefen Gewässer S-lich Fünens kommend hält man mit S-Kurs auf den E-lichen Inselteil Drejøs zu und muß Grydholm 0,6 sm an Bb. liegen lassen.

**Achtung: Das Anlaufen bei Nacht ist selbst mit Ortskenntnissen nicht ratsam.**

Für Gastlieger sind wenig Plätze vorhanden (insgesamt 15 Plätze).

Wasserstandsänderungen bei N-bis NE-Sturm bis zu +1 m und SW-bis W-Sturm bis -1 m.

🏨 Hafen-Service: Wasser, Strom, Dusche, WC und Trailerbahn sind vorhanden. Bis zum Ort sind es 600 m. (siehe Drejø Bro)

# Inseln der Fåborg-Kommune mit Bjørnø, Avernakø und Lyø

Während die Inseln Bjørnø und Avernakø im Seegebiet S-lich Fåborgs liegen, befindet sich Lyø SW-lich Fåborgs direkt an der E-lichen Begrenzung des Kleinen Belts. Alle drei Inseln erreicht man mit der Fähre von Fåborg aus.

### Bjørnø

…liegt 1,4 sm S-lich Fåborg. Die Insel mit ihren 35 Bewohnern ist etwa 5,5 sm lang und 0,8 sm breit. Die Küste von 6,7 km hat einen relativ geradlinigen Verlauf. Bjørnø ist leicht hügelig mit Erhebungen bis 24 m im SE-lichen Bereich. Der Landgrund in ESE der Insel ist steinig, und nach Osten hin erstreckt sich das Holmene Rev über 0,6 sm, bezeichnet durch eine BYB-Untiefentonne. Auf der SW-Seite gibt es mehrere Steilküstenabschnitte mit steinigem Vorstrand, wovon man sich freihalten sollte. S-lich liegt der gut bezeichnete Lillegrund, an dem in W das betonnte Fåborg-Fahrwasser vorbeiführt (siehe auch die Übersichtskarte zur Fåborg-Ansteuerung S. 88).

In NE Bjørnøs reicht das Flach, nur durch die betonnte Grydeløb-Rinne unterbrochen, bis an Fyns Küste.

## Bjørnø Bro (DK-III-22)

**55° 4,1' N | 10° 15,2' E · Seekarten D 14, 3002, DK170**

An der NE-Küste gelegene Brücke, die kaum über den flachen Landgrund hinausgeht. Fährverbindung mit Fåborg (20 min).

*Blickrichtung SE*

BJØRNØ

⚓ Aus dem Gewässer N-lich Avernakø kommend, hält man N-lichen Kurs in die Hansebugt E-lich Bjørnøs. Die Untiefe Bjørnøholme Flak ist mit einer BYB-Untiefentonne gut bezeichnet. Von der Hansebugt aus läuft man mit NW-lichem Kurs durch das in N-Richtung betonnte Grydeløb, einen schmalen Durchlaß zwischen Gryderne Rev und Katterød Rev. Nach dem Passieren der Enge läuft man mit W-Kurs auf die Brücke zu. Bei Nacht sollte diese Passage auf keinen Fall gewählt werden!

Eine andere Möglichkeit ist der Weg W-lich Bjørnøs über das betonnte und befeuerte Fåborg-Fahrwasser. Dieses kann auf Höhe der grünen Tonne (Fl.G 5s) oberhalb der N-Spitze Bjørnøs nach E verlassen werden, um dann nach 1 sm mit S-Kurs Bjørnø Bro anzusteuern.

Liegemöglichkeiten bestehen an beiden Seiten des Molenkopfes, wobei der Anleger für das Postboot freigehalten werden muß. Bjørnø Bro ist ein Privatanleger und längeres Liegen ist hier nicht erwünscht.

**Achtung:** Der Brückenkopf neigt zur Versandung. Bei NW-,N-und E-Winden liegt man ungeschützt.

🏬 Versorgungsmöglichkeiten gibt es hier keine.

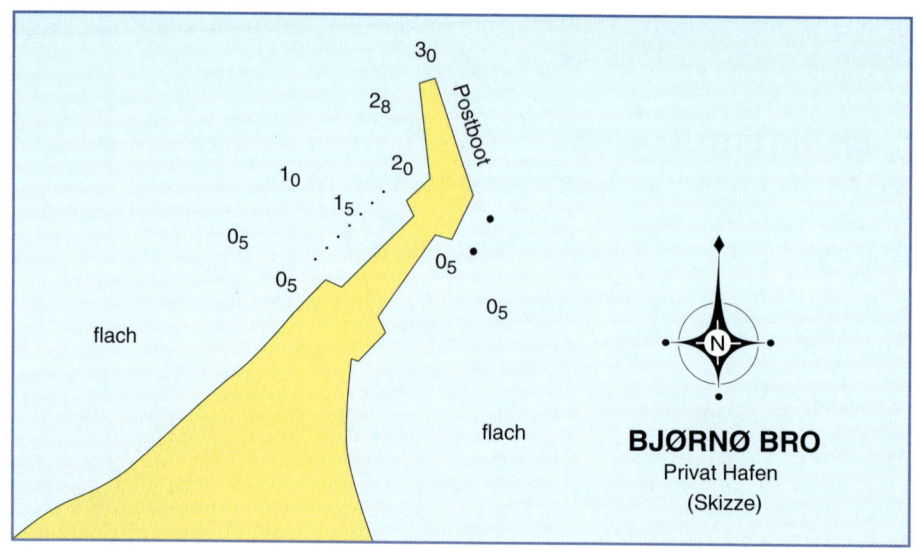

**BJØRNØ BRO**
Privat Hafen
(Skizze)

*Sehenswürdigkeiten ...*
– Entlang der Küste findet der Besucher mehere Badestrände und auch Angelplätze. Während der Brutzeit der Vogelkolonien ist der Zutritt zur *Sandbank Holmene* untersagt.

## Avernakø

... und das E-licher gelegene Korshavn wurden 1937 durch einen 700 m langen Straßendamm miteinander verbunden. Heute besteht die Doppelinsel aus zwei Dörfern mit 110 Bewohnern und erstreckt sich von W nach E über 7,5 sm bei einer Küstenlänge von 19,2 km. Die Landschaft ist hügelig und erhebt sich auf Korshavn bis auf 33 m. Steilküsten finden wir auf beiden Inselhälften.

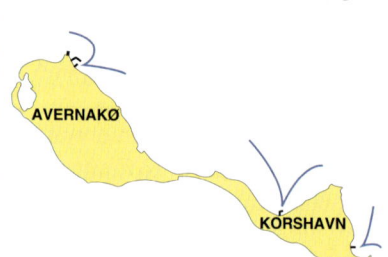

### Mærsk Møllers Havn (DK-III-17)

**55° 0,7' N I 10° 20,4' E · Seekarten D 14, 3002, DK 170**
Dieser kleine Privathafen mit leider viel zu geringer Wassertiefe (1 m, zum Land hin abnehmend) ist romantisch an der E-lichsten Bucht Avernakøs, auf Korshavn, gelegen.

⚓ Aus W über den Billes Grund kommend, hält man E-Kurs auf die grüne Tonne 0,4 sm SE-lich Avernakø. Von hier aus wird Kurs auf die in N stehende rote Tonne genommen. **Achtung:** Der Abstand zur Revtrille an Bb. muß 0,3 sm betragen. Die N-Seite der Revtrille ist betonnt.

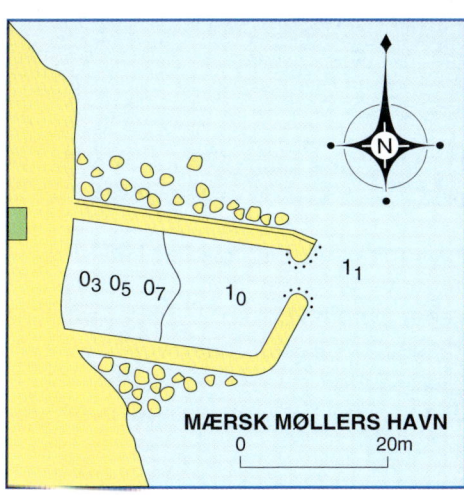

KORSHAVN

Blickrichtung sE

MÆRSK MØLLERS HAVN
0        20m

$0_3$ $0_5$ $0_7$    $1_0$    $1_1$

Um Liegeerlaubnis muß in dem kleinen Wohnhaus am Hafen nachgesucht werden.

Die N-Seite der Revtrille SE-lich des Hafens eignet sich gut zum Ankern. Nur bei den selteneren E- und N-Winden liegt man hier ungeschützt (siehe auch Ankerplätze).

Wasser erhält man am Wohnhaus.

Bademöglichkeiten finden wir S-lich des Hafens.

*Landgang ...*

– Gleich hinterm Hafen, in NW, erhebt sich der 33 m hohe *Ravnebjerg*, von dem man eine schöne Aussicht über das südfünische Inselmeer hat. (0,5 km)

– Die sich nach E hinausziehende Landzunge der *Revtrille* ist ein interessantes Gebiet für Vogelbeobachtungen. (1 km)

## Korshavn (DK-III-18)

**55° 0,8' N | 10° 19' E · Seekarten D 14, 3002, DK 170**

Hafenmeister Tel. 62 61 17 43

An der N-Küste des E-lichen Inselteils Korshavn gelegene 40 m lange Mole mit Brückenkopf nach E.

*Blickrichtung W*

✸ Aus dem tiefen Gewässer vor Fünen kommend, läuft man den Hafen mit S-Kurs ohne Schwierigkeiten an.

An der Außenseite des Brückenkopfes oder in freien Boxen sind einige wenige Gästeplätze vorhanden (insgesamt 30 Liegeplätze). Bei Winden aus NW bis NE liegt man ungeschützt.

Die Zufahrtswassertiefe von 2,5 m ändert sich bei E-Sturm bis +1,2 m und bei W-Sturm bis -1,2 m.

🏠 Hafen-Service: Wasser und WC.

Einkauf im etwa 4 km entfernten Dorf Avernak By möglich.

ℹ️ Apotheke: Ebenfalls in Avernak By, Skallevejen 2.

*Landgang ...*

– Fußweg über den „*Drejet*"-Damm zum Dorf Munke, wo sich Reste eines Großsteingrabes befinden. (2,5 km)

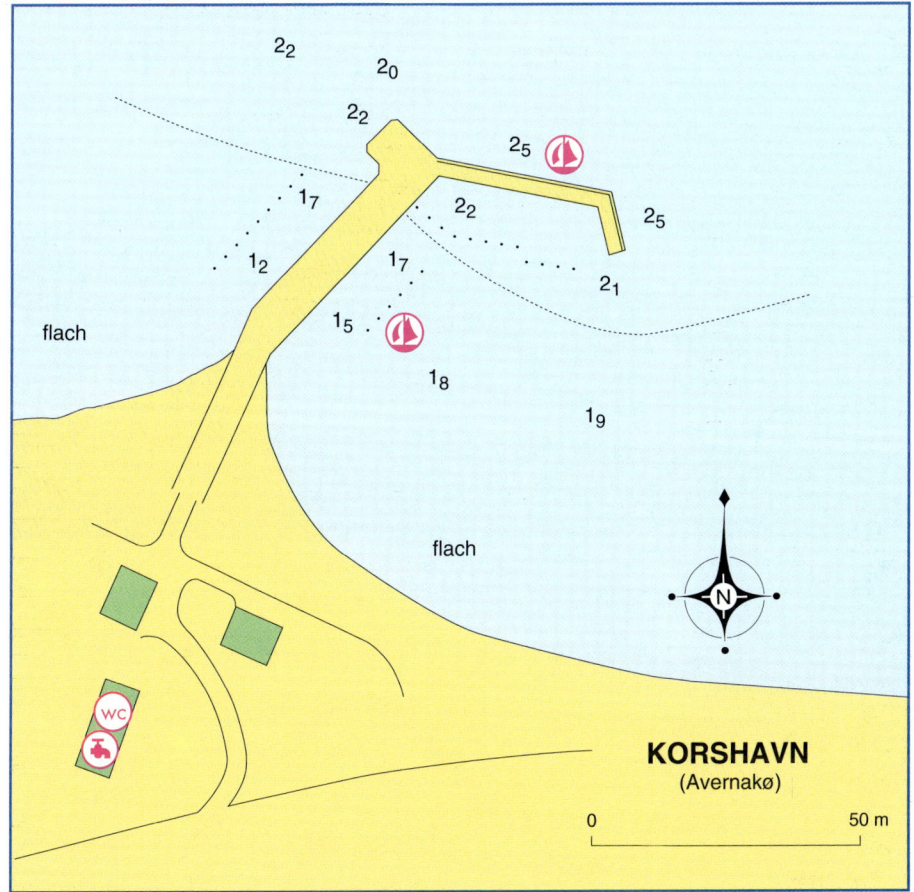

KORSHAVN
(Avernakø)

0            50 m

  –  Wanderung über den mit seinen Wäldern und Feldern abwechslungsreichen hügeligen *Inselteil Korshavn*. (2-4 km)

## Avernakø Bro (DK-III-19)

**55° 2,4' N I 10° 15,1' E · Seekarten D 14, 3002, DK 170**
Fähranleger an der NW-Spitze der Doppelinsel Avernakø mit einem in E angrenzenden Yachthafen. Fährverbindung mit Lyø (35 min) und Fåborg (30 min.).

✳ Aus dem Kleinen Belt kommend, steuert man ab Höhe der NW-Spitze Ærøs mit N-Kurs auf die BY-Untiefentonne (Q.W) SE-lich Lyøs zu. Danach nimmt man Kurs NE auf die rote Tonne (Fl.R(2) 5s, nachts im weißen Sektor des Bjørnø-Feuers Iso.W/R/G 4s, 10/7/7 M) an der SE-Kante des Knastegrundes. Ab hier geht es mit E-Kurs 1,4 sm bis zur grünen Tonne, wo man S-lich die Hafeneinfahrt (an der E-Seite des Hafens) anläuft.

Blickrichtung W

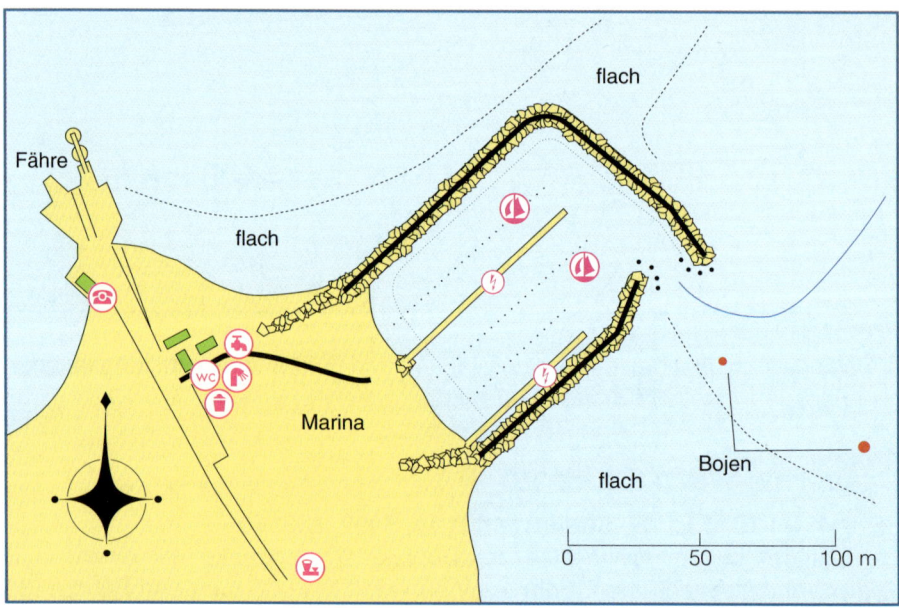

An der SW-Seite der Fährmole ist eine ungeschützte Liegemöglichkeit. Im 1994 angelegten Yachthafen (55° 2,2' N | 10° 15,3' E) findet man ausreichend Liegeplätze in Boxen.

Wasserstände ändern sich bei E-Sturm bis +1,0 m und bei W-Sturm bis -1,0 m.

Hafen-Service: Wasser, Strom, Telefon, Dusche und WC.
Einkauf: Möglichkeiten in Avernak By (ca. 1 km).

**84**

**ℹ** Apotheke: Ebenfalls in Avernak By, Skallevejen 2.

*Landgang* ...
– Fußweg zum Dorf *Avernak By* (1 km), wo noch mehrere typische Fachwerk-häuser mit Reetdach zu sehen sind. Hier, wie auch in Munke (2,5 km), werden noch alljährlich zu Pfingsten traditionelle Maibäume errichtet.

# Lyø
... liegt etwa 1,3 sm S-lich der SW-Ecke Fünens und ist die W-lichste der südfünischen Inseln. Sie besitzt 18,7 km Küstenlänge und hat 167 Bewohner. Das Inselrelief zeigt an der SW-lichen wie auch an der N-lichen Küste Ab-bruchkanten und steigt auf der S-Hälfte bis auf 24 m an. Nach N wird die Insel flach und geht NW-lich in das langgezogene Lyø Rev über, das eine weite Bucht mit Ankermöglichkeiten zur N-Küste bildet. Hier liegt man vor S-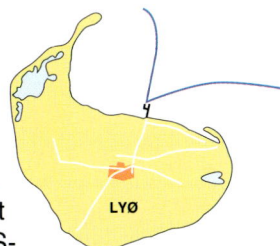
lichen Winden gut geschützt. Der Hafen liegt etwa in der Mitte der N-Küste. Der Landgrund reicht in N, W und S etwa 0,4 sm ins Meer, während sich an der E-Küste der bezeichnete Lyø Sand etwa 1,3 sm E-lich erstreckt.

## Lyø (DK-III-20)
**55° 3,1' N | 10° 9,6' E · Seekarten D 14, 16, 3002, DK 170**
Hafenmeister Tel. 62 61 92 86
Fähranleger am Ende einer 250 m langen Mole, an deren W-Seite der Yachtha-fen angebaut wurde. Fährverbindung mit Fåborg und Avernakø (je 35 min).

*Blickrichtung NE*

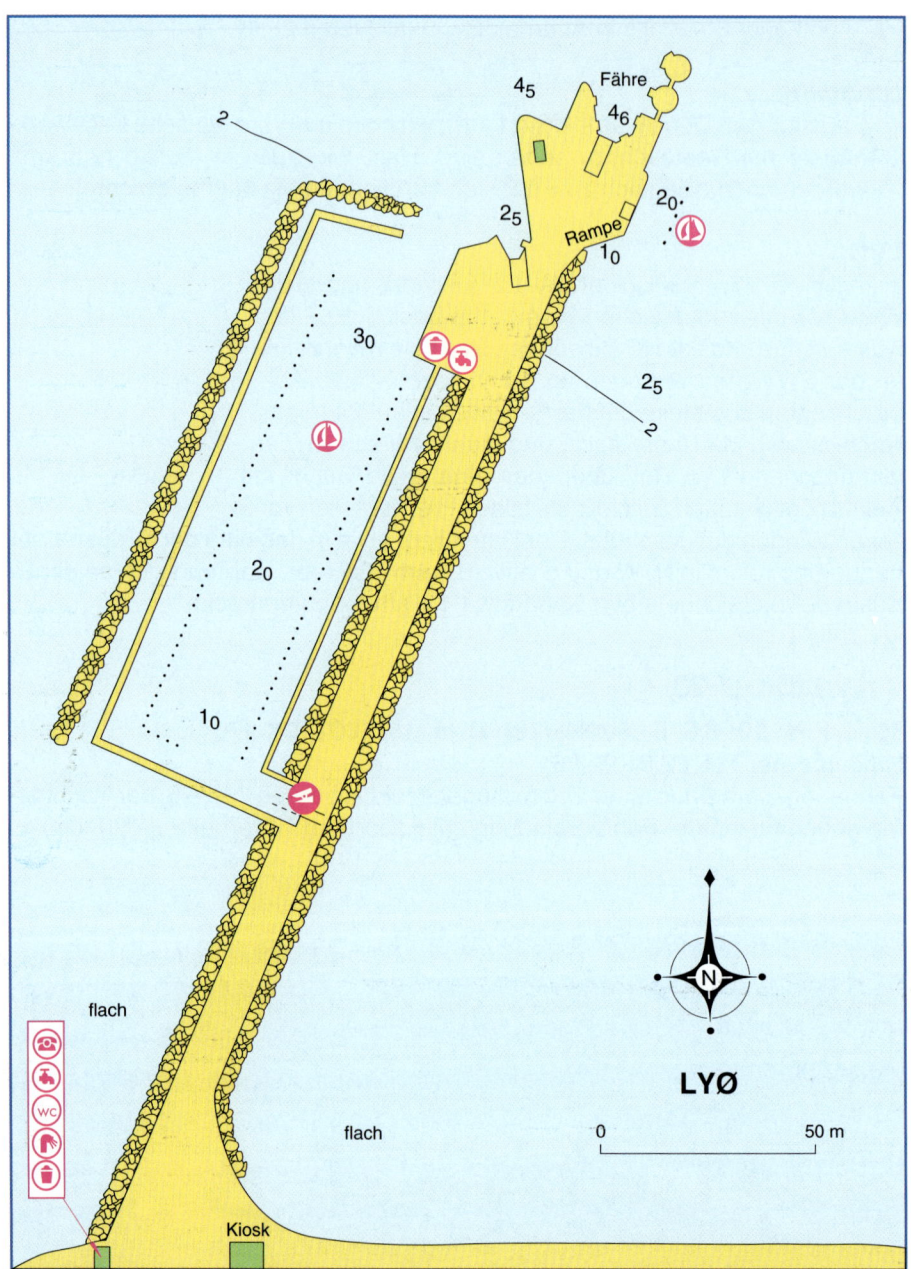

Fähre

LYØ

0      50 m

⚓ Die Ansteuerung aus dem Kleinen Belt erfolgt mit NE-lichem Kurs durch den Lyø Krog, wo man sich vom Lyø Rev (Feuer Fl.W 5s) 0,5 sm N-lich freihalten sollte. Eine grüne Tonne steht in N der Lyø Trille, die N-lich umfahren werden muß. Von hier aus steuert man SSE-lichen Kurs direkt zum Hafen.

Von Avernakø kommend, muß das NE-lich Lyøs gelegene Flach Lyø Sand mit NW-Kurs N-lich umfahren werden (N-lich der grünen Tonne halten). Nach 0,5 sm kann man Kurs auf den Hafen nehmen.

**Achtung:** Beim An- und Ablegen der Fähre direkt neben der Hafeneinfahrt genügend Abstand halten! Gastliegeplätze findet man im Yachthafen (100 Plätze) sowie an der E-Seite des Molenkopfes (5 Plätze).

Die Zufahrtswassertiefe von 2,5 m ändert sich bei E-Sturm bis +2 m und bei W-Sturm bis -1,5 m.

🏭 Hafen-Service: Wasser, Strom und Slip im Yachthafen. WC, Dusche und Telefon im Sanitärgebäude an Land. Gleich daneben ein Kiosk.

Bank und Post finden wir im Ort (1 km).

Einkauf, Rast: Zwei Geschäfte bieten einiges zur Versorgung an. Beim Købmand im Zentrum des Dorfes kann man in lockerer Atmosphäre auf Steinen sitzend sein Begrüßungs-Øl einnehmen. Ein Kro befindet sich im W-Teil des Dorfes.

ℹ Übernachtung: Zum einen können Ferienhäuser gemietet werden und zum anderen gibt es auch Möglichkeiten zum Zelten auf der Insel.

Apotheke: Ebenfalls im Ort.

## Sehenswürdigkeiten ...

– Das Dorf Lyø hat mit seinen alten Höfen, dem kleinsten *Posthaus* Dänemarks, hübschen Fachwerkhäusern, kleinen Gassen, idyllischen Ecken zwischen Dorfteichen und Baumreihen ein gutes Stück typisch dänischen Landlebens bewahrt. Der W-Liche Teil umgibt den Anger, auf dem die spätgotische Kirche steht.
– Übrigens wurde 1223 König Valdemar Sejr, während eines Jagdausfluges auf Lyø, vom Schweriner Grafen Heinrich gefangengenommen und nach Mecklenburg verbracht. Erst 23 Jahre Jahre später ließ man ihn, gegen Abtretung aller norddeutschen Eroberungen, frei.
– Insgesamt 5 *Dolmen* gibt es auf Lyø, von denen der „Klokkestenen" (Glokkenstein) der schönste ist. Ihn findet man in einem Hain W-lich des Ortes.

## Landgang ...

– Fußweg ins Dorf Lyø (1 km).
– Die Insel ist fast durchweg von Badestränden umgeben. Es lohnt sich, dafür also in jede Richtung zu gehen. 1994 war Lyø im Besitz der blauen Europaflagge.
– Der Vogelbestand konzentriert sich um die Landspitze „*Revet*" in N mit seinen zahlreichen Strandseen. Hier brüten große Möwen-und Seeschwalbenkolonien sowie Enten und Stelzvögel (2-3 km).
– Ausflug zum Dolmen „*Klokkestenen*" (von Bäumen umgebener runder Dolmen, der seinen Namen nach dem Geräusch hat, das durch einen Schlag gegen den Stein entsteht) an der W-Küste, durch Lyø und an Kro und Mühle vorbei Richtung Klokkehus (2 km).

# Häfen an Fünens Südküste

FÅBORG

F.R

F.R

ØSTERHEDE
F.G
F.G

Sletrøn

FÜNEN
FYN

N

SISSERODDE
Iso. 4s
Iso. 2s

Fl.R 3s

336,5°

46,5°

Dyreborg

Fl. G 5s

Katterød
Rev

Fl.(2)G 5s

Bro

R

Knoldsand

BJØRNØ

Grydeløb
G

Knolden

Gryderne
Rev

Hanse
Bugt

Fl.R 3s

BY
Lillegrund

Bjørnø

Holme

Knastegrund

AG

BJØRNØ
Iso. WRG 4s

G

YB

BYB

Lyø Sand

R

Fl.(2)R 5s

YBY

BYB

LYØ

G

Avernakø Trille

Avernakø Bro

Q
BY

Gala
Rev

MUNKE
Iso. WRG 4s

NAKKEODDE
Oc. WRG 5s

AVERNAKØ

R

Korshavn

Mærsk
Møllers
Havn

Mißweisung für das Gebiet
1995 –0,4° (W)

Billes   Grund

YB

KLEINER BELT

SKOLDNÆS
LFl. W 30s

ÆRØ

## Dyreborg (DK-III-21)

**55° 4,3' N I 10° 13,1' E · Seekarten D 14, 3002, DK 170**
Hafenmeister Tel. 62 61 89 27
Kleiner Fischereihafen an der S-Küste Fyns, am betonnten Fåborg-Fahrwasser
W-lich der Insel Bjørnø gelegen. Liegemöglichkeiten für Sportboote.

*Blickrichtung WNW*

⚓ Aus dem Kleinen Belt kommend, steuert man ab Höhe NW-Spitze Ærø mit
N-Kurs auf die BY-Untiefentonne (Q.W) SE-lich Lyøs zu. Dann nimmt man Kurs
NE, nachts im weißen Sektor des Bjørnø-Feuers (Iso W/R/G 4s 10/7/7 M) auf die
rote Tonne (Fl.R(2) 5s) an der SE-Kante des Knastegrundes zu, danach Kurs
353° im betonnten Fåborg-Fahrwasser (Feuer in Linie Iso.W 4s, Iso.W 2s) bis
zur grünen Tonne (Fl.(2)G 2s), von wo aus man mit NW-Kurs auf die Hafeneinfahrt zuhält (Feuer auf dem E-Molenkopf F.G).
An den Molen im Hafen gibt es nur begrenzt Liegeplätze (insgesamt 45), so daß
man meist im „Päckchen" liegt.
**Achtung: Die Schienen der Slipanlage reichen weit in das Hafenbecken
hinein.**
Die 4 m Wassertiefe in der Zufahrt schwanken bei NE-Sturm bis +1,5 m und bei
NW-Sturm bis -1 m.

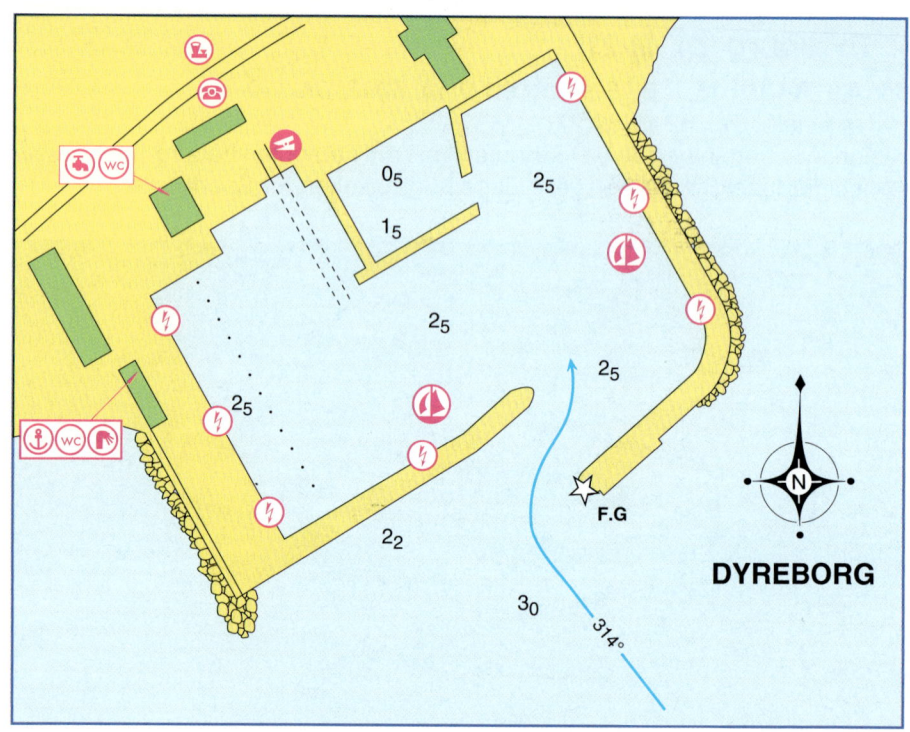

**DYREBORG**

🏠 Hafen-Service: Wasser, Strom, Dusche, WC, Slip sowie Hafenkiosk. Einkaufsmöglichkeiten und eine Gaststätte finden wir im kleinen Ort gleich am Hafen.

### Sehenswürdigkeiten/Landgang ...

– Gleich N-lich hinter dem idyllischen Fischerort, der im Sommer von Seglern viel besucht wird, befindet sich der *Dyreborg Skov*, ein Küstenwald am Fåborg Fjord, vor dem sich ein schöner Badestrand mit Blick auf die Insel Bjørnø ausbreitet. Ein Teil des Waldes ist Gehege für Wildschweine und Damwild. (1 km)

– An der S-Spitze des „Horne Land" ist der nur über eine schmale Landzunge zugängliche „Knolden", mit einer höchsten Erhebung von 23 m, wegen seiner schönen Strandwiesen und Steilküsten, des vogelreichen Nors und des guten Badestrandes an der W-Küste einen Landgang wert. Der Weg führt über Ny Dyreborg. (3-4 km)

– Die am Ortseingang von Horne befindliche *Horne Kirke* aus dem 12. Jahrh. ist vor allem deshalb interessant, weil sie aus einer Rundkirche entstand, wie sie sonst nur auf Bornholm zu sehen sind. (6 km)

– Bis zur Kommune-Hauptstadt *Fåborg* ist es eine reichliche Wegstunde (siehe Fåborg). (7 km)

*Am Fåborg Fjord*

## Fåborg (DK-III-23)

**55° 05,6' N I 10° 14,4' E · Seekarten D 14, 3002, DK 170**

Hafenmeister Tel. 62 61 16 87

An der S-Küste Fünens N-lich Bjørnø gelegener Handels-, Fischerei-, Fähr-und Yachthafen. Fåborg ist Zollhafen. Fährverbindungen nach Gelting (auf deutscher Seite) 2 Std., Bjørnø und Avernakø 30 min, Lyø 35 min und Søby 60 min.

*Der Handelshafen, Blickrichtung NE*

✵ Eine Ansteuerung ist bei Tag und Nacht möglich. Aus dem Kleinen Belt kommend, steuert man ab Höhe NW-Spitze Ærø mit N-Kurs auf die BY-Untiefentonne (Q.W) SE-lich Lyø. Dann nimmt man Kurs NE, nachts im weißen Sektor des Bjørnø-Feuers (Iso W/R/G 4s 10/7/7 M) auf die rote Tonne (Fl.R(2) 5s) an der SE-Kante des Knastegrundes, um dann weiter mit Kurs 353° im betonnten Fåborg-Fahrwasser (Feuer in Linie Iso.W 4s, Iso.W 2s) bis zur grünen Tonne (Fl.(2)G 5s) zu laufen. Von hier hält man Kurs 46,5° auf Richtfeuerlinie 2 F.G, bis das Feuer in Linie 336,5° 2F.R den sicheren Weg zum Hafen weist.

Die E-Ansteuerung durch die Hansebugt und das Grydeløb sollte man nur bei Tage wählen.

Gastliegeplätze gibt es im alten Hafen (im E-lichen äußeren Becken nur für Schiffe ab 12 m Länge), oder im 0,4 sm SW-lich gelegenen neuen Yachthafen (225 Liegeplätze).

Die Zufahrtstiefe von 5,5 m bzw. 3 m (Yachthafen) ändert sich bei N-und E-Sturm bis zu +1m und bei SW-Sturm bis zu -1m.

*Yachthafen, Blickrichtung SE*

⚓ Hafen-Service: Im alten wie auch im neuen Hafen sind alle sanitären Einrichtungen ebenso wie maritime Versorgung und Service vorhanden. Eine Tankstelle (B, D) finden wir im alten Hafen.

Bank: Die nächsten Filialen finden wir in der Vestergade bzw. am Torvet. (5 min)

Post: Befindet sich unweit des Fährhafens, Banegårdspladsen 4. (10 min)

Einkauf: 5 min vom Hafen finden wir alle notwendigen Einkaufsmöglichkeiten.

Rast: Fåborg bietet eine reichliche Auswahl an Restaurants, Cafés, Bodegas und Diskotheken, gegenüber dem Handelshafen beginnend.

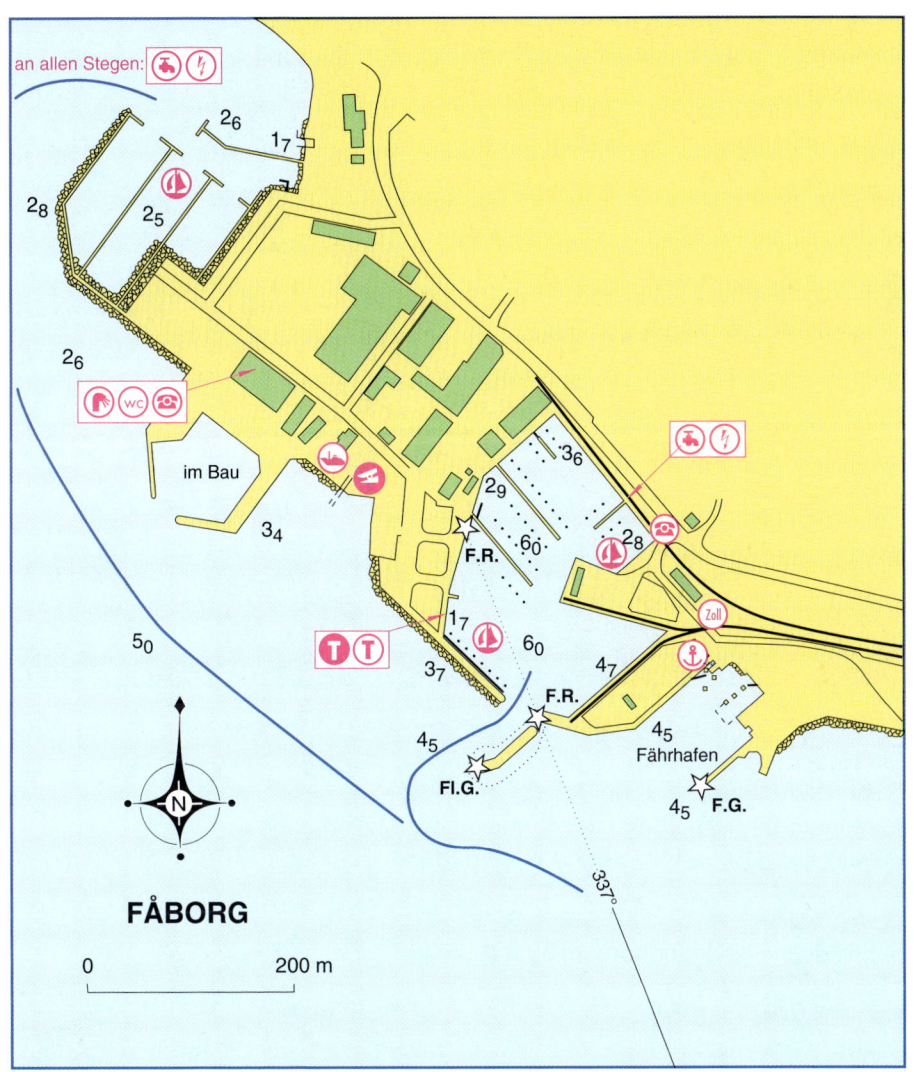

0            200 m

ℹ️ Informationsbüro: Befindet sich gegenüber dem alten Hafen in der Hav-negade 2, Tel. 62 61 07 07 (geöffnet einschl. Samstag von 10 – 17 Uhr, in der Saison ab 9 und bis 18 Uhr).

Übernachtung: Neben 5 Hotels und mehreren Pensionen kann man auch mitten in der Stadt, in der Grønnegade 71, preiswert in einem Wandererheim übernach-ten.

Campingplätze befinden sich am Odensevej 54 und 140, am N-lichen Stadtaus-gang.

Übernachtung ist u.a. auf dem Bauernhof „Hannes-Lyst", Dyreborgvej 5, mög-lich (Tel. 62 61 87 27).

*Im alten Hafen von Fåborg*

Arzt: Das Krankenhaus befindet sich Odensevej 51.
Ein Notarzt ist zwischen 16 und 8 Uhr über Tel. 65 90 60 20 erreichbar.
Falck-Rettungsdienst über Tel. 62 21 22 22.
Apotheke: Eine Apotheke findet man in der Mellemgade 1.
Polizei: Unweit des Fährhafens, Østergade 51, Tel. 62 61 14 48, gegenüber dem Færgegaarden.
Taxi: Über Tel. 62 61 75 75 bzw. 62 61 88 00.
Fahrradverleih: Svendborgvej 69. (15 min)

*Sehenswürdigkeiten ...*
Fåborg, ehemals Foburgh, besaß vermutlich bereits im 13. Jahrh. den Status einer Stadt. Die Lage zwischen Meer und „Fünischen Alpen", der weithin sichtbare, gelbgetünchte Glockenturm über einer beschaulichen Innenstadt, das Kunstmuseum der fünischen Maler und mehrere Mühlen und Seen ringsum machen sie uns heute besonders „fünisch" und anziehend.
– Der „Klokketaarnet"/Glockenturm (15. Jahrh.) in der Tårnstræde ist das letzte Relikt der mittelalterlichen Nikolaikirche aus dem 12. Jahrh., die dem Schutzheiligen der Seefahrer geweiht war. Die 101 Stufen hinauf gewähren einen wahrhaft malerischen Ausblick über Dächer, Hafen und Fjord (zu besteigen vom 15.6. bis 1.9. werktags von 10 – 12 und 14 – 16.30 Uhr, Samstag vorm., 2 DKr.).
– Durch das „Vesterport"/Westtor (ebenfalls 15. Jahrh.) geht man auf der Vestergade nicht nur in die Innenstadt, sondern auch auf Wegen, die einst

Den Voigtske Gaard

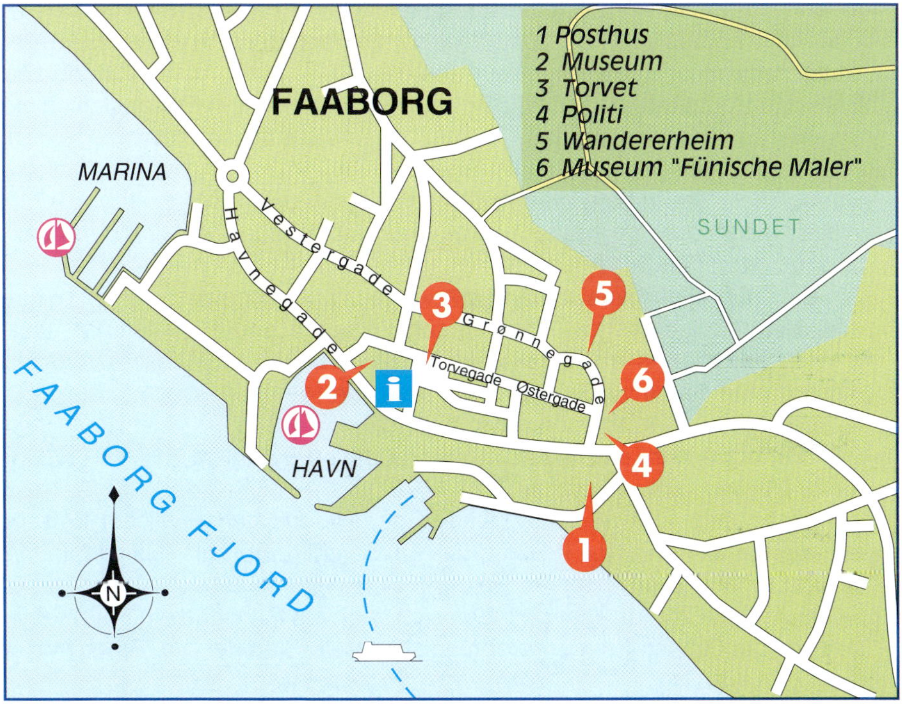

FAABORG

1 Posthus
2 Museum
3 Torvet
4 Politi
5 Wandererheim
6 Museum "Fünische Maler"

MARINA

SUNDET

Havnegade

Vestergade

Grønnegade

Torvegade  Østergade

HAVN

FAABORG FJORD

N

H.C.Andersen mit seiner Jugendliebe Riborg Voigt aus der Vestergade 1 gegangen sein muß.

– Über die vom Hafen zum Torvet führende und noch immer kopfstein-

Den Gamle Gaard

gepflasterte Holkegade kommen wir an den *„Smedehusene"* (Modelskibs-museum, geöffnet vom 20.6 bis 26.8. täglich von 11 – 17 Uhr, sonst 13 – 16 Uhr und sonntags ab 11 Uhr) und *„Den gamle Gaard"* (1725) vorbei. Letzterer ist mit seinem originalen Interieur aus dem 18. Jahrh., Ausstellungen von Glas und Porzellan, zur Küstenfischerei und einem alten Pferdestall sowie einem romantischen Garten von interessanter Vielfalt (geöffnet vom 15.5. bis 15.9. täglich von 10.30 – 16.30 Uhr).

– Die schmale Taarngade am Glockenturm, nach dem Großfeuer von 1715 wieder aufgebaut und seitdem so unverändert erhalten, ist eine der meist-fotografierten Gassen Fåborgs.

– Am Ende der Østergade, in der Grønnegade 75, befindet sich seit 1916 das aus dem „Konservesgård" gewachsene *Kunstmuseum*. Hinter der spät-klassizistischen Fassade richtete der Fruchtweinfabrikant Mads Rasmussen diese größte Sammlung fünischer Malerei ein (geöffnet vom 1.6. bis 31.8. täglich von 10 – 17 Uhr, sonst bis 16 Uhr).

– Der *„Fåborg Arrest"* am Torvet darf vom 1.6 bis 1.9. täglich von 10 – 17 Uhr für 20 DKr. besichtigt werden.

– Zum Stadtviertel *„Østerbro"* südöstlich des Hafens gehen wir am Wasser entlang. Es wurde in der 1. Hälfte des 18. Jahrh. außerhalb des mittelalter-lichen Stadtkerns errichtet, und in der Reihe kleiner Häuser wohnten früher Seeleute und Fischer. Hier befinden sich auch ein Park und ein Friedhof, in dem wir die Grabstätte mehrerer fünischer Maler und der o.g. Riborg Voigt finden. (1 km)

*Landgang ...*

– Ein Spaziergang durch die Altstadt Fåborgs ist gewiß das Nächstliegende, zumal zahlreiche einladende Gasthäuser am Wege liegen, in denen man seinen Durst und Hunger stillen kann. (500 m)

- Ausflug zur *„Kaleko-Mølle"* (1650), der ältesten erhaltenen Wassermühle Dänemarks. Man geht dazu über die Havnegade Richtung Osten und weiter auf dem Prices Havevej aus der Stadt. Der Weg ist ausgeschildert. Die als Museum eingerichteten und 1994 renovierten Mühlenräume geben einen eindrucksvollen Einblick in das Leben einer Müllersfamilie. Draußen kann man sich an Tischen niederlassen (die Besichtigung der Innenräume ist vom 15.5 bis 15.9. täglich von 10.30 – 16.30 Uhr möglich). (2 km)
- Wanderung in das Hügel-und Seengebiet der *„Svaninnge Bakker".* Der Weg führt über den Odensevej im Norden aus der Stadt und bei Tyveknap (knapp 3 km) steht direkt an der Straße, neben einer Raststätte, ein alter Aussichtsturm, der einen Blick auf die Hügellandschaft freigibt. Von hier ist es nicht weit zum Dorf Svanninge mit seiner stattlichen gelbgetünchten Kirche. Über *„Grubbe Mølle",* eine Wasser-und eine Windmühle, die 1989 restauriert wurde, kommen wir auf dem Assensvej aus West wieder nach Fåborg zurück. (8 km)
- Wer aber besonders wanderlustig ist, kann auf dem grünen „Margariteweg" die höchsten Erhebungen der fünischen Alpen „erklimmen", den 128-m-*Trebjerg* bei Håstrup, und die Aussicht über Küste und Inselmeer genießen. (12 km Hinweg)
- Busfahrt nach Millinge in *„Fyns Legetøjsmuseum"* (Spielzeugmuseum), das vom 1.6 bis 31.8. täglich von 9 – 18 Uhr geöffnet ist (30/15 DKr.). (4 km)
- Fahrt zum *Wasserschloß Egeskov* (16. Jahrh.) mit seinem Barockgarten, Labyrinth und Oldtimer-Museum (geöffnet ganzjährig täglich von 10 – 17 Uhr). (18 km)

## Fjællebroen (DK-III-24)

**55° 03,6' N I 10° 22,9' E · Seekarten D 14, 3002, DK 170**
Hafenmeister Tel. 62 61 59 53
Am Nakkebølle Fjord gelegener Yacht-und Fischereihafen an der S-Küste Fyns.

⚓ Aus dem tiefen Wasser vor Fyn kommend, steuert man mit N-Kurs das betonnte Fahrwasser des Nakkebølle Fjord an.
**Achtung:** YB-Untiefentonne in E beachten.
Zur Ansteuerung erreicht man die Tonne Fl.(3)R 10s. Der Hafen sollte nur am Tage angelaufen werden.
Liegeplätze an freien Boxen im Hafen. Der Yachthafen verfügt über 185 Liegeplätze. Die Zufahrtstiefe von 2,3 m ändert sich bei N-und E-Sturm bis +1m sowie bei W-Sturm bis -1m.

🏠 Hafen-Service: Wasser, WC, Dusche und Telefon; Mastenkran, Trailerbahn, Slip und Tankstelle (B, D); Werft und Segelmacher. Ein Hafenkiosk bietet vieles für den täglichen Bedarf an.
Bank, Post und größere Einkaufsmöglichkeiten: Finden wir in den nahegelegenen Orten Vester Åby bzw. Ulbølle. (2,5 km)

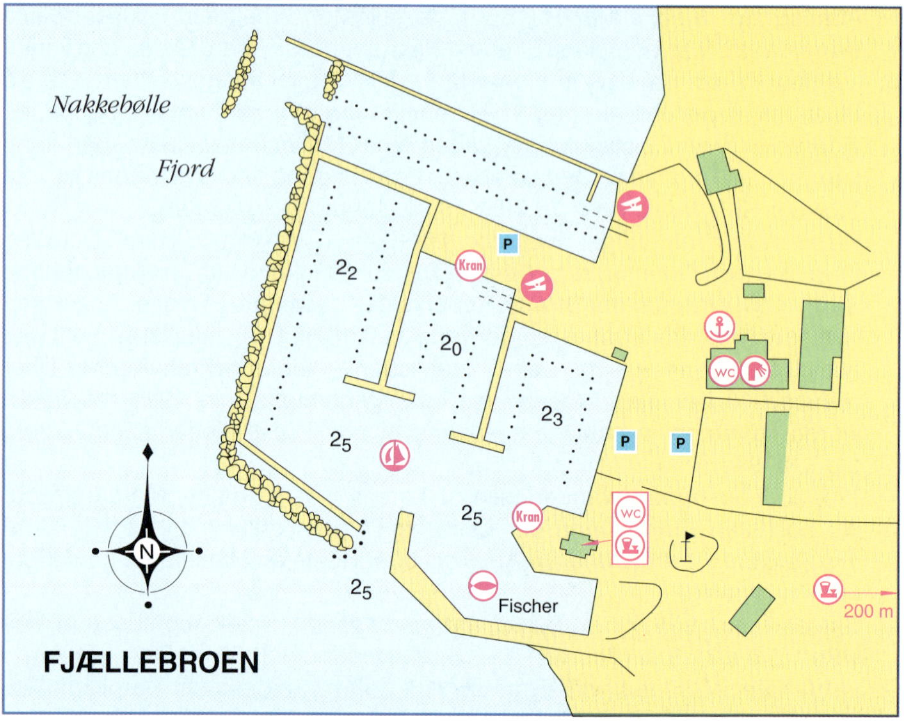

**FJÆLLEBROEN**

*Nakkebølle*

*Fjord*

$2_2$

$2_0$

$2_3$

$2_5$

$2_5$

$2_5$

$2_5$

Kran

Kran

WC

WC

P

P

P

Fischer

N

200 m

Rast: Eine besondere Empfehlung ist der historische Kro (1703) in Vester Skerninge hinter Ulbølle. (6 km)

*Blickrichtung SW*

**i** Informationsbüro: Über Tel. 62 61 07 07 (Fåborg)
Arzt: Über Tel. 74 43 52 53.
Polizei: Tel. 62 61 14 48 (Fåborg).
Taxi: Tel. 62 24 20 48.

*Landgang* ...
– Einen Badestrand finden wir SE-lich des Hafens. (1,5 km)

## Ballen Marina (DK-III-25)

**55° 2,5' N | 10° 28,6' E · Seekarten D 14, 3002, DK 170**
Hafenmeister Tel. 62 24 14 29
An der S-Küste Fyns N-lich Skarø gelegener kleiner Yachthafen.

*Blickrichtung NW*

✳ Navigation: Die Ansteuerung des Hafens erfolgt aus dem tiefen Wasser vor
Fyn und ist bei Tag einfach. E-lich des Hafens läuft die Küstenlinie erhöht, und
man sollte sich hier 0,2 sm von der Küste freihalten, W-lich des Hafens hingegen
0,3 sm. Auf der N-Mole steht ein F.R. Bei Nacht sollte der Hafen nicht angelaufen
werden, da die Ansteuerung nicht betonnt ist.
Liegemöglichkeiten bestehen an freien Boxen im Hafen und zwar auf etwa 2 m
Wassertiefe (insgesamt 60 Liegeplätze).
Wasserstände sind bei NE- bis E-Sturm +1,5 m, bei S- bis SW-Sturm -1,5 m.

🏠 Hafen-Service: An den Stegen finden wir Wasser und Strom. Im Hafenbereich gibt es WC, Telefon, Trailer und Altölentsorgung.
Bank, Post: Finden wir in Vester Skerninge. (4 km)

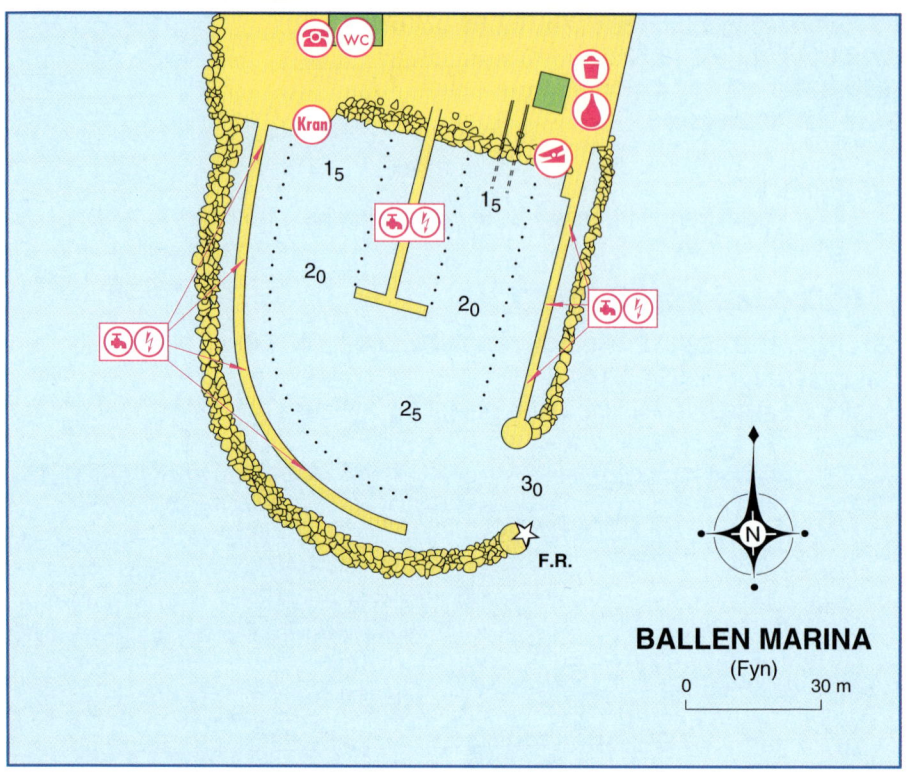

**BALLEN MARINA**
(Fyn)

0        30 m

Einkauf: Ist im W-lich gelegenen Camping möglich. (1,5 km)

Rast: Für besondere Gelegenheiten bietet sich der sehenswerte historische „Vester Skerninge Kro" mitten in Vester Skerninge an. (4 km)

**i** Übernachtung: Möglichkeiten u.a. im „Syltemae Camping", Strandgårdsvej 13, Tel. 62 24 11 77. (1,5 km W-lich am Wasser)

*Landgang* ... Den Badestrand finden wir gleich W-lich des Hafens.

# Häfen am Svendborgsund

Das Svendborg-Sund-Fahrwasser ist betonnt und befeuert, es ist problemlos zu befahren. NW-lich der Insel Iholm hält man sich im weißen Bereich des Sektorenfeuers St. Jørgens (Oc.WRG 5s), bis die Richtfeuerlinie Tankefuld (2 F.R) erreicht ist. Jetzt steuert man mit 89° bis zum Feuer in Linie 2 Iso.G 68° und wechselt danach auf 2 Iso.W 61°. Die Pfeiler der Sundbrücke sind mit F.R 3s/ F.G 3s befeuert.

**Achtung:** Im Svendborgsund macht sich etwa alle 6 Stunden eine wechselnde Tidenströmung bemerkbar (1 kn). Größeren Einfluß auf die Strömung haben Starkwinde oder Sturm. Im Sund sind schon Stromgeschwindigkeiten von 5 kn gemessen worden.

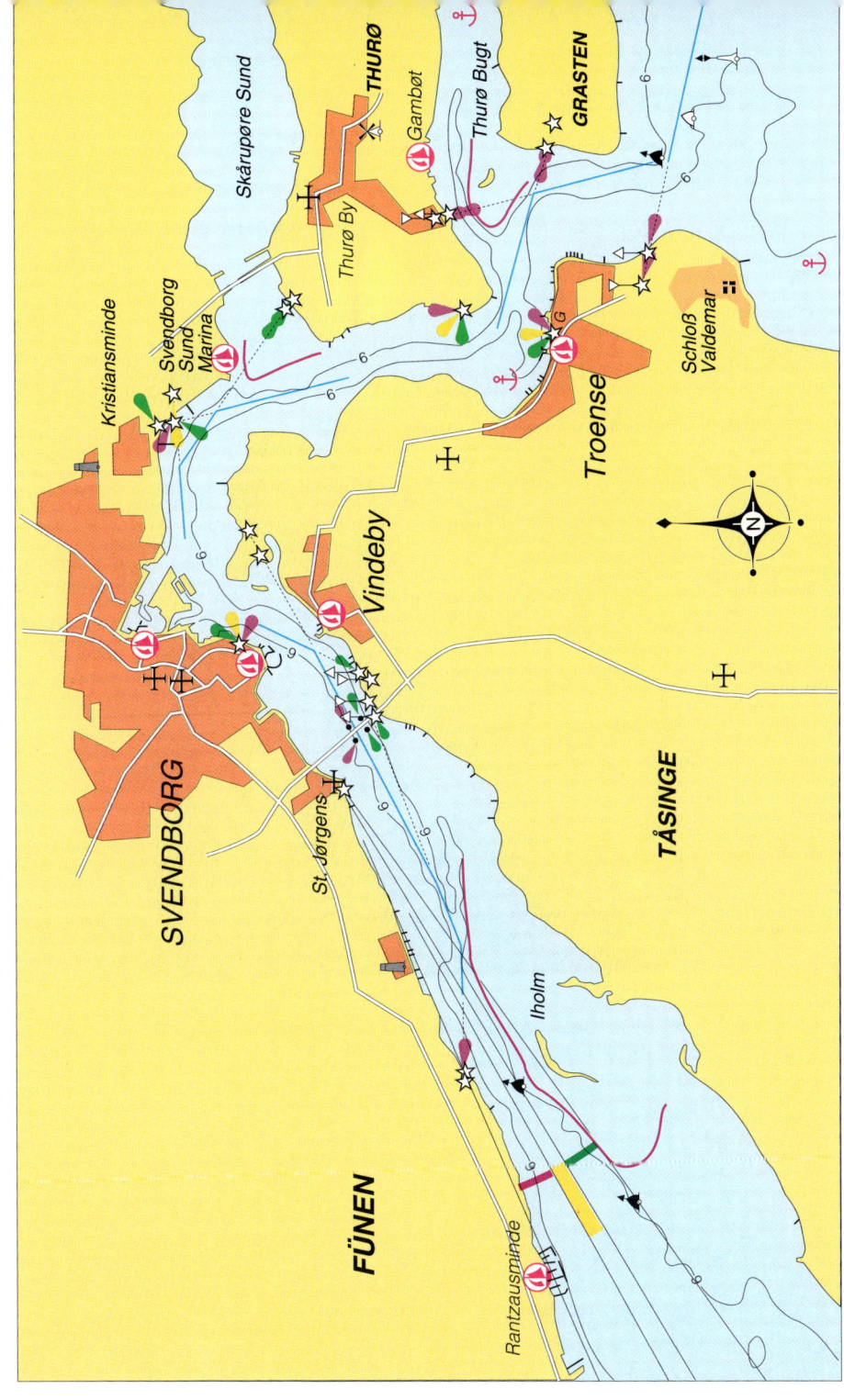

SVENDBORG

FÜNEN

Rantzausminde

St. Jørgens

Vindeby

Iholm

TÅSINGE

Kristiansminde

Svendborg Sund Marina

Skårupøre Sund

Thurø By

THURØ

Gambøt

Thurø Bugt

GRASTEN

Troense

Schloß Valdemar

## Rantzausminde (DK-III-26)

**55° 2,1' N I 10° 32,6' E · Seekarten D 14, 3002, DK 170**
Hafenmeister Tel. 62 21 14 92 bzw. 62 21 06 57

Am W-Eingang des Svendborgsundes an der S-Küste Fünens gelegener Yachthafen.

*Der Bereich des neuen Hafenbeckens, Blickrichtung N*

✳ Die Ansteuerung erfolgt direkt aus dem Fahrwasser des Svendborgsundes. Rantzausminde besteht aus dem alten E-Hafen mit Einfahrt aus E (F.R) und dem neuen W-Hafen mit Zufahrt aus S (Fl.G 3s).
Liegemöglichkeiten an freien Boxen in beiden Hafenteilen (245 Plätze).
Die Zufahrtstiefe von 2,7 m ändert sich bei NE-bis E-Sturm bis +1,5 m und bei S-bis SW-Sturm bis -1,5 m.

🏨 Hafen-Service: An den Stegen finden wir Strom und Wasser, im Hafenbereich Dusche, WC, Altölentsorgung, Slip, Trailer und Mastenkran. In Hafennähe befindet sich eine Werft. Im Yachthafen gibt es einen Kioskverkauf wie auch ein Klubhaus des Svendborg Sund Sejlklub.
Bank, Post: Filialen finden wir im Ort.
Einkauf: Möglichkeiten 10 min vom Hafen, Rantzausmindevej 112.

**102**

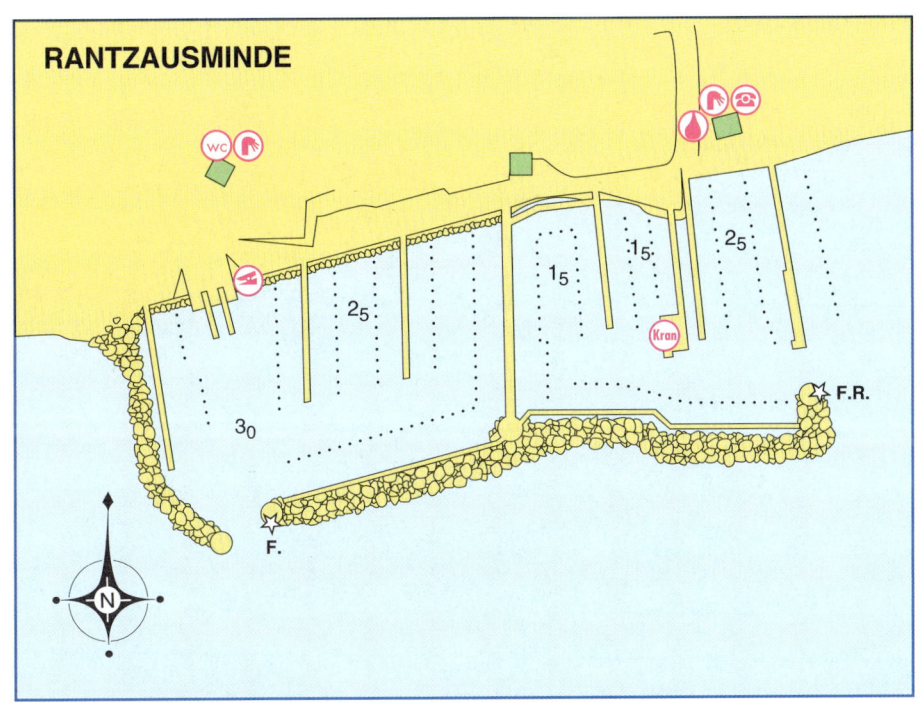

**RANTZAUSMINDE**

ℹ️ Informationsbüro: Über Tel. 62 21 09 80 (Svendborg).
Übernachtung: In Rantzausminde bieten sich mehrere Pensionen an bzw. der
Rantzausminde Camping in W-licher Richtung, am Wasser gelegen. (1,5 km)

Arzt: Bereitschaftsarzt zwischen 16 und 8 Uhr über Tel. 65 90 60 20.
Rettungsdienst Falck über Tel. 62 21 22 22.
Polizei: Tel. 62 21 14 48.
Taxi: Tel. 62 20 21 22.

### Sehenswürdigkeiten/Landgang ...

– Ein Spaziergang durch Rantzausminde führt uns architektonisch wie in
  südliche Gefilde, jedenfalls hinterläßt die niedrige Sommerhausbebauung
  über den Hängen zum Wasser diesen Eindruck.
– Wenn wir den Rantzausmindevej etwa 2 km Richtung Svendborg gehen und
  am Kogtvedvænget rechts abbiegen, kommen wir, fast am Wasser, zu der
  etwas versteckten alten *„Kogvet Vandmølle"*. (2 km)
– Badestrände befinden sich beim W-lich gelegenen Camping, am Eingang
  zum Svenborgsund, bzw. zwischen Rantzausminde und Svendborg. (beide
  etwa 1,5 km)
– Ein Spaziergang Richtung Egense führt uns auf halbem Wege, in einem
  Kreisverkehr, zu einem 6 m hohen *Großsteingrab*. (2 km)
– Fahrt nach Svendborg (siehe Svendborg). (4 km)

Svendborg Sund Marina
Thurø Bugt
Vindeby
Svendborg Yachthafen

## Svendborg Yachthafen (DK-III-27)

**55° 03,2' N I 10° 36,6' E · Seekarten D 14, 15, 3002, DK 170, 171**
Hafenmeister Tel. 62 21 14 92
Ringförmig angelegter Yachthafen an der S-Küste Fyns am Svendborgsund E-lich der Svendborgsundbrücke (1966).

Die Ansteuerung erfolgt direkt aus dem Fahrwasser des Svendborgsundes. Beim Einlaufen in den Hafen muß mit starker Querströmung gerechnet werden. Liegemöglichkeiten an freien Boxen (grün gekennzeichnet) in beiden Hafenteilen (300 Liegeplätze).
Die Zufahrtstiefe von 3 m ändert sich bei NE-bis E-Sturm bis +1,5 m und bei S-bis SW-Sturm bis -1,5 m.

Hafen-Service: An den Stegen finden wir Strom und Wasser, im Hafenbereich Duschen, WC, an der E-Mole Kran und Tankstelle (B, D). Gleich am Hafen gibt es einen Kiosk mit Waren des täglichen Bedarfs sowie das Restaurant „Charlies Steakhouse". (Weitere Informationen siehe „Svendborg Hafen")

SVENDBORG
YACHTHAFEN

0                                    100 m

## Vindeby (DK-III-29)

**55° 3,0' N | 10° 36,9' E · Seekarten D 14, 15, 3002, DK 170, 171**

An der Nordküste von Tåsinge gelegener Sportboothafen mit E-Mole am Svendborgsund E-lich der Svendborgsundbrücke.

Die Ansteuerung erfolgt direkt aus dem Fahrwasser des Svendborgsundes. Beim Einlaufen in den Hafen muß mit starker Querströmung gerechnet werden (Molenfeuer F.G).
Liegemöglichkeiten an freien Boxen (grün gekennzeichnet) an der Mole oder den drei Stegen.
Wasserstände ändern sich bei NE-bis E-Sturm bis +1,5 m und bei S-bis SW-Sturm bis -1,5 m.

Hafen-Service: An den Stegen gibt es Wasser und Strom, im Hafenbereich Dusche, WC, Mastenkran und Trailerbahn. Direkt am Hafen bestehen Einkaufsmöglichkeiten.
Bank, Post: Filialen am S-lichen Ortsrand, Nähe Sportplatz. (15 min)

*Blickrichtung S über den Sund auf Vindeby*

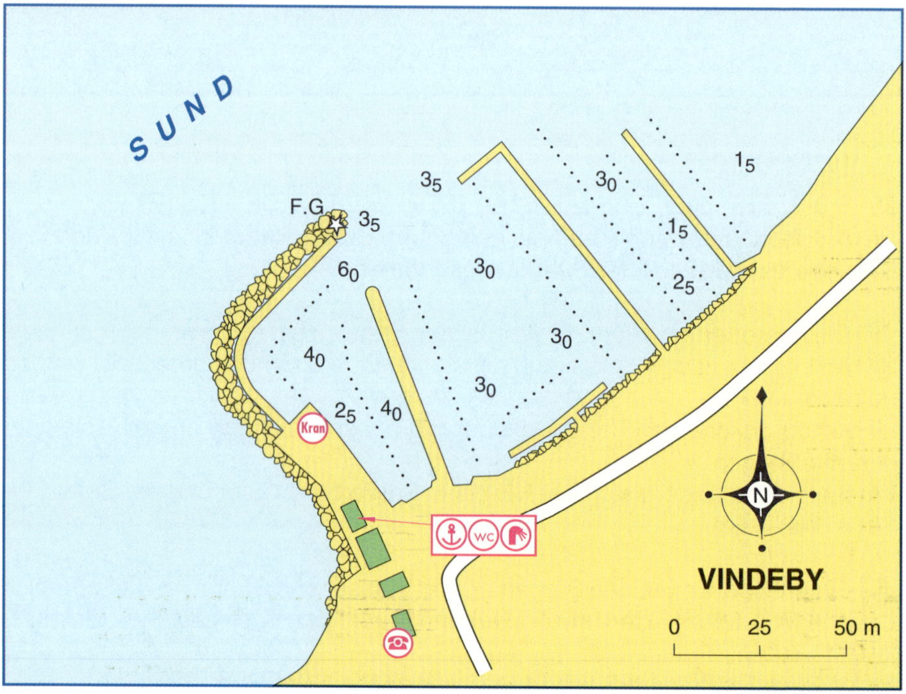

Einkauf, Rast: Es gibt mehrere Möglichkeiten im Ort.

ℹ️ Übernachtung: Pensionen bzw. „Vindebyøre Camping", Vindebyørevej 52, an der N-Spitze von Tåsinge, mit Blick auf Svendborg und Christiansminde. (Ansonsten siehe „Svendborg Hafen")

*Sehenswürdigkeiten/Landgang* ...

- Spaziergang nach *Troense*, durch den Bregningewald im Osten (siehe Troense). (3 km)
- Radwanderung nach *Valdemars Schloß* (1645) mit Herrenhausmuseum, Kriegsmarinemuseum, Restaurant, Café und Badestrand. (5 km) Danach über Bregninge zurück. 1 km hinter Valdemars Schloß steht die 700 Jahre alte *Ambrosius-Eiche* (der Schloßpoet Ambrosius Stub saß zwischen 1748-50 oft unter dieser Eiche) und vor Bregninge lädt auf dem mit 72 m höchsten Punkt der Insel ein gemütliches Restaurant in der *Bregninge-Mühle* ein. Vom Tåsinge-Museum unterhalb des Denkmals für Frederik Juel sind es nur noch 300 m bis zum Bregninge Kro an der Straße Svendborg-Rudkøbing. (11 km)
- *Rundflüge* kann man vom Tåsinge-Flugplatz in Vornæs, über Bregninge, unternehmen. (7 km)
- Wer die Grabstätte der jungen und nach der Überlieferung bildschönen Dänin Hedvig Jensen (Seiltänzerin *Elvira Madigan*) und ihres Geliebten, des schwedischen Grafen und Leutnants Sixten Sparre sucht, der findet diese auf dem Kirchhof von Landet. (6 km)

## Svendborg Hafen (DK-III-28)

**55° 03,5' N | 10° 36,9' E · Seekarten D 12, 14, 15, 3002, DK 170, 171, DK 1**
Hafenmeister Tel. 62 21 06 57
Handels-, Werft-, Fähr-und Sportboothafen der größten Stadt an der S-Küste Fünens.
Die Svendborg-Kommune verfügt über 13 Yachthäfen mit insgesamt 1600 Liegeplätzen und ist Knotenpunkt für den Fährverkehr zu den Inseln Tåsinge, Thurø und ins südfünische Inselmeer (Fährverbindung vom Fährhafen S-lich des Innenhafens mit Æroskøbing (1 1/4 Std.), Hjortø, Drejø und Skarø (alle 30-45 min).

⚓ Die Ansteuerung des Hafens ist bei Tag und Nacht möglich.
Gastliegemöglichkeiten befinden sich im Innenhafen am Kai oder an der Schwimmbrücke (insgesamt 400 Liegeplätze). Der Anleger für den Ausflugs-dampfer darf nicht benutzt werden. Die Zufahrtstiefe von 7 m ändert sich bei NE- bis E-Sturm bis +1,5 m und bei S-bis SW-Sturm bis -1,5 m.

🏠 Hafen-Service: Wasser, Strom, Duschen, WC; Tankstelle (B, D); Werften, Slip, Kran. Maritime und sonstige Versorgung in Hafennähe. Gleich in der Nähe, an der Jessens Mole, liegt das Restaurantschiff „Oranje".

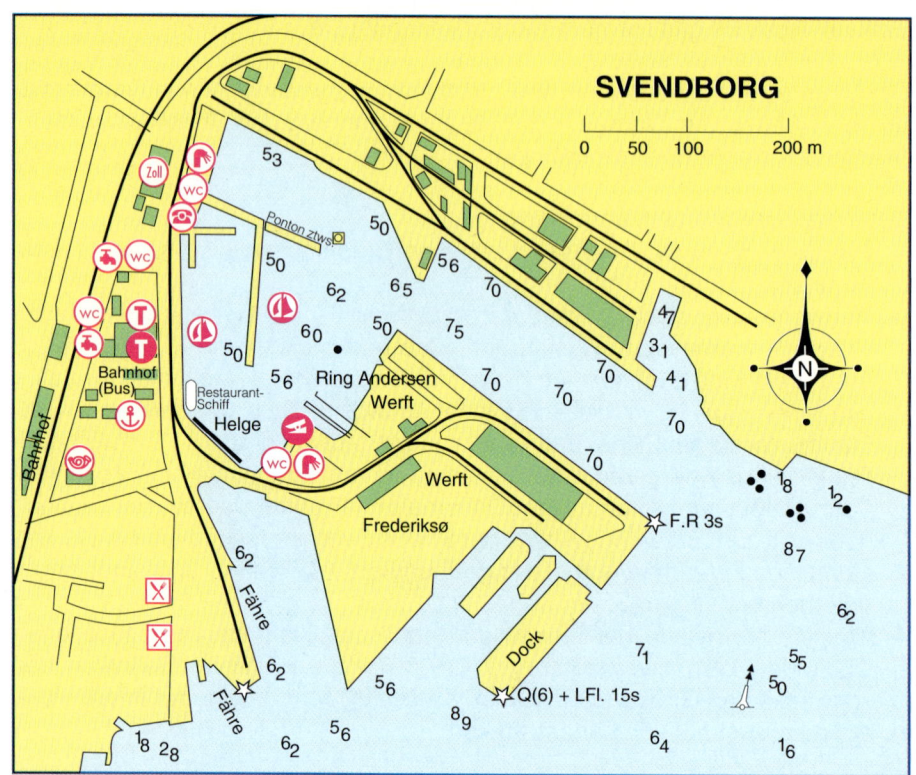

Bank, Post: Zwischen Fährhafen und Bahnhof ist die nächste Möglichkeit, 15 min. Einen Geldautomaten finden wir u.a. neben dem Informationsbüro.

Einkauf: Für einen Geschäftsbummel gehört die Innenstadt Svendborgs zum Besten, was Fünen zu bieten hat. Jeden Mittwoch und Samstag ist hier außerdem Markttag.

Rast: Da hat man in Svendborg die Qual der Wahl. Hier kann der Restaurantführer durch die dänischen Ostsee-Yachthäfen des DSV-Verlages äußerst hilfreich sein. Das „Restaurantskibet Oranje" an der Jessens Mole wäre zumindest, vom maritimen Standpunkt, eine gute Wahl, besonders für Fischfeinschmecker.

**i** Informationsbüro: Centrumpladsen 4, Tel. 62 21 09 80 (geöffnet werktags 9 – 17 Uhr, samstags 10 – 13 Uhr, in der Saison bis 19 bzw. 17 Uhr), 8 min.

Übernachtung: Beratend bei Hotel-und Pensions-Reservierungen kann das Informationsbüro (s.o.) sein.

Eine preiswerte und gute Übernachtung finden wir mit Sicherheit im modernen Wandererheim, Vestergade 45, (Halbpension 182 DKr.) neben dem „Ofen-Museum", 15 min.

Arzt: Das Krankenhaus befindet sich in der Valdemarsgade, noch vor der Kirche und gleich hinter den Bahnschienen, 10 min.

1 Posthus
2 Politi
3 Centrum Pladsen
4 Sygehus, Krankenhaus
5 Wandererheim
6 Markt
7 "Oranje" Restaurantschiff
8 Museum
9 Zoologisches Museum

SVENDBORG

Ärztlicher Bereitschaftsdienst zwischen 16 und 8 Uhr sowie am Wochenende über Tel. 65 90 60 20.

Falck-Rettungsdienst über Tel. 62 21 22 22.

Apothekendienst finden wir am Torvet oder in der Gerritsgade.

Polizei: Tvedvej 2, N-lich des Hafens, hinter der Seefahrtsschule, ist über Tel. 62 21 14 48 zu erreichen.

Taxi: Tel. 62 20 21 22.

*Kultur/Sport* ...

– Der „*Svendborg-Sund-Marsch*" über 10 bis 40 km ist allgemein der „Warmmacher" zum Saisonbeginn Anfang Juni. (Auskunft über Informationsbüro)

– Die zahlreichen Segelklubs der Svendborg Kommune organisieren während der Segelsaison mindestens 2 Regatten monatlich. Im Juni findet eine

13 Der Herrenhof Hvidkilde (Ursprung 13.Jahrh.) in ungewöhnlich schöner Lage

traditionelle *„Familien-Regatta"* statt. Meist startet Ende Juli von Svendborg aus eine eindrucksvolle Regatta mit Oldtimern. (Auskunft in den Yachthäfen)
- Die *Sonnenwendfeiern/Johannisabende* sind am 23. Juni in allen Yachthäfen eine schöne Tradition. Nachts künden am Sund die Mitternachtsfeuer davon. Dann ist eine dreistündige Nachtfahrt mit dem Dampfer „Helge" ein ganz besonderes Erlebnis (reservieren!).
- Jedes Jahr Ende Juli/Anfang August finden *„Svendborg Festtage"* statt, wo fast alles auf den Beinen ist. Das umfangreiche Programm erhält man im Informationsbüro (s.o.).
- Von Ende Juni bis Ende August sind die *Schloßkonzerte* auf Wasserschloß Egeskov eine gern besuchte Attraktion.
- Den *Reiterhof* „Holendrup Hus" erreichen wir mit dem Bus in Richtung Skårup, Tel. 62 23 18 25. (5 km)
- *„Badeland", Tennishalle, Sportplatz* finden wir im Westen der Stadt am Ryttervej, Nähe Stadion. (20 min)
- Für Golfspieler gibt es im NW der Stadt, N-lich Sørup, einen 18-Loch-Platz, Tel. 62 22 40 77. (5 km)
- Fahrradverleih: Finden wir bei „Cykel Pedersen" in der Brogade 31, am Fährhafen.

## Sehenswürdigkeiten ...

Svendborg, die maritime Hauptstadt Fünens, wurde erstmals 1229 als „Swineburgh" erwähnt. Reste der alten Bischofs-Burg Ørkild aus dieser Zeit findet man

*Das Herrenhaus des Frands Brockenhuus – Wasserschloß Egeskov (16.Jahrh.)*

noch im Park Caroline Amaliel und N-lich des Hafens. Eine verheerende Pestepedemie im Jahre 1602, der Schwedenkrieg 1658/59, nach dem viele ihre Höfe und Häuser verließen, der große Stadtbrand von 1749 und die Besetzung durch napoleonische Truppen bis 1812 setzten der Stadt über Jahrhunderte arg zu.

Die neuerliche Entwicklung der Stadt im 19. Jahrh. war eng mit ihrer idealen Lage am Sund verbunden. Svendborg wurde Dänemarks zweitgrößte Schiff-fahrtsstadt und Anfang dieses Jahrhunderts lief jedes 5. Schiff der dänischen Flotte in den 8 Werften am Svendborgsund vom Stapel. Auch heute ist die hiesige Stahlschiffswerft für das Erwerbsleben auf Südfünen von großer Bedeu-tung. Darüber hinaus erlebte die 120jährige „Ring Andersen Holzschiffswerft" auf Frederiksø im Svendborger Hafen in den letzten Jahren eine Renaissance.

– Nächtliches Wahrzeichen ist die auf einer Anhöhe N-lich des Hafens ange-strahlt stehende *Christiansmühle* aus dem Jahre 1859.
   Zu besichtigen ist sie allerdings nicht.

– Die älteste Kirche der Stadt ist die norddeutschen Backsteinkirchen ähnliche *Nikolaikirche* aus der 1. Hälfte des 13. Jahrh. in der Gerritsgade. Unerklärlich sind bisher 5 Löcher über dem Südfenster des Chores, die durch eingemau-erte Tontöpfe entstanden. Auf dieses in einigen Kirchen vor allem Nordeu-ropas auftretende Phänomen trifft man auch in der *„Frauenkirche"* am Markt, die außerdem mit dem Votivschiff der Fregatte „Jylland" und einem hübschen Glockenspiel auf sich aufmerksam macht.

- Gleich hinterm Markt, in der Fruestræde 3, steht das älteste Haus Svendborgs. Dieses stattliche Fachwerkhaus wurde für die Adlige *Anne Hvide* zwischen 1565 und 1570 errichtet. Heute finden wir dort eine Sammlung von Silber und Interieur der Stadt sowie wechselnde kulturgeschichtliche Ausstellungen des Museums (geöffnet von Mai bis Oktober von 10 – 17 Uhr).
- Unweit davon, in der Nr.15, wohnte der in Deutschland weniger bekannte Dichter *Johannes Jørgensen* (1866 – 1956). Dienstags 14 – 16 Uhr darf man die Wohnung besichtigen.
- Bei dem auffälligen und fotogenen Gebäude des *„Wiggers Gård"* direkt am Torvet vermutet man kaum, daß es erst in den 30er Jahren dieses Jahrhunderts errichtet wurde.
- Einige historische Gebäude aus dem 18./19. Jahrh. finden wir direkt am Fährhafen mit dem gelbstrahlenden *„gulen Pakhus"* und weiter auf dem Wege von der Kulling – über die Skattergade zur Kyseborgstræde, aber auch in der Møller – und vor allem der Bagergade, wo alte Haustüren besonders gut erhalten sind.
- Von Interesse dürfte sein, daß *Berthold Brecht* von 1933-39 in Svendborg lebte. In einem idyllisch am Sund gelegenen Haus am W-lichen Stadtrand, Skovbystrand Nr.8, schrieb er u.a. „Mutter Courage" und „Der gute Mensch von Sezuan" sowie seine „Svendborger Gedichte", bevor er in die USA übersiedelte.

*Landgang ...*
- Ein erster Stadtbummel in die Innenstadt kann den einladenden Cafés, anziehenden Geschäften und verschiedenartigen Museen gleichermaßen gelten. Dabei bieten letztere wahrhaft jedem etwas. Das *„Spielzeugmuseum"* in der Sankt Nicolaigade 1B (vom 1.6 bis 31.8. täglich von 10 – 17 Uhr geöffnet, sonst 12 – 16 Uhr außer Montag und Dienstag, 25/15 DKr.) 10 min., das *„Zoologische Museum"* mit dänischen Tieren und ihrer Lautsprache aus Vorzeit und Gegenwart, Dronningemaen 30 (vom 1.4 bis 30.9. täglich von 9 – 17 Uhr, sonst 10 – 16 Uhr, 10/5 DKr.) 20 min., das *„Ofenmuseum"* mit über 100 Öfen seit 1850, Vestergade 45 (vom 15.6 bis 15.8. täglich 10 – 17 Uhr, 5/0 DKr.) 15 min., die ständig wechselnden Ausstellungen der *„Kunstvereinigung SAK"*, Vestergade 31 (ganzjährig Dienstag bis Sonntag von 11 – 16 Uhr, 15 DKr.) 12 min. sowie o.g. „Anne Hvides Gård", Fruestræde 3.
- Mit dem historischen *Sunddampfer „Helge"* (1924) kann man mehrere Sehenswürdigkeiten auf dem Wasserwege erreichen, Vindebyøre (Badestrand, Camping), Christiansminde (Strandpark, Badestrand), Troense (Seefahrtssammlungen), Gråsten auf Thurø und Valdemarslot (Herrenhausmuseum). Von Mitte Mai bis Anfang September legt er um 11, 13.30 und 15.30 Uhr von Jessens Mole ab, im Juni/Juli zusätzlich um 9 und 17.30 Uhr (2-stündige Rundfahrt 45/20 DKr.).
- Busfahrt zum Wasserschloß *Egeskov* mit Schloßmuseum, Barockpark, Labyrinth und Oldtimermuseum. (18 km)
- Radwanderung auf dem „Margarite-Weg" (Fåborgvej) zum Hvidkildesø

*Svendborg – „Wiggers Gaard" am Markt*

(6 km), dem schön gelegenen Herrenhof *„Hvidkilde"* aus dem 14. Jahrh. und der Wassermühle *„Røde Mølle"*, über Ollerup, Egense, Skovsbo (Brecht-Haus) wieder zurück. (14 km)
- Ausflug zum *„Vogelpark Südfünen"*, Brændeskov, Gravvængevej 19, N-lich Svendborg. (9 km)
- *Rundflug* über dem Svendborg Sund vom Flugplatz auf der Insel Tåsinge (Tel. 62 54 10 87). Über die Svendborgsundbrücke, Bregninge nach Vornæs (gegenüber Rantzausminde). (7 km)
- Wanderung in die *Egebjerg Bakker* NW-lich Svendborg und Hvidkilde, ein Randmoränengebiet bis zu 110 m Höhe, ähnlich den „fünischen Alpen". An der restaurierten Egebjerg Mühle, S-lich der Svinehaver, kann man sich niederlassen und hat einen großartigen Ausblick über die Hügellandschaft. In der Nähe befindet sich außerdem ein Aussichtspunkt. (7 km)

✽ Vor der Einfahrt zum Innenhafen Svendborgs liegt der Betonnungswechsel des Sundes. Die Betonnungsrichtung verläuft jeweils in Richtung Svendborghafen.

Das Fahrwasser des Sundes in Richtung des Gewässers W-lich Langelands und E-lich Tåsinge ist gut betonnt und befeuert (siehe Übersicht Seite 101). Der Kurs wird bestimmt durch den weißen Bereich der Sektorenfeuer Kristiansminde (F.WRG), Mårodde (F.WRG) und Troense (F.WRG). Dnnn folgt ein Richtfeuer (2 F.R) mit 105°, bis man, in Deckung mit dem achterlich liegenden Richtfeuer 167°, die S-lich Gråsten stehende Tonne (G) erreicht. Von hier aus steuert man 103° ins offene Gewässer (das Richtfeuer 2 Iso.R 4s/2s achterlich in Kurslinie).

## Svendborg Sund Marina (DK-III-30)

**55° 3,3' N | 10° 38,7' E · Seekarten D 14, 15, 3002, DK 170, 171**

Hafenmeister Tel. 62 21 67 22

An der S-Küste Fyns in E des Sundfahrwassers und gleich neben der Thurø-Brücke gelegene private Marina. Hier ist der Zugang zum Skårupøre Sund, der aber wegen der flachen Brücke über den Sund nicht weiter zu befahren ist.

✽ Bei der Ansteuerung ist die bezeichnete BY-Untiefe (0,6 m) S-lich zu beachten. Es kann starke Strömung auftreten.

Liegeplätze (70) gibt es an freien Plätzen mit rot/grüner Beschilderung. Bei S-lichen Winden liegt der Hafen ungeschützt.

Die Zufahrtstiefe von 1,6 m ändert sich bei NE-bis E-Sturm bis +1,0 m und bei S-bis SW-Sturm bis -1,0 m.

⬚ Hafen-Service: Wasser, Strom, Duschen und WC. 2 Slipanlagen, Mobilkran, Mastenkran.

Einkauf: Versorgung in Svendborg bzw. Thurø By (über die Brücke) möglich. (1,5 km)

*Blick über die Svendborg Sund Marina Richtung Skårupøre Sund nach E*

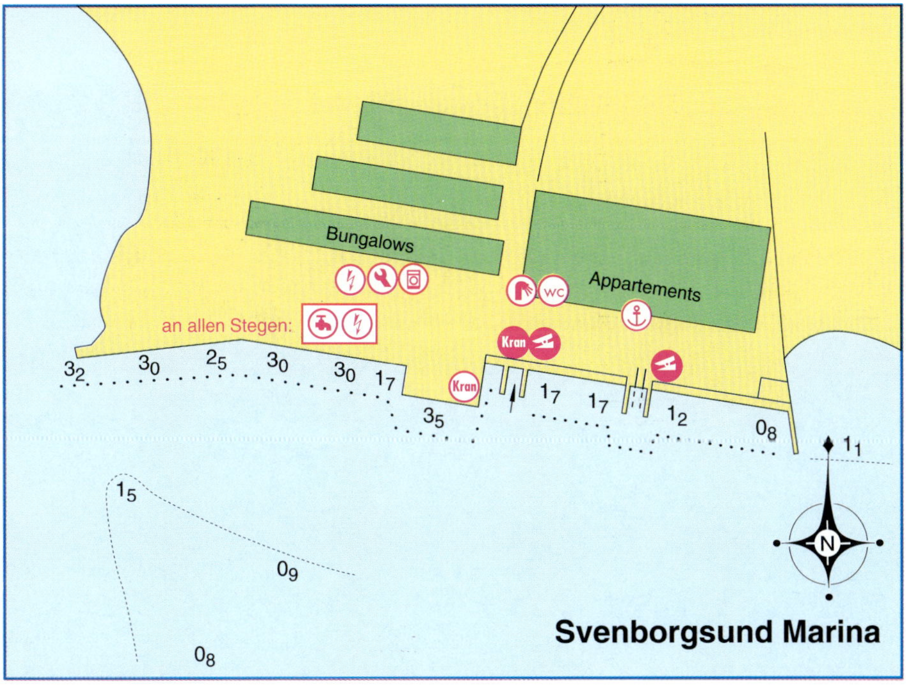

**Svenborgsund Marina**

**ℹ** Übernachtung: Hier können direkt am Hafen Bungalows und Appartements gemietet werden.
(Weiter siehe Svendborg Hafen)

*Sehenswürdigkeiten/Landgang ...*
- Kristiansminde mit seinem Park, der *„Stampemølle"* von 1770 und dem Badestrand ist von hier aus das nächstliegende Ausflugsziel. (1 km) Vom Restaurant hat man einen schönen Ausblick über den Sund und den Schiffsverkehr. Unterhalb davon die Anlegestelle für Sund-Rundfahrten mit dem Dampfer „Helge". Hier liegt auch der seit 1979 dem Museum gehörende Gaffelschoner „Viking" (1897 bei N.F.Hansen in Odense gebaut) während der Sommerzeit vertäut.
- An der Straße nach Christiansminde wurde 1993 eine *alte Schmiede* aus dem 19. Jahrh. errichtet, wo an einigen Tagen in der Woche die Tradition des Schmiedehandwerks vorgeführt wird.
- Von der Marina aus bietet sich eine Radtour über die durch den Thurø Bund hufeisenförmige Insel Thurø besonders an. Die 1640 erbaute *Thurø-Kirche* mit ihrem terrassenförmigen Friedhof, die O-Küste mit kinderfreundlichen und surfgeeigneten Badestränden bei Smørmose und Thurø Rev und der ehemalige Seefahrerort Gråsten gegenüber Troense können das Ziel sein.

## Troense (DK-III-31)

**55° 2,1' N | 10° 38,8' E · Seekarten D 14, 3002, DK 170, 171**
Hafenmeister Tel. 62 22 59 39

*Blickrichtung SW*

Idyllisch gelegener privater Sportboothafen an der SE-Küste Tåsinges. Passagierschiffsverkehr nach Svendborg, Valdemarslot, Gråsten und Vindebyøre.

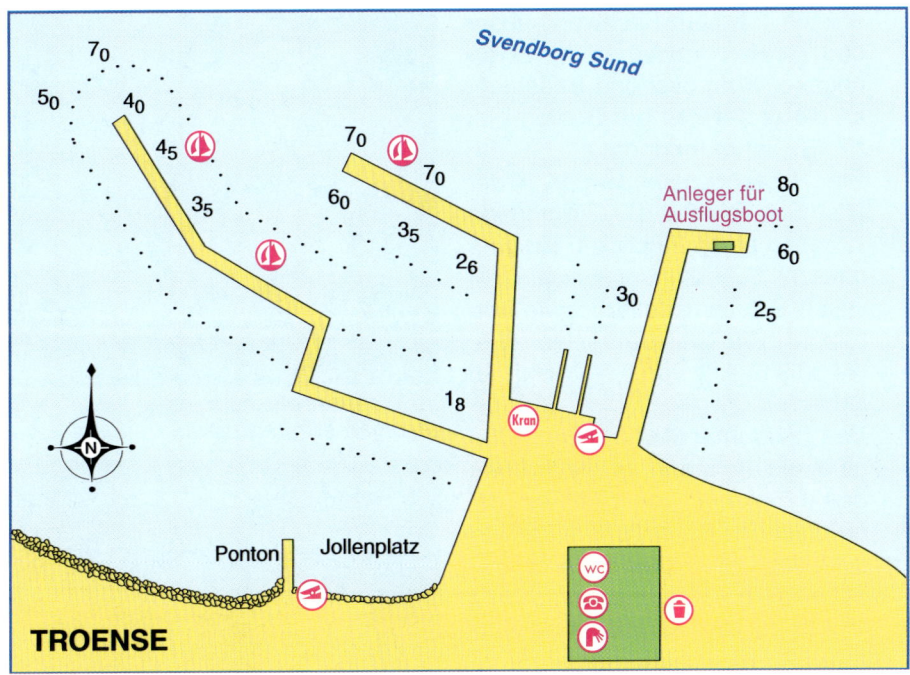

$7_0$ ... $5_0$ ... $4_0$ $4_5$ $3_5$

Svendborg Sund

$7_0$ $7_0$ $6_0$ $3_5$ $2_6$

Anleger für Ausflugsboot $8_0$ $6_0$

$3_0$ $2_5$

$1_8$

Kran

Ponton  Jollenplatz

WC

TROENSE

⚓ Der Hafen kann problemlos vom Fahrwasser des Sundes her angesteuert werden. Das Troense-Sektorenfeuer steht 0,1 sm E-lich.
Gastliegeplätze gibt es an beiden W-Stegen (ca. 50).
Die Zufahrtstiefe von 5 m ändert sich bei NE- bis E-Sturm bis +1,5 m und bei S- bis SW-Sturm bis -1,5 m.

🏨 Hafen-Service: An den Stegen bzw. im Hafenbereich finden wir Wasser, Strom, Duschen, WC und Telefon. Außerdem Slip mit Hebeanlage sowie Mastenkran.
Bank bzw. Sparkasse: Befinden sich W-lich des Hafens im Ort.
Post: In der Grønnegade, am Museum (werktags 14 – 17 Uhr, samstags 9 – 12 Uhr).
Einkauf: Minimarkt und Bäcker finden wir oberhalb des Hafens.
Rast: Die nächste Gaststätte lädt gleich überm Anleger ein.

ℹ️ Übernachtung: u.a. im Troense-Hotel überm Hafen.
Arzt: Falck-Rettungsdienst über Tel. 62 21 22 22.
Polizei: Tel. 62 21 14 48.
Taxi: Tel. 62 21 30 01.
Fahrradverleih: In der Strandgade 53 W-lich des Hafens.

*Sehenswürdigkeiten ...*

- Troense, erstmals 1454 erwähnt, ist ein malerisch gelegener Ort, dessen Gassen, Fachwerkhäuser und Türen, vor allem in der Grønnegade, Strandvej und Badstuen, an die große Zeit der Seefahrt im 17./18. Jahrh. erinnern.
- Die *„Seefahrtssammlungen"* in der alten Schule von 1790, Strandgade 1, geben einen Einblick in die südfünische Schiffahrtsgeschichte, mit vielen Schiffsmodellen sowie Mitbringseln der Chinafahrer (vom 1.5. bis 30.9 täglich von 9 – 17 Uhr, 15 DKr.).
- Das *„Valdemar Slot"* (schöne Anlage direkt am Meer), in der 1.Hälfte des 17. Jahrh. von Christian IV. errichtet und nach 1678 von Niels Juel, dem „dänischen Francis Drake" ausgebaut, wird wegen seines Museums (drei Jahrhunderte Herrensitz-Geschichte), seiner Sommerspiele und Schloßkonzerte zwischen Juni und August, des exklusiven Keller-Restaurants sowie des Cafés im „Apfelgarten" gern besucht (vom 1.5. bis 30.9. täglich von 10 – 17 Uhr geöffnet, 45/15 DKr.). (2 km)

*Im Troenser Museum – eine Elvira Madigan-Erinnerungsausstellung*

*Der Friedhof in Bregninge erinnert an die Seiltänzerin Elvira Madigan*

*Landgang ...*

- Bummel durch Troense mit einem Besuch des historischen *„Lodskroen"* (1772) am Strandvej, wo man vom Garten aus zum kühlen „Carlsberg" den Ausblick auf Gråsten genießen kann.
- Tagesausflug nach *„Valdemar Slot"* (s.o.) (2 km), Richtung Bregninge zur 700 Jahre alten „Ambrosiuseiche" (3 km), zur „Bregninge Mølle" mit Restaurant auf der mit 72 m höchsten Erhebung Tåsinges, nicht weit davon zum „Tåsinge-Museum" unterhalb der Kirche bis zum historischen „Bregninge Kro" an der Straße Svendborg-Rudkøbing. (5 km)
- Zur vielbesuchten Grabstätte der *Elvira Madigan* auf dem Friedhof der Kirche in Landet sind es 7 km.
- Ein *Rundflug* über Tåsinge, Thurø und Svendborgsund vom Flugplatz bei Vornæs im NW der Insel ist sehr zu empfehlen (Tel. 62 54 10 87). (8 km)

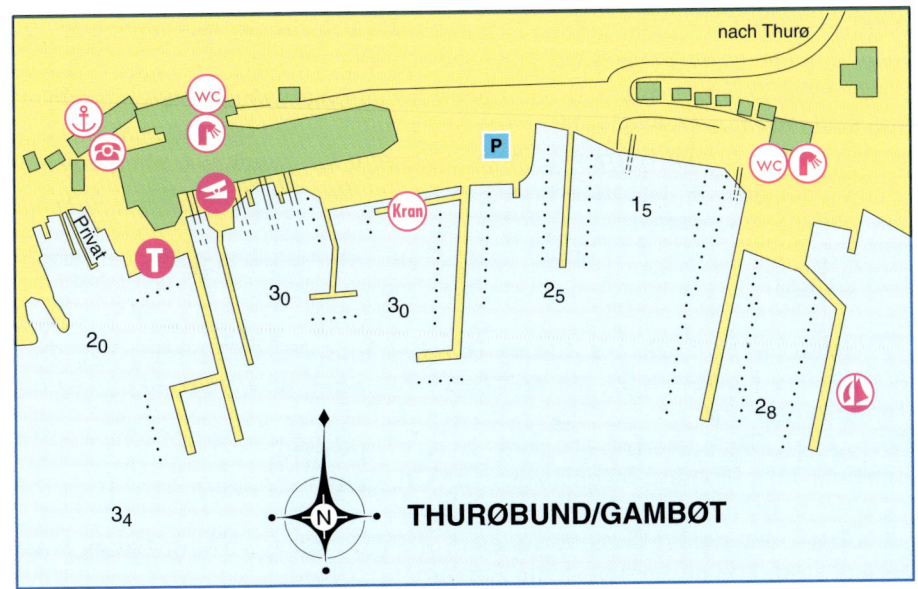

Das südlich Troense gelegene Valdemarslot kann über den eigenen Anleger auch mit dem Ausflugsboot erreicht werden

## Thurøbund/Gambøt (DK-III-32)

**55° 2,5' N | 10° 40,2' E · Seekarten D 14, 15, 3002, DK 170, 171**

THURØBUND/GAMBØT

*Der Yachthafen mit Blick über Thurø Bund, Blickrichtung NNE*

Hafenmeister Tel. 62 20 62 76
Werft- und privater Yachthafen am N-Ufer des Thurø Bundes.

✳ Aus dem Fahrwasser des Sundes kommend, läuft man mit NE-lichem Kurs zu den Stegen.
**Achtung:** YBY-Untiefentonne vor Kidholm Flag beachten. Die in S liegende Insel Kidholm muß 0,1 sm N-lich passiert werden.
Liegemöglichkeiten in freien Boxen beider Sportbootanlagen (von 65 Liegeplätzen sind nur etwa 15 Gästeplätze, vor allem am E-lichen Steg D). Falls belegt, so gibt es im E-lichen Teil der Bucht gute Ankermöglichkeiten. Außerdem kann man an der N-Küste Gråstens an einem Anlegesteg direkt am Wald bei 1,5 m Wassertiefe festmachen.
Die Zufahrtstiefe von 2 m ändert sich, je nach Windrichtung, ähnlich wie in Svendborg.

🏨 Hafen-Service: Wasser, Strom, Duschen und WC im Hafen. Kran, Slip, Ablaufbahn, Tankstelle (D, am W-lichen Werft-Steg) und Werft. Klubhaus mit Terrasse und Grill.
Bank, Post: Filialen im Ort. (10 min)
Einkauf, Rast: Mehrere Möglichkeiten im Ort. (5 min)

ℹ Übernachtung: In Pensionen oder im „FDM Camping", Smørmosevej 7, am E-Badestrand (Mitte April bis Mitte September). (3 km)

**120**

Arzt: Bereitschafts-Arzt von 16-8 Uhr über Tel. 65 90 60 20.
Falck-Rettungsdienst über Tel. 62 21 22 22.
Polizei: Tel. 62 21 14 48.
Taxi: Tel. 62 21 30 01.

*Thurø Bund am Svendborgsund*

*Fischerhütte in Gambøt*

## Sehenswürdigkeiten ...

Thurø wurde erstmals bei Saxus Grammaticus in „Gesta Danorum" (Die Taten der Dänen) nach 1200 erwähnt.

Danach soll der Skjoldunge Helge die Elfe Thora auf Thurø besucht und vergewaltigt haben, und diese habe später grausam Rache an ihm genommen, denn sie schickte ihm bei eincm nächsten Besuch die eigene Tochter Yrsa entgegen, mit der er einen Sohn zeugte, den im 6. Jahrh. sagenhaften dänischen König Rolf Krake ...

– Schiffahrt und Schiffbau prägten Thurø im 19. Jahrh., wo an der N-Küste des Thurø Bundes 1840 die erste Werft entstand. 1910 liefen ganze 101 Schiffe unter Flagge der

„Thuriner", wie sich die Einwohner nennen. Die *Thurøbund Werft* und mehrere Häuser in Thurø By und Gråsten erinnern noch an diese große Zeit.
– Die Kirche am N-Rand des Ortes ließ *Ellen Marsvin* (siehe Maueranker in der Vorhalle) 1640 errichten. Auf dem Friedhof sind mehrere dänische Dichter begraben.

## Landgang ...

– Zum schönen Badestrand an der 3 km langen E-Küste Thurøs, über dem 1994 die „blaue Europaflagge" wehte, ist es eine halbe Stunde Fußweg. Am Thurø Rev im Süden dürfen die ausgedehnten Strandwiesen wegen der brütenden Vogelkolonien allerdings erst nach dem 1. Juli betreten werden. In *Smørmose*, Nähe Camping, befindet sich auch eine Surfschule mit Surfbrettausleih.
– Busfahrt nach Svendborg (siehe Svendborg Yachthafen). (5 km)
– Ausflug mit dem *Dampfer „Helge"*, von Gråsten aus (6 km), nach Valdemarslot (15 min), Troense (10 min), Christiansminde, Vindebyøre und Svendborg (40 min), in der Saison 5 mal täglich (Valdemarslot erste Abfahrt 9.40 Uhr, letzte Ankunft 18.40 Uhr).
– Ein Tip bei weniger schönem Wetter: „Apollolys", Smørmosevej 3. Dort lädt eine *Kerzengießerei* zum Mitmachen ein. (20 min)

*Hafenstimmung in Gambøt*

122

# Häfen an Fünens Ostküste

Hat man den Svendborg Sund NE-lich Thurø auf Höhe der BY-Untiefentonne verlassen, kann man in S das Rudkøbing Løb erreichen. In NNE-licher Richtung verläuft das Gewässer zwischen Langeland und der E-Küste Fünens. Von der W-küste Langelands sollte man sich etwa 1 sm freihalten. Das gleiche gilt für die E-Küste Fünens. Auf dem Landgrund beider Küsten liegen Steine. Leuchtfeuer dieses Seegebietes sind Elsehoved (Oc.W/R/G 5s 12/8/8 M) an der E-Küste Fünens, Lohals (Iso. W/R/G 2s 12/8/8 M) und Frankeklint (Oc. R/G 5s 7/7 M) an der N-Spitze Langelands.

## Lundeborg (DK-III-33)

**55° 8,4' N I 10° 47,2' E · Seekarten D 12, 13, DK 142**
Hafenmeister Tel. 62 25 18 47
Kleiner, schön gelegener Fischereihafen an der E-Küste Fyns auf Höhe Lohals mit Liegemöglichkeiten für Sportboote.

*Blickrichtung NNW*

✳ Das Anlaufen des Hafens ist bei Tag und Nacht möglich. Aus dem Gewässer vor Fyn kommend, steuert man den Hafen mit W-Kurs an. S-Lich und N-lich des Hafens hat der Landgrund 0,3 m Wassertiefe. In den Hafen muß , wegen der schmalen Einfahrt, aus S eingelaufen werden. Die Zufahrt ist mit F/G bezeichnet, Feuer auf der N-Mole F.G. Vor der S-Mole stehen drei rote Stangen, vor der N-Mole eine grüne.

Gastliegeplätze finden wir an der SE-und an der N-Mole. Der Innenhafen ist mit Booten einer Yachtschule belegt. (insgesamt 100 Liegeplätze).

Bei Überfüllung des Hafens kann man durch das Smørstakke Løb nach Lohals 7 sm E-lich ausweichen.

Die Zufahrtstiefe von 3 m ändert sich bei N-und NW-Sturm bis +0,6 m und bei S-bis E-Sturm bis -0,6 m.

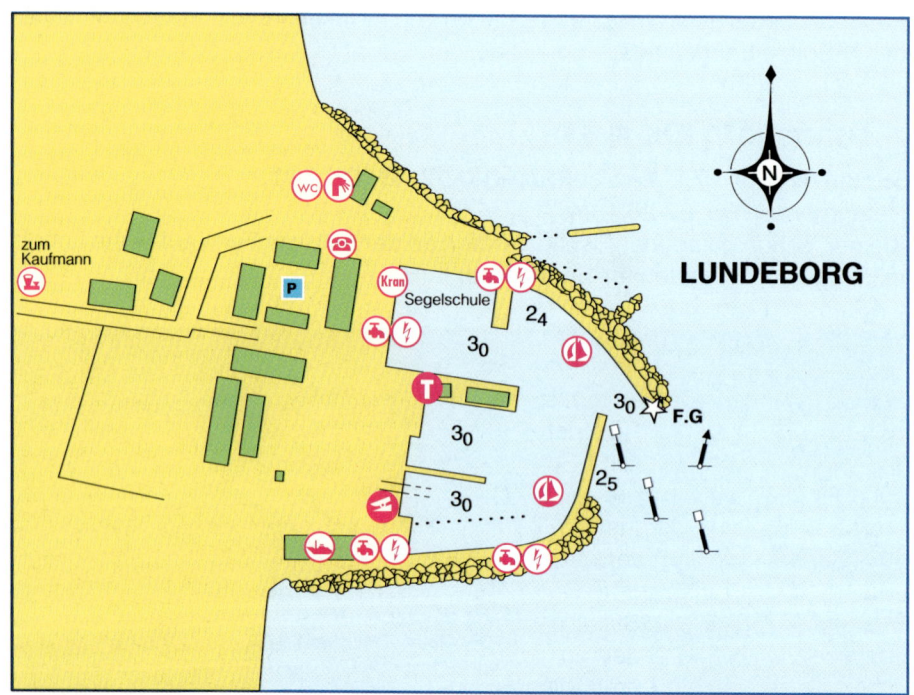

Hafen-Service: Wasser, Strom, Duschen, WC und Telefon. Im Hafen-bereich Kran, Slip und Werft.

Bank, Post: Filialen im Ort. (10 min)

Einkauf: Ausreichende Versorgungsmöglichkeiten sind im Ort. (10 min)

Rast: Gleich überm Hafen befindet sich der gut geführte Lundeborg Kro. (5 min)

Übernachtung: Nördlich des Hafens bieten der kinder-und behinderten-freundliche „Lundeborg Ny Camping" (5 min) sowie der „Lundeborg Strand Camping" (15 min) günstige Übernachtungsmöglichkeiten.

Arzt: Bereitschaftsarzt von 16-8 Uhr über Tel. 65 90 60 20.

Falck-Rettungsdienst über Tel. 62 21 22 22.

Polizei: Tel. 62 21 14 48.

Taxi: Tel. 62 25 31 52 oder 62 25 10 69.

*Dammestenen – Fünens größter Findling bei Hessellager*

Erst in den letzten Jahren richteten sensationelle Ausgrabungen die Blicke der Geschichtsforscher und Touristen immer mehr auf Lundeborg und Umgebung. Jedenfalls fanden dänische Sporttaucher zwischen Lundeborg und der Mündung der Tange Å eine große Landungsbrücke und Mengen gebrannter Steine und unglasierten Tons aus dem 16./17. Jahrh. auf dem Meeresgrund, dazu kam auf einem nahen Felde der „Broholm-Goldfund" (4,2 kg) aus dem 5. Jahrh.v.Chr. und 1993 der „Königshof" in Gudme aus dem 3./4. Jahrh., größter Eisenzeithof Skandinaviens (5 km). Stand etwa bei Lundeborg die „Wiege Dänemarks"? Lundeborgs Fischer erlebten Mitte des 19. Jahrh. einen neuerlichen Aufschwung, als Kammerherr Sehested zu Broholm einen Hafen zur Förderung des örtlichen Wirtschaftslebens anlegen ließ. Aus dieser Zeit stammt auch das stattliche Fachwerk-Packhaus (1863) an der Hafenpier.

## Sehenswürdigkeiten/Landgang ...

– Ausflug nach „Hesselagergård", NW-lich Lundeborg. Hier steht seit Mitte des 16. Jahrh. das *Renaissanceschloß* des Johan Friis im ungewöhnlichen venezianischen Stil wie ein „fremder Vogel" unter den fünischen Herrenhöfen. (3,5 km)
– Den *größten Findling Dänemarks* finden wir NE-lich Hesselager, am Ende einer asphaltierten Straße. Mit 12 m Höhe und einem Gewicht von über eintausend Tonnen ist es ein wirklich kapitaler Bursche. Nach der Legende „warfen Götter damit nach den Kirchen" (wie wir es von Bornholm her kennen). (6 km)
– Die Badestrände beiderseits des Hafens ziehen seit 1870 Badegäste an.

⎈ Verläßt man Lundeborg Richtung E, muß man das W-lich Langelands in N-Richtung verlaufende Flach beachten, das nur zwei Passagen nach E hat, das betonnte Smør Stakke Løb auf gleicher Höhe und das bezeichnete Kobberdyb 3,5 sm N-lich. Will man das 12,5 sm N-lich an der E-Küste Fyns liegende Nyborg erreichen, so segelt man etwa 3 sm E-lich der geradlinig verlaufenden Küste Fünens N-Kurs, bis zur R/W-Ansteuerungstonne NE-lich Nyborg.

## Nyborg (DK-III-34)

**55° 18,4' N I 10° 47,5' E · Seekarten D 12, 13, DK 141, 142, 143**

Hafenmeister Tel. 65 30 20 87

Fähr-, Handels-, Fischerei-und Yachthafen an der E-Küste Fyns am Ende einer etwa 1,6 sm NW-lich ins Land laufenden Bucht. Wichtigste Fährverbindung Dänemarks nach Seeland, die 1996 durch die Große Belt Brücke abgelöst wird.

Blickrichtung ESE

⎈ Das Anlaufen des Yachthafens ist bei Tag und Nacht möglich. Zum Yachthafen führt ein Zwangsweg, der eingehalten werden muß, um Kollisionen mit Fähren und Handelsschiffen zu vermeiden.

Die Ansteuerungstonnen dazu liegen 0,2 sm E-lich Pynt Bro. Das Fahrwasser ist bezeichnet mit 2 Tonnen Fl. R.G. (im grünen Bereich bleiben). Auf dem S-Molenkopf des Yachthafens steht ein F.R. Auf dem Molenkopf des Handelshafens steht ein Sektorenfeuer (Oc. W/R/G 5s).

Weitere Feuer sind: 2 Feuer in Linie (W) für die Handels-und Fährschiffahrt, ein

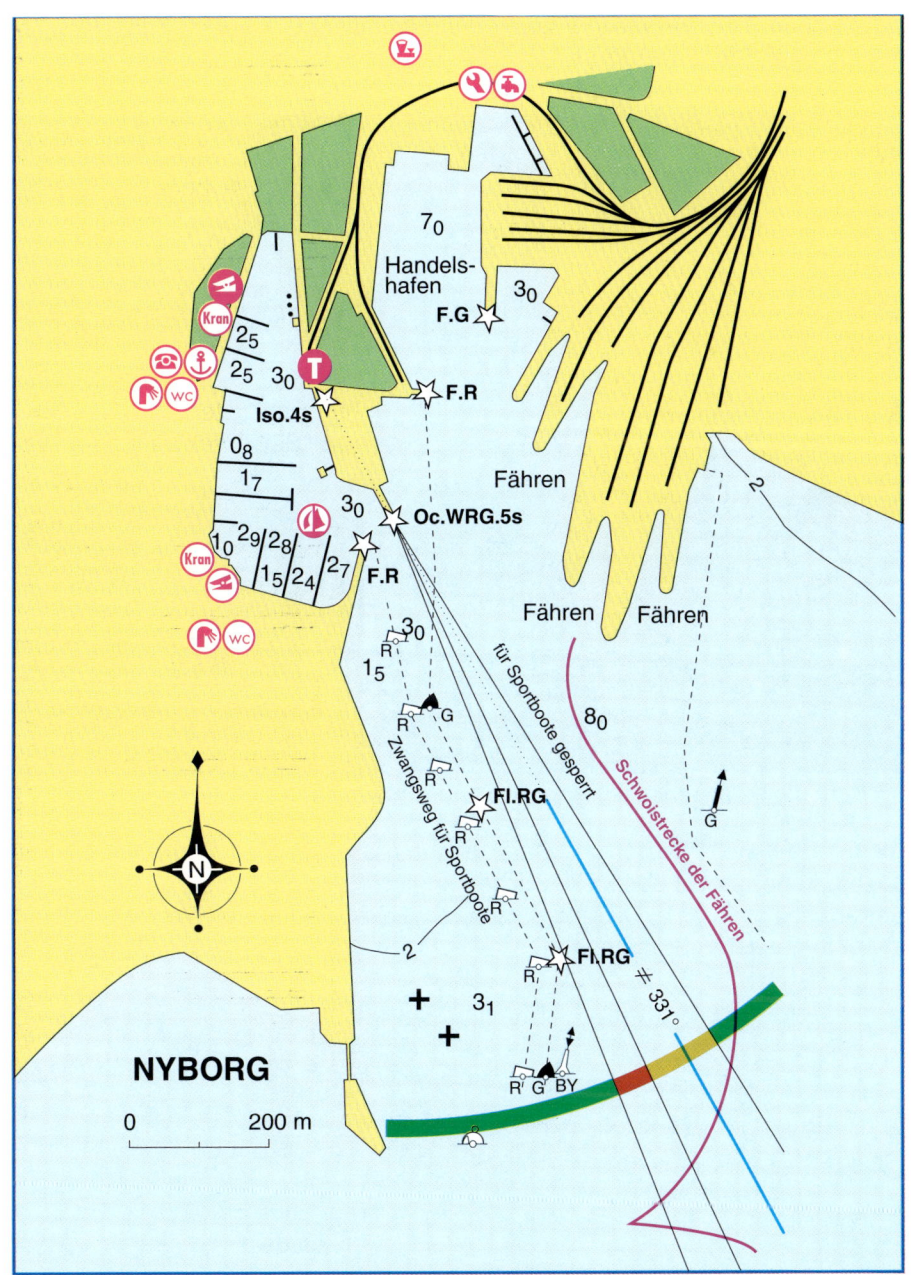

Feuer auf Sliphavn (Fl.G 3s) und das Knudshoved-Feuer (Oc. W/R/G 10s 16/11/11 M).

**Achtung:** Die den Großen Belt zwischen Nyborg/Knudshoved und Korsør/Halskov querenden Fähren zeigen bei Wendemanövern vor den Häfen einen schwarzen Ball am Signalmast, der besagt, daß das Schiff sich jeweils bei akustischen Signalen wie in Vorwärtsfahrt verhält (z.B. 1 kurzer Ton = Kursänderung nach Stb. usw.).

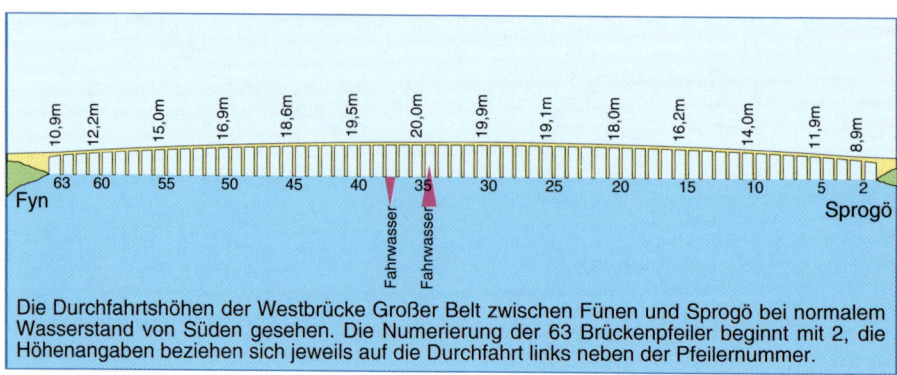

*Blick auf die Vesterrenden-Brücke von Knudshoved aus*

Die Großbaustelle Vester-und Østerrenden (beginnend am Fährhafen Knudshoved) kann nur an besonders bezeichneten Stellen passiert werden (siehe Kartenausschnitt S. 133). Segler sollten die Seekarten dieses Gebietes ständig auf dem neuesten Stand halten!

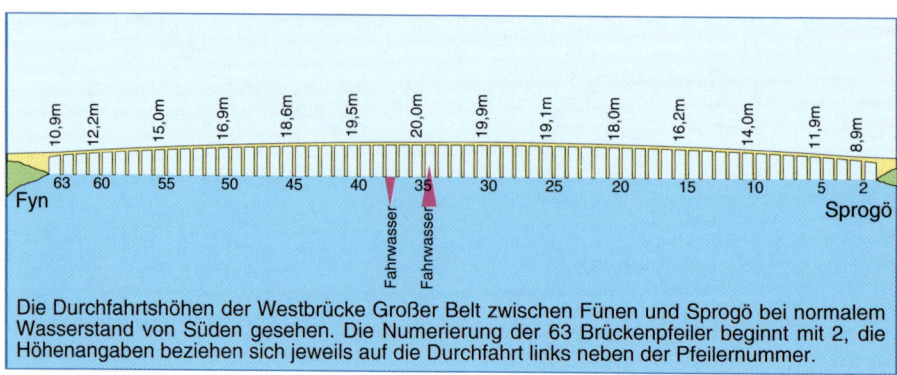

Die Durchfahrtshöhen der Westbrücke Großer Belt zwischen Fünen und Sprogö bei normalem Wasserstand von Süden gesehen. Die Numerierung der 63 Brückenpfeiler beginnt mit 2, die Höhenangaben beziehen sich jeweils auf die Durchfahrt links neben der Pfeilernummer.

Gastliegeplätze findet man im Fischerei-und Bootshafen sowie im Yachthafen (400 Liegeplätze).

1 Østerhavnen
2 Lystbådehavnen
3 Turistbureau
4 Torvet / Markt
5 Nyborg Slot
6 Nyborg Museum
7 Post
8 Sygehus / Krankenhaus
9 Apotheke

NYBORG

**Achtung:** Avernakke Pynt Bro S-lich des Yachthafens, Vester-und Østerhavn sowie alle an der S-Küste Østerøs gelegenen Hafenanlagen sind für Yachten gesperrt; ebenso der Fährhafen Knudshoved an der E-Küste Østerøs, der eine zusätzliche Sicherheitszone von 300 m seewärts hat.

Hafen-Service: Wasser und Strom finden wir an den Stegen. Im Hafen-bereich befinden sich zwei Sanitärgebäude mit Dusche, WC und Telefon.
In Hafennähe gibt es eine komplette maritime Versorgung und Service.
Bank: nächstliegende am Gl.Torv, gegenüber der Nyborg Kirche. (10 min)
Post: Auf dem Weg zum Zentrum links im Dronningevej. (5 min)
Einkauf: Alle Versorgungsmöglichkeiten in Hafennähe (10 min), Bäcker, Strand-vejen 32, nur 5 min vom Yachthafen.

Dienstag und Samstag ist Markttag.

Rast: Die nächste Gaststätte 5 min vom Yachthafen, weitere Empfehlungen siehe „Landgang in Dänemark".

ℹ️ Informationsbüro: Am Torvet, Tel. 65 31 02 80. (10 min)

Übernachtung: Außer zahlreichen Hotels und Pensionen, die das Informationsbüro vermittelt, finden wir 5 min E-lich vom Østerhavnen, Havnegade 28, ein Wandererheim (84 DKr.). Von vier Campingplätzen ist „Nyborg Camping" auf Østerø mit seinem aufgespülten breiten Sandstrand der nächstliegende.

Arzt: Das Krankenhaus, Vestergade 17, befindet sich N-lich des Stadtzentrums. (25 min)

Bereitschaftsdienst von 16-8 Uhr über Tel. 65 90 60 30.

Falck-Rettungsdienst über Tel. 65 30 22 22.

Apotheke: Kongegade 8. (10 min)

Polizei: Stendamsgade 8 (Schloßnähe), über Tel. 65 31 14 48.

Taxi: Tel. 65 30 33 33.

*Kultur ...*

Das Konzert-und Kunstangebot ist in Nyborg in den Sommermonaten auffällig vielfältig. So finden u.a.

– *„Promenadenkonzerte"* von Anfang Juni bis Ende August jeden Sonntag statt.

– Für die *„Schloßkonzerte"* im Rittersaal des Nyborger Schlosses jeden Sonntag 19.30 Uhr (Juli/August) sollte man sich rechtzeitig übers Informationsbüro Karten reservieren.

– Die „Sommerkonzerte" (vorwiegend Orgelkonzerte) in der Frauenkirche konzentrieren sich Ende Juli/Anfang August und traditionell mittwochs.

– Die *Kunstwerkstatt* S.O.F.A., Kongegade 2, belegt im Juli und August alle dafür geeigneten Plätze mit ihren Ausstellungen zur bildenden Kunst.

*Sport ...*

– Fahrradverleih, Korsgade 8, auf dem Wege zum Markt. (10 min.)

– Zum 18-Loch-Golfplatz auf Østerø, zum Nyborg Fjord hin, sind es nur 3 km.

– Nyborgs „Schwimm-und Badeland mit subtropischem Klima" finden wir auf dem Storebæltsvej am E-lichen Stadtrand. (2 km)

*Sehenswürdigkeiten ...*

– Das *Nyborg Schloß* (12. Jahrh.), in dem bis 1413 der Danhof tagte, wird als Dänemarks ältester Profanbau bezeichnet. Am Stadtzentrum gelegen und von einem Wassergraben umgeben, kann man u.a. den Rittersaal täglich von 10 – 17 Uhr für 20/10 DKr. besichtigen (Juni bis August).

– In der Slotsgade 11 finden wir mit *„Mads Lerches Hof"* (1601) eines der schönsten Fachwerkhäuser, in dem sich heute das Museum befindet (täglich von 10 – 17 Uhr von Juni bis August, sonst von März bis Oktober bis 15 Uhr, außer Montag, 5/2 DKr.).

- Die *Frauenkirche* (15. Jahrh.) am Gl. Torv im Stadtinnern läßt zwischen 8 und 22 Uhr viermal täglich ihr Glockenspiel erklingen.
- Das Torhaus *„Landporten"* (1660) N-lich des Stadtzentrums erinnert an die mittelalterliche Festungszeit und ist mit 40 m Länge eher ein Tunnel.
- *„Holckenhavn",* das Adelsschloß aus dem 16./17. Jh., befindet sich 2 km S-lich des Yachthafens, auf der anderen Seite des Holckenhavn-Fjords. Allerdings ist nur der Park öffentlich zugänglich (Dienstag und Samstag von 14 – 18 Uhr).
- Eine „Sehenswürdigkeit" ist neuerdings der Bauplatz *„Große Belt Brücke",* wo die größte Hängebrücke der Welt über einen der meistbefahrenen Wasserwege wächst. Über 18 km Länge werden Fyn, Sprogø und Sjælland miteinander verbunden. Wobei die Westbrücke über 18 m Durchfahrtshöhe verfügt und die Ostbrücke, als Hän-

*Hinterhof in Nyborg*

gebrücke mit einer Spannweite von 1.624 m, über 65 m lichte Höhe. Einen Eindruck davon erhält man im Ausstellungszentrum auf Knudshoved (von Mai bis September täglich 10-20 Uhr, 30/15 DKr.).

## Landgang ...

- Ein Stadtbummel sollte außer über den Boulevard *„Kongegade"* unbedingt auch durch die Slotgade führen, wo wir die größte Ansammlung gut erhaltener Fachwerkhäuser finden.
- Der breiteste Badestrand (mit blauer Europaflagge) befindet sich neuerdings, nach Aufspülungen vom Grund der Großen Bell Brücke, In Sommerbyen, am Ende von Havnegade und Storebæltsvej. (3 km)
- Ein Ausflug von „Sommerbyen" am Strand entlang nach N, bis zum hübschen Ausflugslokal *„Hesselhuset",* mit Badestrand und viel Wald dahinter, kann für die ganze Familie nur empfohlen werden. (4 km)
- *Hubschrauberflüge* und Bootsfahrten zur „Großen Belt Brücke" vermittelt das Informationsbüro am Torvet (s.o.).

*Der Herrenhof Holckenhavn (1590) bei Nyborg*

⚓ Verläßt man Nyborg nach Nord in Richtung Kerteminde, muß man zunächst die Vesterrenden-Brücke zwischen Knudshoved und Sprogø passieren. In Brückenmitte befindet sich das betonnte und befeuerte Richtungsfahrwasser, das aus N und S mit Ansteuerungstonne (RW mit Balltopzeichen) bezeichnet ist. Der Durchlaß zwischen zwei Brückenpfeilern ist 70 m breit, die lichte Höhe beträgt 18 m (siehe Karte S. 128). Die Küstenlinie Richtung Kerteminde verläuft relativ gerade und flach. Kerteminde liegt am W-Ende der gleichnamigen Bucht. Der steinige Landgrund Fyns Küste läuft bis zu 1 sm seewärts.

*Die Vesterrenden-Brücke, von Sprogø aus gesehen*

Blickrichtung W

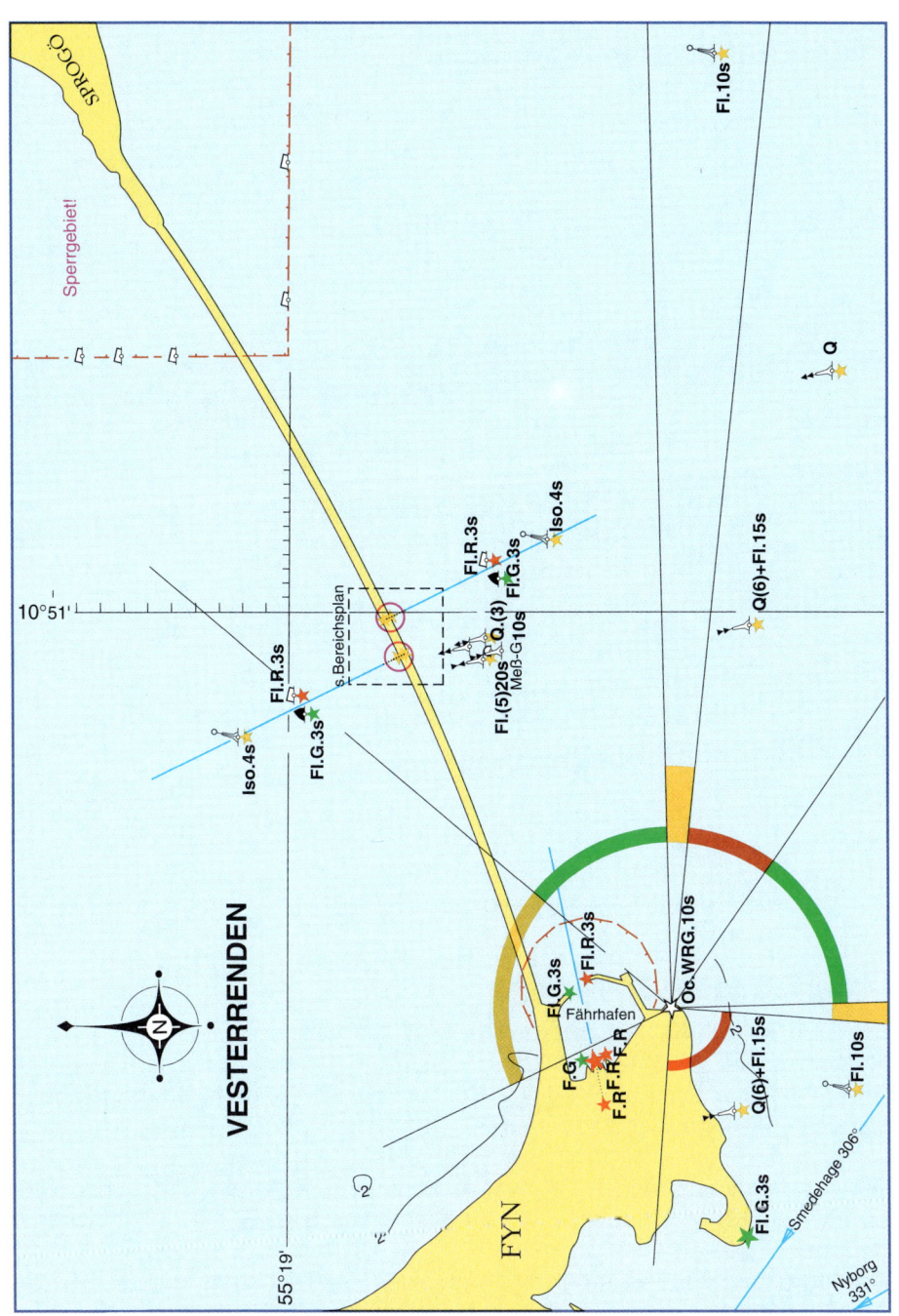

*(Stand der Karte 47. Woche 1994) Da im Bereich der Baustelle im Großen Belt möglicherweise Änderungen der Betonnung und Fahrwasser vorgenommen werden, bitte unbedingt aktuelle Seekarten mitführen!*

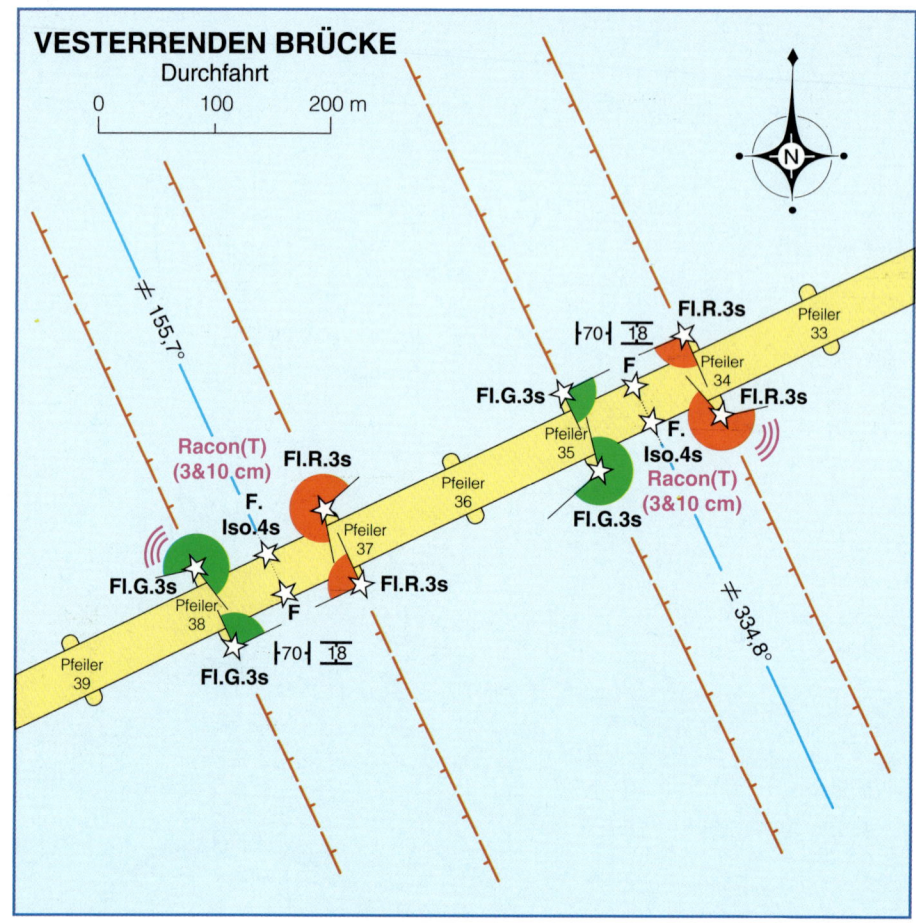

**VESTERRENDEN BRÜCKE**
Durchfahrt

## Kerteminde (DK-III-35)

**55° 27,1' N I 10° 40,1' E · Seekarten D 11, DK 141**
Hafenmeister Tel. 65 32 37 33
An der E-küste Fyns am Kertinge Nor, etwa 9 sm N-lich Nyborgs gelegene Handels-, Fischerei- und Yachthafen.

Aus dem Vesterrenden-Fahrwasser kommend, läuft man NNW-lichen Kurs bis etwa auf Höhe Kerteminde, wo das Richtfeuer (2 Iso.R) mit 253,4° sicher in den Hafen geleitet.
**Achtung:** Eine Straßenampel am W-Ende des Handelshafens irritiert etwas die Ansteuerung.
Die Einfahrt zum Yachthafen liegt etwas N-lich des Handelshafens. Ihr ist eine in N-S-Richtung liegende Barre vorgelagert (in N Fl.R, in S Fl.G). Auf dem N-Molenkopf steht ein F.G.

*Blickrichtung W*

**Achtung:** Im Handelshafen kann bis zu 5 kn *starker Strom* stehen (Kenterstrom tidenabhängig). In der Kerteminde Bugt liegt ein bezeichnetes Regattagebiet. Auf besondere Sperrsignale ist hier zwischen dem 1.4. und 15.11. des Jahres zu achten.

Gastliegeplätze finden wir im Yachthafen (insgesamt 800 Liegeplätze, Einfahrt S-lich des Hafens) oder, für größere Yachten, am N-Kai des Handelshafens. Ankergrund N-lich des Yachthafens in der Kerteminde Bugt.

Die Zufahrtstiefe von 3 m ändert sich bei NW- bis NE-Sturm bis +1m und bei S-Sturm bis -0,8m.

Hafen-Service: Wasser und Strom finden wir an den Stegen. Drei verteilt stehende Sanitärgebäude mit Duschen und WC sowie Telefon. Versorgungsmöglichkeiten (2 Klub-Restaurants) und Service gibt es direkt im bzw. am Hafen.

Bank: Langegade 6 und 33 (Boulevard). (10 min)

Post: Strandvejen in Hafennähe. (5 min)

Einkauf: Möglichkeiten aller Art auf der Langegade im Zentrum. Jeden Dienstag und Freitag vormittag ist Markttag vor der Kirche. (10 min)

Rast: Zum bekannten Restaurant „Rudolf Mathis" auf der anderen Seite des Hafens sind es nur 15 min (siehe auch „Landgang in Dänemark").

Informationsbüro: Strandgade, Nähe Langebro, Tel. 65 32 11 21.

Übernachtung ... außer 2 Hotels hat Kerteminde einen Camping am N-lichen Stadtrand (15 min) sowie ein Wandererheim im S-Teil des Ortes am Skovvej, 300 m vom S-Strand, zu bieten.

**135**

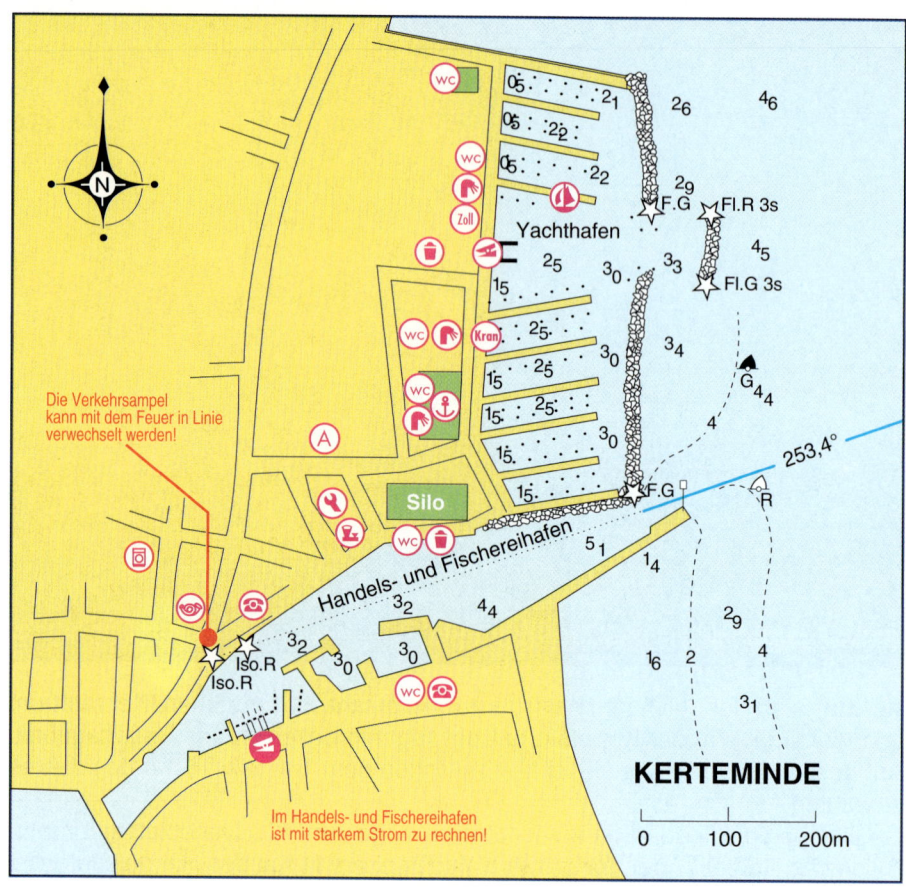

Arzt: Arzt-Bereitschaftsdienst zwischen 16-8 Uhr über Tel. 65 90 60 30.
Falck-Rettungsdienst über Tel. 65 11 22 22.
Apotheke auf dem Boulevard, Langegade 37.
Polizei: Finden wir in der Langegade 11.

## *Kultur ...*

– Zum Sommersonnenwende am 23. Juni ist in Kerteminde ein Sct.Hans-*Mittsommerfest* üblich.
– Die Stadt richtet Anfang Juli jeden Jahres ein *Stadtfest* aus.
– Dem schließen sich an 4 Sonnabenden im Juli Straßenfeste mit Markt und Live-Musik an, wo frühmorgens auf dem Boulevard zu kostenlosem „Kaffee mit Brötchen" eingeladen wird.
– Ein großes Hafenfest startet Anfang August, wenn die *Oldtimer-Regatta* „Rund Fyn" Kerteminde erreicht.
– In der stimmungsvollen Umgebung des „Johannes Larsen Museum" finden im September *Sommerkonzerte* statt.

*Das Innere der Kirche von Stubberup*

## Sehenswürdigkeiten ...

– Im Jahre 1412 als „Kiertheminde" überliefert, war die Stadt mit ihren historischen Fachwerkhäusern seit jeher Fischersiedlung sowie Stapelplatz für Odense. Letzteres verlor im 17. Jahrh mit dem Fahrwasser über den Odense Fjord seine Bedeutung. Mit dem Ausbau des Hafens nach 1765 gewann Kerteminde an Bedeutung und besitzt gerade aus dieser Zeit den prächtigen malerischen Kaufmannshof *„Den Munske Gård"* in der Præstegade 5a.

– Zu den ältesten Gebäuden gehören der backsteinerne *Toldboden* (1590) in der Strandgade und der ehem. Färberhof Langegade 8 (1630), worin sich das Museum befindet (täglich 10 – 16 Uhr geöffnet).

– Die *Laurentiuskirche* am Boulevard ist ein Umbau aus dem 15. Jahrh. und gehört in Dänemark zu den am reichsten ausgestatteten Kirchen.

– Am N-Rand der Stadt erhebt sich Svanemøllen (1852) über die Stadt (von Juni bis August täglich 10 – 17 Uhr zu besichtigen). Unterhalb, Møllebakken 14, finden wir das *„Johannes Larsen Museum"* im Wohnhaus des bekannten fünischen Malers vom Anfang des Jahrh., umgeben von einem hübschen Park.(von Juni bis August von 10 – 17 Uhr geöffnet, außer montags, sonst am Wochenende und mttwochs von 11 – 16 Uhr).

## Landgang ...

– Badestrand finden wir gleich N-lich des Yachthafens.

– Das „Ladbyschiff", einziges dänisches *Schiffsgrab* eines Wikingerhäuptlings aus dem 10. Jahrh., wurde 1934 von einem Amateurarchäologen am S-Ufer

1 Posthus
2 Politi
3 Høkeren Museumsbutik
4 Museum
5 Johannes Larsen Museet
6 Fischrestaurant Rudolf Mathis
7 Wandererheim

5 Mühle

**KERTEMINDE**

MARINA

HAVN

NOR

des Kerteminde Fjords gefunden. Mit 21 m Länge, 3 m Breite und auf Kiel gebaut, ähnelt es den späteren Skuldelevschiffen. Die Grabbeigaben, darunter 11 Pferde, zeugen von einem besonderen Fund. Die Rekonstruktion unter einem Grabhügel ist außerordentlich gelungen. (5 km)

*Die Mühle in Viby, 6 km von Kerteminde*

– Busfahrt nach Munkebo, W-lich Kerteminde, wo sich nicht nur eine der modernsten Werften der Welt befindet, sondern auf Munkebo Bakke (58 m) auch ein *Aussichtsturm*, von dem der Blick bei guter Sicht bis Samsø reicht. Nicht zuletzt lädt der historische „Munkebo Kro" ein. (7 km)

- Von Juni bis August kann man auf dem Kerteminde Fjord mit „*Fjord-tour*" jeden Dienstag 10 – 12 Uhr von der Langebro nach „Ladbyskibet" und „Munkebo" fahren (50/25 DKr.).
- Für Naturfreunde kann man eine halbstündige Schiffsfahrt auf die Insel *Romsø* empfehlen (Mittwoch und Samstag 10 Uhr Abfahrt vom Fischereihafen, 16 Uhr Rückkehr).
- Ein drittes „Landgang-Angebot zu Wasser" ist eine *Ausfahrt mit MS Castor* im Juli einmal wöchentlich von 11.30 – 14 Uhr zur „Großen Belt Brücke".
- Radwanderung nach Viby mit seinen wohlerhaltenen Fachwerkhöfen, der weißen Kirche mit ihrem Fachwerkturm und der *Holländermühle* von 1873, die zwischen dem, 20.6. und dem 12.8. von 12 – 16 Uhr besichtigt werden kann. (5,5 km)

⚹ Der Landgrund Fünens N-lich Kerteminde ist etwa 0,3 sm breit, die Küstenlinie verläuft in ENE-Richtung bis zum Ende der Kerteminde Bugt und dann mit weichen Schwüngen NNW-lich Richtung Fynshoved.

*Originelle Sitzecke in einem dänischen Yachthafen*

Auf 55° 29,6' N | 10° 44,1' E steht eine Tonne vor dem Rönnengrund, die man an Bb. Richtung N passiert. Der steinige Landgrund der NE-lich gelegenen Insel Romsø ist am W-Ende mit einer Tonne (Fl.R 5s) bezeichnet. Von hier aus hält man auf die 1,2 sm N-lich Fynshoved (N-Spitze Fünens) stehende Tonne zu, die man N-lich umfahren sollte, um dann mit SW-lichem Kurs zur W-Steilküste von Bæsbanke zu gelangen, die im Abstand von 0,3 sm mit N-Kurs passiert wird. Im weißen Sektor des Korshavn-Feuers (Oc.W/R/G 5s 7/3/3 M ztws.) steht dann das R/G Tonnenpaar, das die Rinne zum Naturhafen (in Linie 51,4°) Korshavn bezeichnet.

# Häfen an Fünens Nordküste mit Odense-Fjord

## Korshavn (DK-IV-18)

**55° 36' N | 10° 36,5' E · Seekarten D11, DK 141**
An der W-Seite der Halbinsel Hindsholm etwa 1 sm S-lich Fyns Hoved malerisch gelegener Naturhafen mit T-förmiger Brücke und etlichen Ankerplätzen.

*Blickrichtung N*

✳ Die bezeichnete Rinne nach Korshavn verläuft mit 51,4° in Linie Richtbake. Die Halbinsel muß dann im Abstand von 200 m umfahren werden, bis man in die Lagune von Korshavn gelangt.

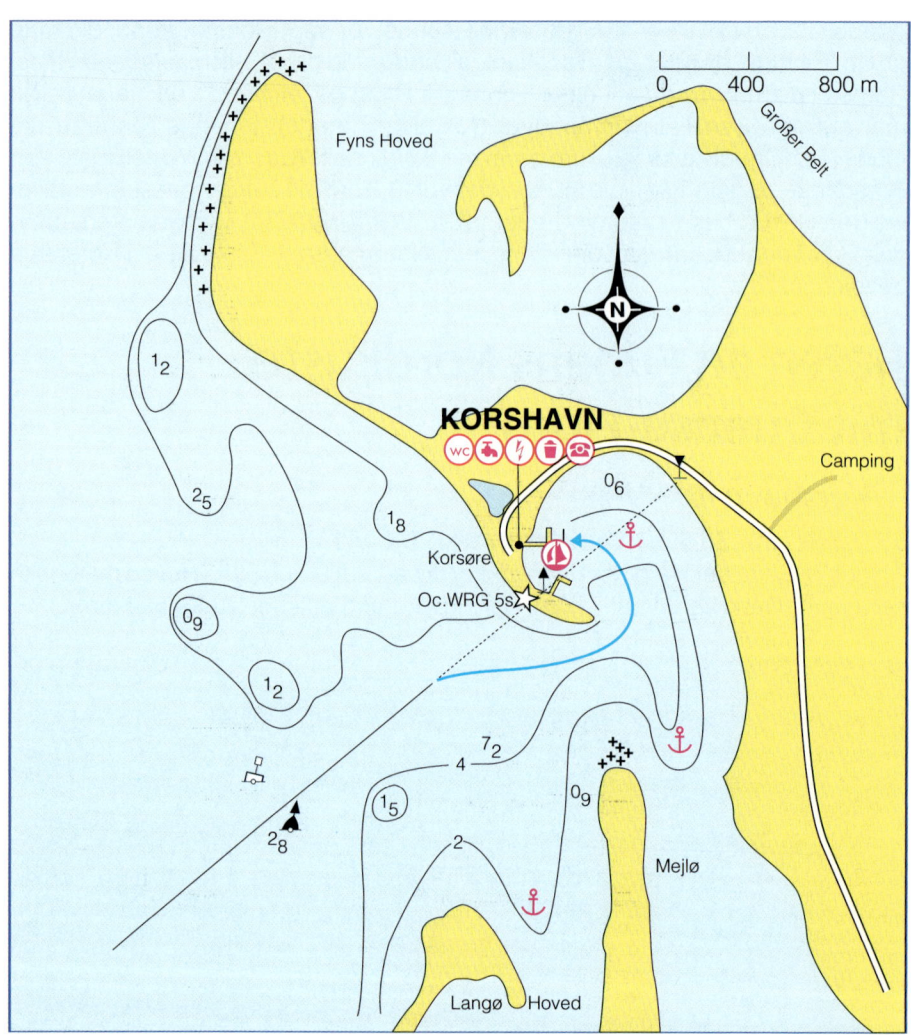

**Achtung:** S-lich Korshavn erstreckt sich ein von kleinen Inseln und Sandbänken durchbrochenes Flach, das nicht befahrbar ist und in W durch die Halbinsel Langø begrenzt wird.

Liegemöglichkeiten an der Brücke an Heckpfählen oder -Bojen. Wassertiefe am Brückenkopf etwa 2,9 m. S-lich davon, am Schwimmsteg der Fischerbrücke, liegt man an Heckbojen mit 4 m, zum Land hin auf 1,9 m abnehmende Wassertiefe. Gute Ankermöglichkeiten finden wir in der Bucht, allerdings liegt man bei W-und S-Winden ungeschützt.

🏠 Hafen-Service: Wasser und Strom sind am Fuße der Brücke.
Einkauf, Rast, Übernachtung: Finden wir im zum Großen Belt gelegenen „Fyns Hoved Camping" (2 km) sowie im schön gelegenen „Færgegården Kro" (400 m).

*Blick über die Halbinsel Langø nach Norden*

## Sport ...

– Jedes Jahr Anfang Juni ist die schöne Bucht von Korshavn beliebter Treffpunkt und Schauplatz hunderter Yachten zur Regatta *„Rund Fyn von Korshavn"*. Die Bucht und das angrenzende Seegewässer sind dann weiß von Segeln ...

## Sehenswürdigkeiten/Landgang ...

– *Fyns Hoved* ist die N-lichste Spitze des Hindholm und Fünens selbst und vor allem unter Liebhabern einer noch unverfälschten, aber rauhen Natur außerordentlich beliebt. So finden auch Tümmler und Robben nicht selten ihren Weg hierher.

– Eine Wanderung durch die hügelige karge Landschaft mit ihren steilen Bruchküsten und sandigen Ausläufern kann hier zu einem Tagesausflug werden.

– Die gesamte O-Küste des *Hindsholm* ist über 15 km ein einziger großer Badestrand.

*Auf Fynshoved*

⚓ Ist Korshavn in der Saison überfüllt, so gibt es einige Ausweichhäfen im Odense Fjord, der mit SW-lichem Kurs durch die etwa 5 sm S-lich gelegene, bezeichnete und befeuerte Enge bei Enebærodde erreicht wird. Von der Ansteuerungstonne (R/W mit Balltopzeichen, L Fl. 10s) im weißen Sektor des Enebærodde-Feuers (LFl. W/R/G 5s 11/8/8 M) hält man mit 175° auf die betonnte Enge zu. Betonnungsrichtung des hier beginnenden Odense-Fahrwassers ist S. Das Fahrwasser ist gut bezeichnet und zusätzliche Navigationshilfe geben verschiedene Richtfeuer.

Nach dem Passieren der Enge kann der kleine und etwa 12 sm entfernte Fischereihafen Bregnør mit SE-lichem Kurs erreicht werden.

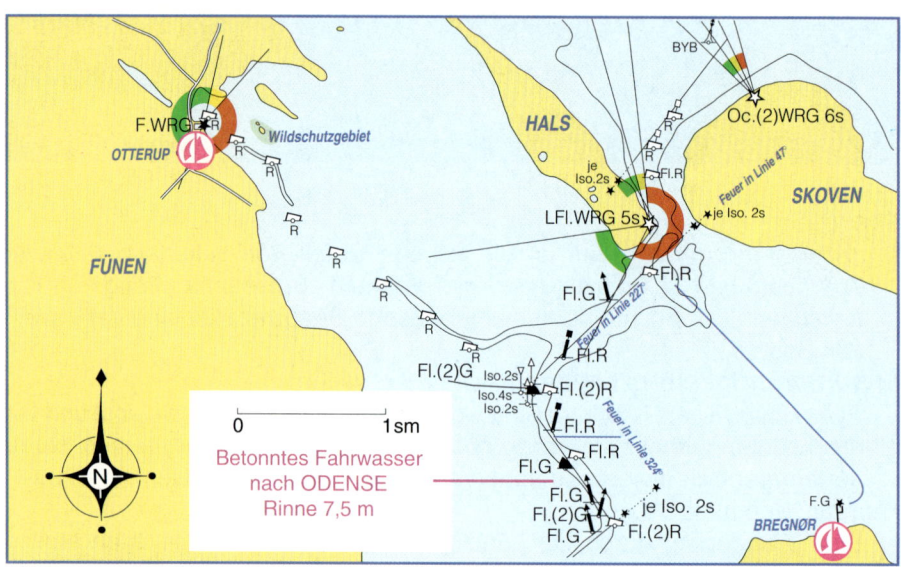

## Bregnør (DK-IV-17)

**55° 29,2' N | 10° 35,9' E ·**
**Seekarten D 11, 21, DK 141**

Im SE-lichen Bereich des Odense Fjordes gelegener Fischereihafen am Ende eines etwa 200 m langen Dammes mit schönem Blick über den Fjord.

⚓ Der Hafen kann bei Tag und Nacht angelaufen werden. Die Hafeneinfahrt ist von E anzulaufen. Am N-Molenkopf Feuer G.
Der Hafen liegt an der 2-m-Linie des Landgrundes und wird zum Land hin flacher.
Liegeplätze sind an der W-Mole zwischen Fischerbooten. Die E-Mole mit Heckpfählen ist von Einheimischen belegt.

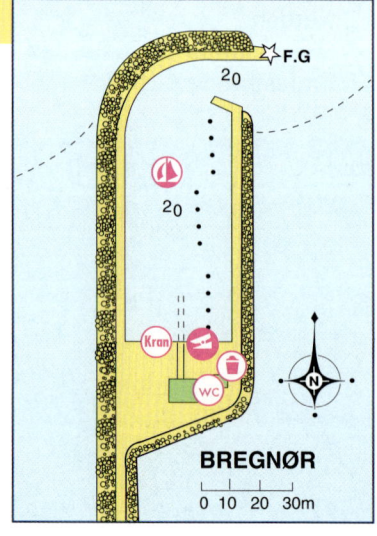

**144**

*Blickrichtung SW*

Wasserstände bei N-bis NE-Sturm +1m, bei S-Sturm -1m.

🛁 Hafen-Service: Im Hafenbereich Wasser und Strom, Dusche und WC, Müllentsorgung und Slip.
Bank/Post/Einkauf/Rast: In Munkebo überwiegend am Torvet bzw. im Fjordvej („Munkebo Kro"). (3,5 km)

ℹ️ Übernachtung: Im „Munkebo Kro".
Arzt: Bereitschaftsdienst von 16-8 Uhr über Tel. 65 90 60 30.
Falck-Rettungsdienst über Tel. 65 11 22 22.
Apotheke in Munkebo am Torvet.
Fahrradverleih: In Munkebo, Fjordvej 110.

*Sehenswürdigkeiten/Landgang* ...
– Der Hafen selbst und sein Umfeld machen einen etwas vernachlässigten und wenig anziehenden Eindruck.
– Spaziergang zum *Aussichtsturm* (52 m) auf „Munkebo Bakke" am Nordrand von Munkebo, von wo sich ein weiter Ausblick über NO-Fünen bietet.

## Otterup (DK-IV-13)

**55° 31,7' N /10° 28,5' E · Seekarten D 11, 21, DK 141**
Hafenmeister Tel. 64 82 12 60 (8 – 18 Uhr)
In W Enebærodde hübsch gelegener kleiner Yachthafen, der über das Egense Dyb zu erreichen ist.

Blickrichtung WSW

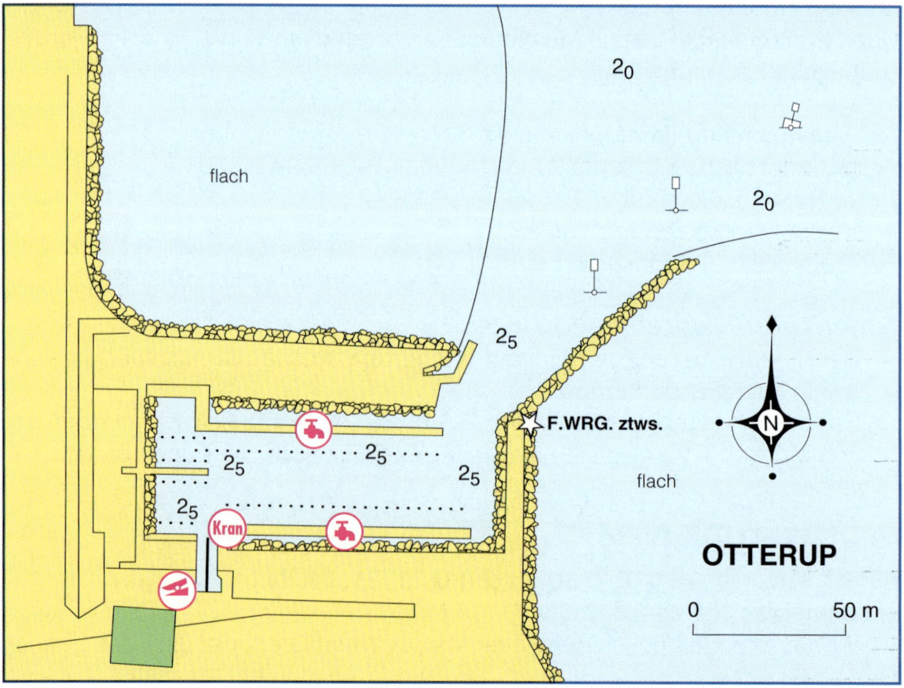

$2_0$

flach

$2_0$

$2_5$

F.WRG. ztws.

N

flach

$2_5$

$2_5$

$2_5$

$2_5$

$2_5$

Kran

OTTERUP

0          50 m

⚓ Das Odense-Fahrwasser kann nach W verlassen werden, wenn man das Feuer in Linie Midskov achterlich hat. Das nur an Bb. bezeichnete Egense Dyb verläuft in NW-licher Richtung im roten Bereich des E-Molen-Feuers (F.W/R/G, 4/3/3 M). Liegemöglichkeiten gibt es an freien Boxen im Hafen.

Achtung: Die E-Mole hat einen nicht befeuerten NE-lich verlaufenden Fortsatz, der N-lich umfahren werden muß.

Wasserstände bei W- bis N-Sturm +0,6 m, E- bis S-Sturm −0,6 m.

🏠 An den Stegen finden wir Wasser und Strom, im sauberen Klubgebäude Duschen und WC, im Hafen Trailerbahn und Mastenkran. Einkaufsmöglichkeit, Ausschank. Übernachtung ist im Klubgebäude möglich. Alle anderen Versorgungsmöglichkeiten im 5 km entfernten Otterup.

ℹ️ Informationsbüro: Otterup, Jernbanegade 32 über Tel. 64 82 32 00.

Arzt: Bereitschaftsdienst über Tel. 64 90 60 40.

Polizei: Über Tel. 64 82 14 48.

Taxi: Über Tel. 64 82 14 66.

Fahrradverleih: Otterup, Skolegade 2.

## Sehenswürdigkeiten ...

...für einen Landgang vom Yachthafen aus liegen vor allem in der ihn umgebenden Natur. In der näheren Umgebung Hofmansgave und Fjordmarken, etwas entfernter die Halbinsel Enebærodde.

– *Fjordmarken* ist ein im 19. Jahrh. trockengelegtes Gebiet, über welches wir vom Deich unmittelbar N-lich des Yachthafens eine gute Aussicht haben. Dieses Feuchtbiotop ist Rastplatz für bis zu 20.000 Stare. (1 km)

– *Hofmansgave* erreichen wir per Fahrrad oder zu Fuß über den nach N führenden Deich. Der Gebäudekomplex aus dem 18. Jahrh., mit seinen großen reetgedeckten und gelbgetünchten Fachwerkhäusern, macht einen malerischen Eindruck. Dazu gehört eine zu Beginn des 19. Jh. von Hofman Bang angelegte Parkanlage, die öffentlich zugänglich ist (von Mitte Mai bis Ende September, täglich 10 – 16 Uhr). (2 km)

– *Enebærodde* ("Wacholder Odde"), die in N den Odense Fjord umschließende 6 km lange Landzunge, ist das größte Heidegebiet Fünens. Zum Kattegat gibt es einen schmalen Sandstrand (der sich als Badestrand kilometerweit an der N-Küste entlangzieht), zur Förde hin Strandwiesen und Schilfrohrsümpfe. Die auffälligsten Pflanzen sind Heidekraut, Glockenheide, Krähenbeere und Wacholder. Das seichte Binnenwasser wird im Frühjahr und Herbst von tausenden Enten-und Stelzvögeln bevölkert. (10 km bis zur Spitze)

## Klintebjerg (DK-IV-14)

**55° 31,7' N /10° 28,5' E · Seekarten D 11, 21, DK 141**
Direkt am Odense-Fahrwasser gelegener kleiner Sportboothafen mit geringen Wassertiefen.

*Blickrichtung NW*

✳ Man verläßt das Fahrwasser nach W, um am E-Brückenkopf festzumachen. Kein Platz für Gastlieger. Kurzeitiges Anlegen zu Versorgungszwecken ist möglich.
Wasserstände bei N-Sturm +1,5 m, bei W-Sturm -1,5 m.

🏪 Wasser und WC sowie Einkaufsmöglichkeiten sind vorhanden und Kioskverkauf. (Info siehe Otterup)

*Sehenswürdigkeiten ...*
Klintebjerg ist ein altes Fischerdorf, das im 17. Jahrh. wichtige Anlaufstelle für den Schiffsverkehr war. Vom ehemaligen Hafen hat man eine gute Aussicht auf *Vigels*, die größte Insel im Odense Fjord. Obwohl sie unter Naturschutz steht, besteht im Sommer Bootsverkehr von Klintebjerg aus.

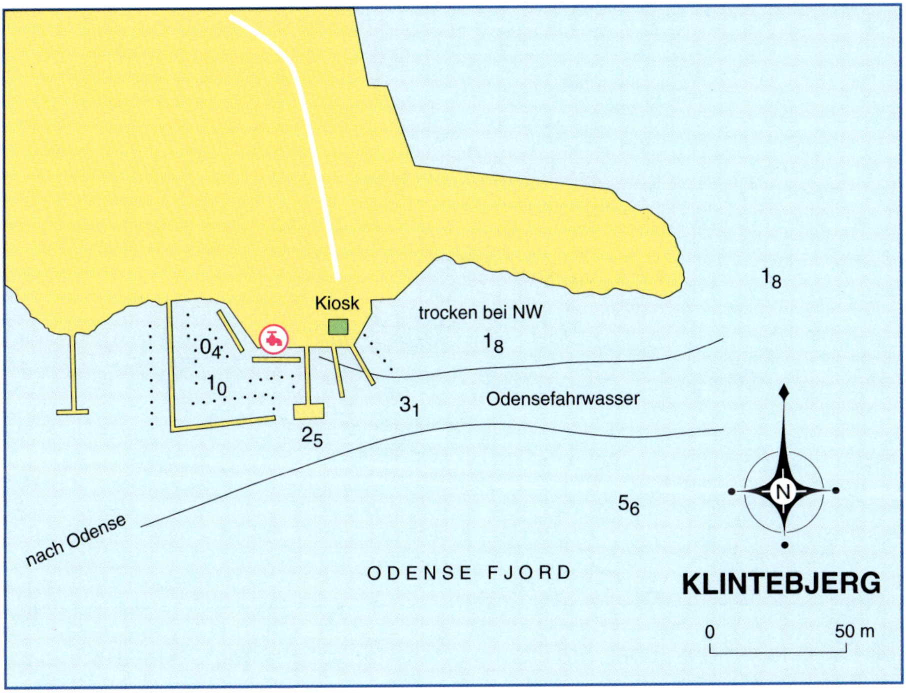
Kiosk
trocken bei NW
$1_8$
$1_8$
$0_4$
$1_0$
$3_1$
$2_5$
$5_6$
Odensefahrwasser
nach Odense
ODENSE FJORD
N
KLINTEBJERG
0
50 m

Hinweis für Liebhaber: Der „Glavendrupsten“ mit der längsten Runenschrift Dänemarks ist von Klintebjerg aus nur 14 km W-lich entfernt.

## Stige (DK-IV-15)

**55° 24,5' N /10° 26' E · Seekarten D 21, DK 115**

An der E-Seite des Odense-Kanals gelegener Yachthafen, etwa 3 sm vor Odense.

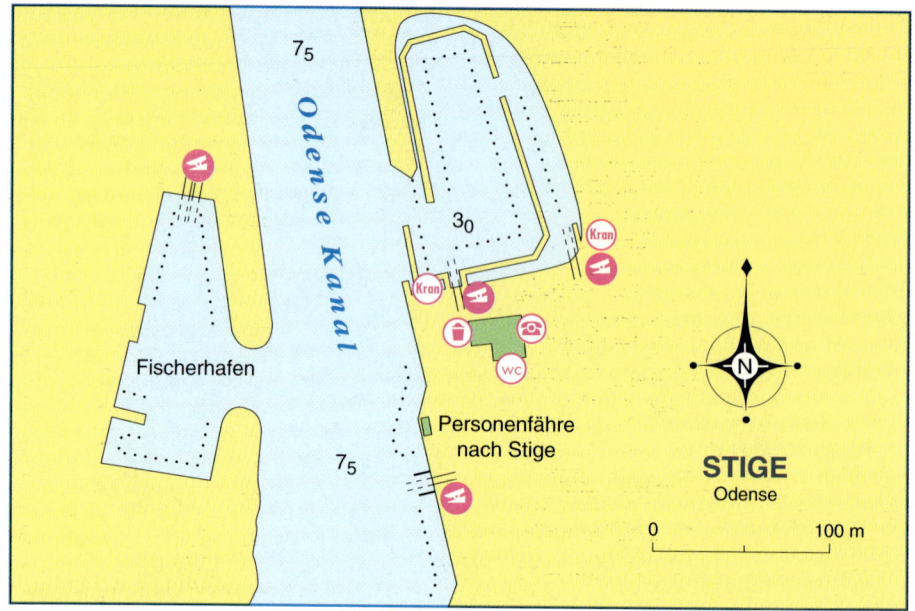

Fischerhafen

Odense Kanal

$7_5$

$3_0$

Kran

Kran

$7_5$

Personenfähre
nach Stige

**STIGE**
Odense

N

0          100 m

⎈ Die Ansteuerung über das Odense-Fahrwasser und den Odense-Kanal ist
bei Tag und Nacht möglich. In W des Yachthafens, auf der anderen Seite des
Odense-Kanals, liegt ein kleiner Fischereihafen. Die Personenfähre nach Stige

*... und weiter nach Odense*

legt 200 m S-lich an. Liegemöglichkeiten in freien Boxen meist nur während der dänischen Ferien. Wasserstände siehe Odense.

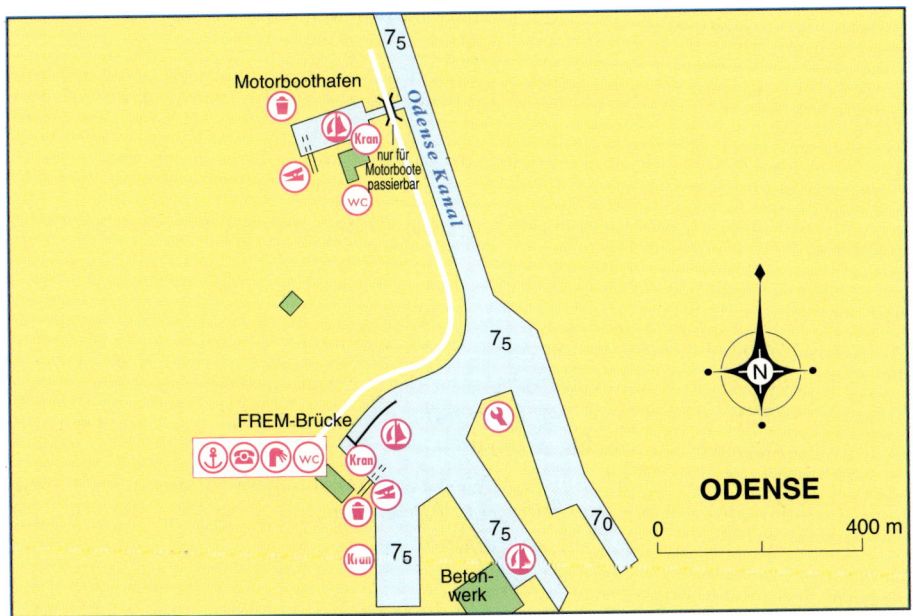 Wasser und Strom finden wir an den Stegen, WC und Telefon im Hafenbereich, außerdem Slip und Mastenkran an der S-Seite. Einkaufsmöglichkeiten in Stige (Personenfähre). Bus Nr. 1 nach Odense. (Info siehe Odense)

*Landgang* ...
...kann man Richtung N unternehmen. Hinter der Mülldeponie liegen die sog. „Sortehuse", schon etwas verfallene Hütten von Fischern, die der Landschaft eine eigenartige Nostalgie verleihen. Über Strandwiesengebiet kommt man ans beschauliche Ufer des inneren Odense Fjords.

## Odense (DK-IV-16)

**55° 24,5' N /10° 23' E · Seekarten D 21, DK 115**
Hafenmeister Tel. 65 90 41 23
Industrie- und Handelshafen am Ende des Odense-Kanals, der so gar nicht zum Flair der Andersen-Stadt paßt. Der Yachthafen „FREM-Brücke" befindet sich im W-Teil des Hafens. Etwa 400 m seewärts, am W-lichen Kanalufer, liegt der Motorboothafen.

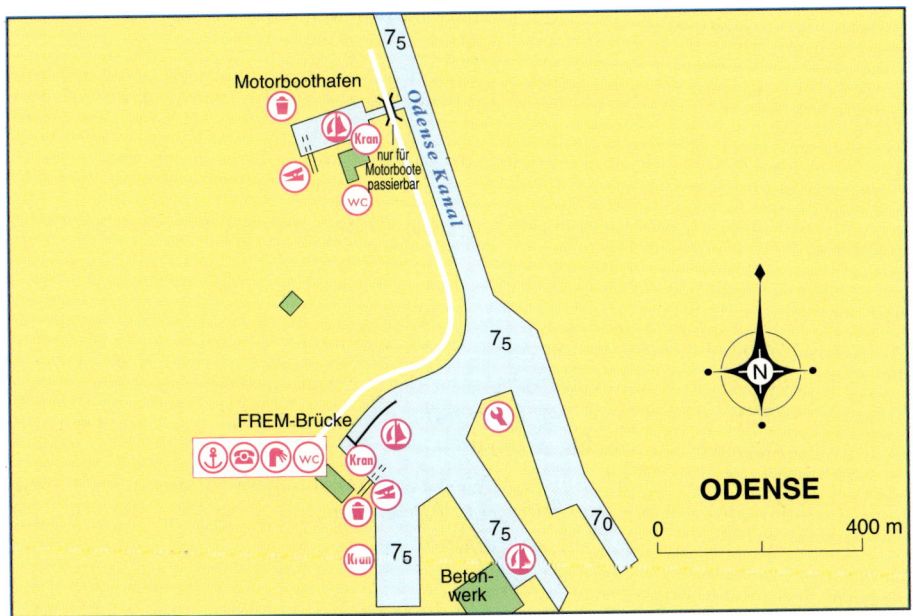

Irrtumsfreie Kanalnavigation. Gastliegeplätze finden wir an der Brücke des Segelklubs FREM. Größere Boote können nur an der W-Seite der Fingerpier gegenüber der FREM-Brücke mitten im Industriegebiet festmachen. Die Zufahrt zum Motorboothafen ist wegen einer Straßenbrücke auf 4 m Durchfahrtshöhe beschränkt. Wasserstände bei W- bis NE-Sturm +1,8 m, bei E- über S- bis SE-Sturm -1,5 m.

**⛨** FREM-Brücke: Wasser und Strom an den Stegen; Dusche, WC und Telefon im Klubhaus; Mastenkran. Die Klubanlage wird um 22 Uhr geschlossen, Schlüssel gibt es beim Hafenmeister bei Entrichtung des Hafengeldes. Versorgung etwa 300 m entfernt im Supermarkt. Motorboothafen: Wasser an den Stegen, Strom an den Laternenpfählen nur mit langem Kabel. Im Hafenbereich Mastenkran und Trailerbahn. Versorgung in Hafennähe.
Für Bank, Post und Einkäufe sind es zum Zentrum Odenses knappe 2 km.

**ℹ** Informationsbüro: Befindet sich im Rathaus im Stadtzentrum,
Tel. 66 12 75 20 (geöffnet von Mitte Juni bis Ende August täglich 9 – 19 Uhr, sonst sonntags erst ab 11 Uhr).
Übernachtung: Neben fast zwei Dutzend Hotels sowie Pensionen, die das Informationsbüro vermittelt, finden wir im Kragsbjergvej 121 eine preiswerte Herberge (3 km in SE).
Arzt: Notarzt zwischen 16-8 Uhr über Tel. 65 90 60 10.
Falck-Rettungsdienst über Tel. 66 11 22 22.
Krankenhaus: J.B.Winsløws Vej, Tel. 66 11 33 33, rechts der Straße nach Fåborg (2,5 km).
Apotheke: Vestergade 80, im Zentrum.
Konsulat: Den deutschen Konsul finden wir im Svendborgvej 90,
Tel. 66 14 14 14, bei „Fehr"-Ford-Service (6 km in S, an der Abfahrt nach Hollufgård).
Polizei: Hans Mules Gade 1, NE-liches Zentrum, über Tel. 66 14 14 48.
Taxi: Über Tel. 66 12 27 12.
Fahrradverleih: Vesterbro 95 (W-lich des Zentrum) bzw. Nedergade 14 im Zentrum.

## Kultur ...
– Jährlich findet in Odense eine *Bach-Woche* statt. (Mai)
– Eine Serie von Orgelkonzerten bieten die Kirchen von Mai bis August an.
– Der musikalische *„Sommer in Odense"* lädt zu Jazz-, Spielmanns-und Rockfestivals ein. (Juni bis August)
– Während im Juni und Juli in den Straßen von Odense „H.C.Andersen-Paraden" stattfinden, werden *„H.C.Andersen-Spiele"* jedes Jahr im Juli/August im „Fünischen Dorf" aufgeführt.

## Sport ...
– *Reiten* kann man in Fyns Rideklub, Tarupgårdsvej 3B, Tel. 66 17 88 50. (1 km W-lich des Yachthafens)
– *Golf* spielen läßt sich am nächsten im Odense Golfklub, Hestehaven 201, Tel. 65 95 90 00. (8 km in SE)

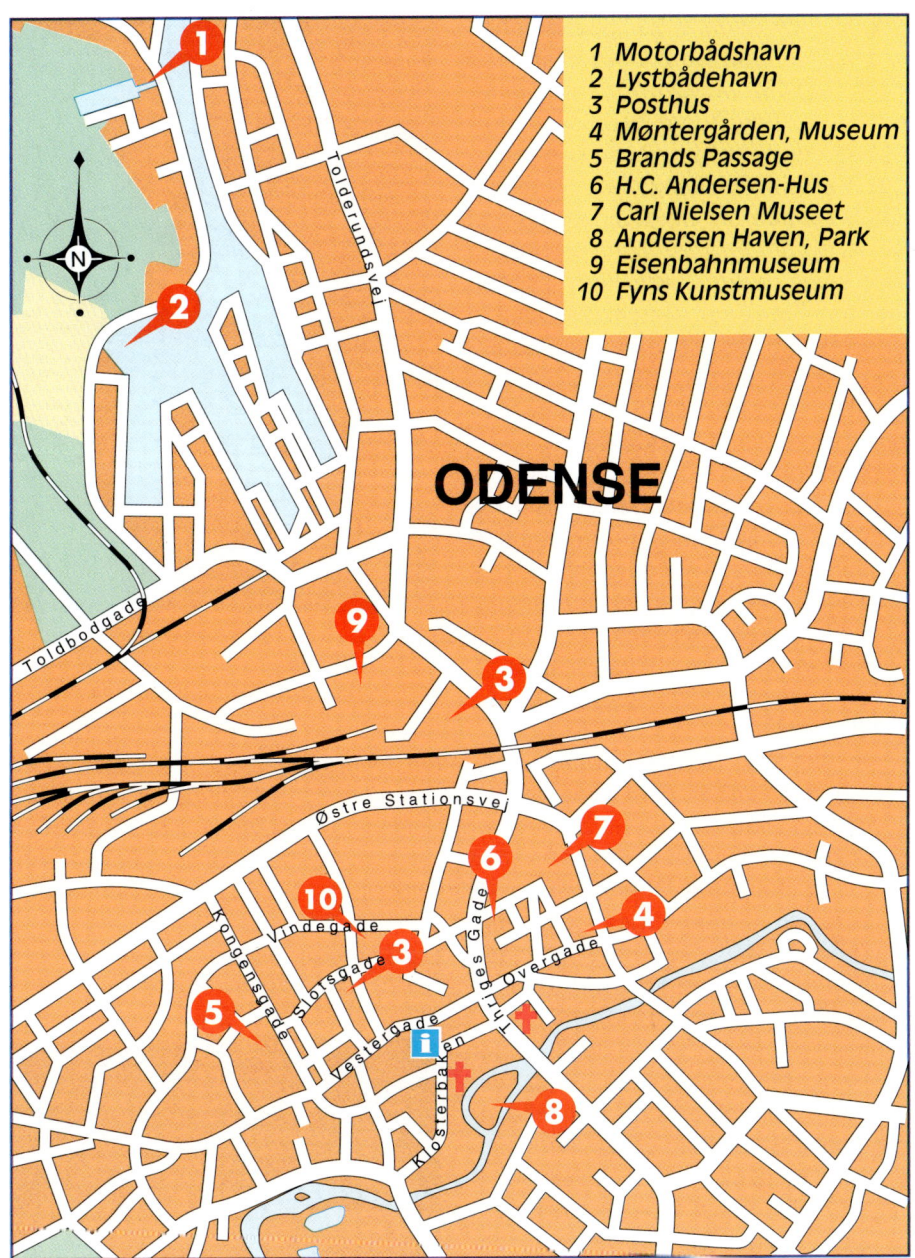

1 Motorbådshavn
2 Lystbådehavn
3 Posthus
4 Møntergården, Museum
5 Brands Passage
6 H.C. Andersen-Hus
7 Carl Nielsen Museet
8 Andersen Haven, Park
9 Eisenbahnmuseum
10 Fyns Kunstmuseum

ODENSE

*Sehenswürdigkeiten ...*

Odense wurde erstmals im Jahre 988 erwähnt, als Kaiser Otto III. dem Bischofs-
sitz Privilegien schenkte. „Odins vi", die heidnische Kultstätte der Wikinger,
wurde damit immer mehr verdrängt. 1086 brachte man hier König Knut II. um,

der 15 Jahre später heiliggesprochen wurde und Odense zum Wallfahrtsort machte. 1482 wurde in Odense Dänemarks erstes Buch gedruckt. Über Jahrhunderte lief der gesamte seewärtige Verkehr Odenses über Kerteminde. So wurde die Stadt eigentlich erst 1804, mit der Fertigstellung des Odense-Kanals quer durch den flachen Odense-Fjord, zur Seestadt. Odense aber ist, und das wird einem auf Schritt und Tritt in dieser Stadt vor Augen geführt, vor allem die Stadt des Märchendichters H. C. Andersen.

– Der Dom von Odense oberhalb des H. C. Andersen-Denkmals und -Gartens im Zentrum der Stadt ist dem heiligen Knut geweiht und das besterhaltene Zeugnis aus ältesten Zeiten. Nach schrecklichen Bränden wurde er im 13. Jahrh. in nordeuropäischer Backsteingotik neu errichtet.

*Das H. C. Andersen-Denkmal unterhalb des Domes von Odense*

– In der vom Stadtzentrum abgehenden Overgade steht ein historisches Gebäude neben dem anderen. Neben den Nr. 8, 18,19 finden wir in der 23 den in vieler Hinsicht außergewöhnlichen *„Den Gamle Kro"*, den man unbedingt ausprobieren sollte (besonders an Abenden ist zu reservieren!). Der rotgetünchte *Møntergården* (Münzhof) in der Nr. 50 aber gehört zu den schönsten Gebäuden Odenses (Anno 1646). Es beherbergt das Kulturhistorische Museum (täglich geöffnet von 10 – 16 Uhr).

*Das Schloß zu Odense, heute zur Stadtverwaltung gehörend*

– Zwei Querstraßen N-lich, in der Hans Jensens Stræde, finden wir eines der vielbesuchtesten Häuser dieser Stadt, das *„H.C. Andersen Hus"* (Juni bis August täglich von 9 – 18 Uhr, sonst 10 – 16 Uhr), dem sich einige Schritte weiter, am Ramsherred, das historische Gourmet-Restaurant *„Under Lindestræet"* anschließt sowie das moderne Museumsgebäude für den Komponisten Carl Nielsen (geöffnet täglich von 10 – 16 Uhr).

*Das Kulturhistorische Museum
„Møntergården"*

- Ganz anders das niedrige und bescheidene Geburtshaus *H. C. Andersens* in der Munkemøllestræde, unter dessen Tür man sich bücken muß, und auf dem kopfsteingepflasterten Hinterhof fällt es nicht schwer, sich in Gedanken ein Jahrhundert zurückzuversetzen ...
- Ein anderes Viertel zum Spazieren befindet sich am Bahnhof: Der *Königsgarten*, das barocke Königs-Schloß (heute Sitz des Amtsmannes und kommunale Verwaltung) und die Sct.Hans Kirche. *„Fyns Kunstmuseum"* (täglich 10 – 16 Uhr) befindet sich nur ein paar Schritte von hier in der Jernbanegade. Unweit davon, in der Nørregade, finden wir einen sehenswerten alten Kaufmannshof aus dem Jahre 1586.

*... des Kaisers neue Kleider ...*

- *„Brandts Passage und Klædefabrik"* ist ein multikulturelles Zentrum in der ungewöhnlichen Umgebung einer ehemaligen Kleiderfabrik W-lich des Stadtzentrums. Es beherbergt u.a.

Ausstellungshallen, ein Pressemuseum, ein Fotomuseum, eine Musikbibliothek, Cafés und Restaurants. Hier kann man schon mal einen Tag bei weniger gutem Wetter verbringen (die Ausstellungsräume sind täglich von 10 – 17 Uhr geöffnet, an den Wochenenden ab 11 Uhr).

## Landgang ...

– Für einen Stadtbummel in Odense sollte man sich mindestens einen Tag reservieren. Die Stadt bietet Flair und eine Unmenge verschiedenster „Gelegenheiten". Mit Kindern kann das *„Jernbanemuseet"* am Bahnhof , Dannebrogsgade 24, zu einer besonderen Attraktion werden (von Mai bis September täglich von 10 – 16 Uhr). Über das reiche Kulturangebot informiert am aktuellsten das Informationsbüro an der Seite des Rathauses.

– Nach *„Carlslund"*, in den Wald von Fruens Bøge, fährt man am besten mit der stündlichen Bahn ab Bahnhof Odense für 12 DKr. (5 km S-lich). Es ist dies eine rustikale Waldgaststätte in hübscher Umgebung, und von hier führt ein Waldweg an der Odense zum Zoopark (etwa 1 km N-lich) bzw. zur Dalum-Kirche, einem ehemaligen Kloster (0,5 km S-lich). Hier in der Nähe befindet sich auch ...

– „Den Fynske Landsby" – das sehenswerte *Freilichtmuseum* über das fünische Dorf des 19. Jahrh., ist von April bis Mitte Oktober von 10 – 16 Uhr geöffnet (in den Sommermonaten bis 19.30 Uhr). (5,5 km)

– Eine Fahrt nach „Hollufgård", einem *Herrenhaus-Museum* zu Fünens Vorgeschichte (geöffnet von Mai bis Oktober von 10 – 17 Uhr, außer montags, im August findet hier ein Wikingermarkt statt), kann man verbinden mit einem

*Den Fynske Landsby, originelles
Freilichtmuseum eines fünischen Dorfes*

*... weitere Museumsansichten*

Spaziergang durch den umliegenden Park sowie einem Besuch des angrenzenden Golfplatzes. (8 km S-lich Odenses)

– Ein Ausflug zu den *„Jernalder Landsbyen"* N-lich Odenses ist ein Ausflug in die Steinzeit. An der Straße nach Bogense steht linkerhand nicht nur eine „Siedlung" aus dieser Zeit, sondern diese wird auch von Schülern „steinzeit-gemäß" bewirtschaftet (zu besichtigen täglich von 9 – 15.30 Uhr, im Sommer bis 16.30 Uhr). (8 km)

# Häfen auf Samsø/Südteil

Die im Kattegat zwischen Jütland und Seeland nördlich Fünens gelegene Insel Samsø besaß seit jeher eine besondere Anziehungskraft. So kommt sie in norwegischen und isländischen Sagas vor, und oft werden ihre natürlichen Häfen erwähnt. Im Mittelalter gehörte Samsø der dänischen Krone, wechselte aber später häufig den Besitzer. Schließlich schenkte gar Christian V. seiner Geliebten Sophie Amalie Moths 1676 das begehrte Eiland. Auch heute ist Samsø unter Seglern sehr beliebt und das nicht nur wegen seiner berühmten Kartoffeln! Man weiß die stimmungsvollen Häfen, vor allem der E-Küste, wie Langør und Ballen, zu schätzen.

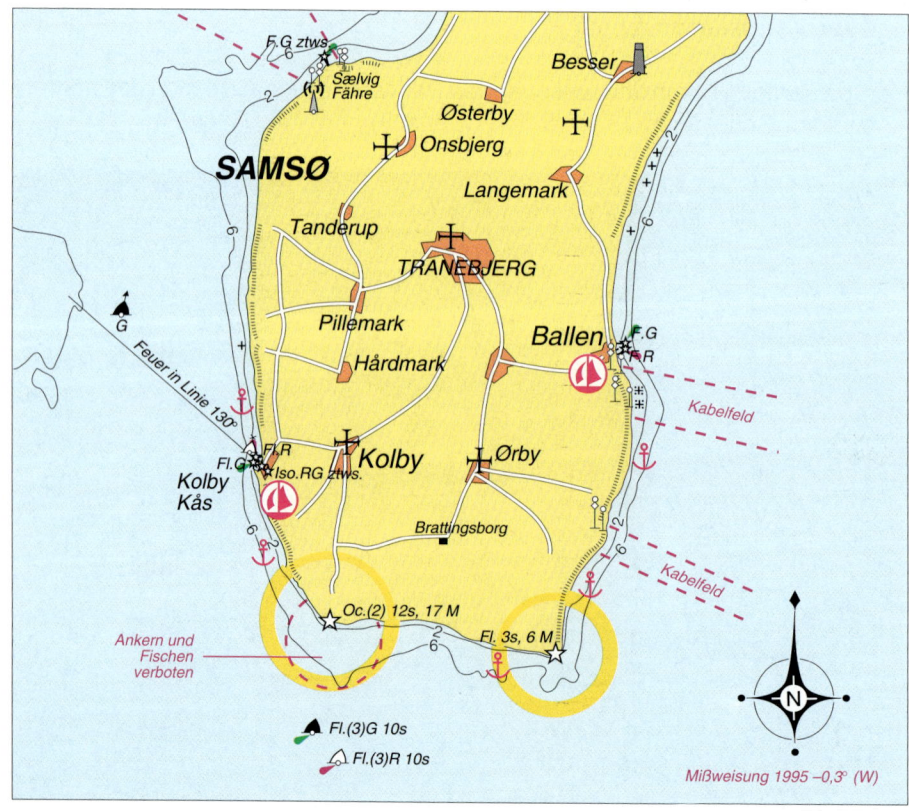

⎈ Etwa 8,5 sm N-lich Fyns Hoved liegt die Insel Samsø, auf deren S-lichem Teil die Häfen Kolby Kås (an der W-küste) und Ballen (an der E-Küste) liegen. Aus Korshavn kommend, läuft man unter 350° auf die SW-Küste Samsøs oder mit 10° auf die SE-Küste zu. Samsø ist an seiner ziemlich gerade verlaufenden S-Küste flach und an einigen Stellen bewaldet. 1,4 sm N-lich der SW-Ecke liegen 2 Tonnen im Abstand von 0,3 sm (Fl.(3)R 10s) und N-lich (Fl.(3)G 10s). An der SW-Ecke steht das Vesborg-Feuer (Oc.(2)W 12s 17 M). An der E-Küste Samsøs beginnt etwa 0,5 sm N-lich des Feuers eine Steilküste, die sich bis 26 m übers Meer erhebt. Vom Landgrund der Insel sollte man sich 0,5 sm freihalten, es liegen dort Steine. Am N-lichen Ende der Steilküste liegt der Hafen Kolby Kås.

## Kolby Kås (DK-IV-21)

**55° 47,8' N /10° 31,7' E · Seekarten D 18, 19, 20, DK 103, 112, 114**
Fähr-und Fischereihafen an der W-Küste Samsøs. Fährverbindung nach Kalundborg.

*Blickrichtung SE*

⎈ Anlaufen ist bei Tag und Nacht möglich. Die Hafenmolen sind mit Fl.G, Fl.R befeuert. Für die Fähren, denen man weiträumig ausweichen sollte, gibt es ein Feuer in Linie 130° (Iso.R.G). Gastliegeplätze gibt es im S-lichen Hafenteil an den Stegen und am Kai der W-Mole. Bei NW-lichen Starkwinden läuft starker Schwell in den Hafen, und man liegt im S-Hafen dann sehr ruhig.
Wasserstände: bei NW- bis N-Sturm +0,9 m, bei SW-Sturm -0,9 m.

**Achtung:** Der 4,5 sm N-lich Kolby Kås gelegene Fährhafen Sælvig ist für Sportboote gesperrt.

**KOLBY KÅS**

0 — 50 m

Hafen-Service: Wasser und Strom an der W-Mole , Dusche, WC, Tankstelle (B,D), Slip. Einkaufsmöglichkeiten im Ort (10 min), auch Bootszubehör. Fahrradverleih im Hafenbereich. Das Hotel-Restaurant „Færgekroen" befindet sich gleich überm Hafen.

### Sehenswürdigkeiten ...

– Von der Mühle oberhalb Kolby Kås, an der Straße nach Tranebjerg, hat man einen guten Ausblick über die Küste. (1 km)

- Die teils strandig, teils bewaldete S-Küste Samsøs, zwischen dem 19 m hohen Leuchtfeuer Veshage auf der SW-Huk und der SE-Huk Lushage, bietet beste Angelmöglichkeiten auf Scholle, Flunder, Steinbutt und Hornhecht. (4-8 km).
- Herrenhaus *Brattingsborg* Mitte S-Küste. (5 km)
- Busverbindung nach Tranebjerg (hübsche mittelalterliche Kirche mit „Zehntscheune" und gediegenes „Flinch's Hotel" in der Ortsmitte, 7 km) und Ballen (siehe „Ballen", 9 km).

✸ 1,6 sm vor der SE-Küste Samsøs steht eine Tonne Fl.(2)R 5s und eine weitere 0,6 sm E-lich (Fl.(2)G 5s). Das Lushagefeuer an der SE-Ecke Samsøs hat die Kennung Fl.W 3s 6M. Direkt nach Erreichen des Lushage-Feuers zieht sich eine bis 17 m hohe Steilküste nach N, von der man sich 0,5 sm freihalten sollte. Etwa 3 sm N-lich des Feuers liegt Ballen mit seinem Hafen.

## Ballen (DK-IV-19)

**55° 49,0' N /10° 38,4' E · Seekarten D 18, 19, 20, DK 103, 112, 141**
Hafenmeister Tel. 06 59 12 03
An der E-Küste Samsøs gelegener kleiner Fischerei- und Handelshafen, der überwiegend von Sportbooten genutzt wird.

Blickrichtung ESE

✸ Die Ansteuerung des Hafens ist Tag und Nacht möglich. Ein in der Nähe des Hafens stehendes Getreidesilo dient als Landmarke. Das F.R an der Außen-

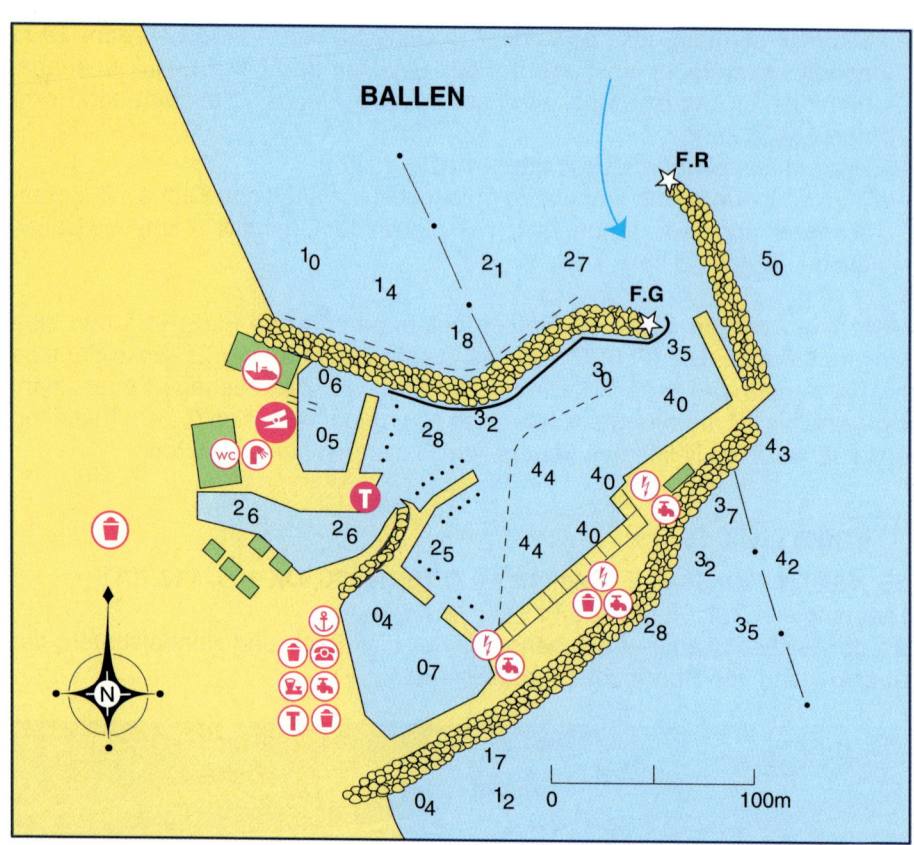

mole bei Ansteuerung aus S oder E muß gut frei an Bb. bleiben, bis das F.G der N-Mole in Deckung kommt. Danach kann, über Bb. drehend, mit S-Kurs in den Hafen eingelaufen werden. Liegeplätze im gesamten Bereich des Außenhafens. An der S-Mole legen häufig größere Segler sowie „Oldtimer" an, weshalb man dort nicht festmachen sollte. Heckanker für den Schwimmsteg an der Außenmole klarhalten!

Wasserstände: bei NW-bis N-Sturm +1m, bei SE-Sturm -1m.

*Achtung:* Falls der Hafen überfüllt ist, finden wir 0,2 sm N-lich, 200 m vor einem Badestrand, einen von S über W bis NW geschützten Ankerplatz über Sandgrund bei etwa 2,5 m Tiefe.

Hafen-Service: Wasser und Strom am Anleger, im Hafenbereich Dusche und WC; Tankstelle (D) im Fischereihafen und (B) beim Kaufmann am Hafen. Maritime Versorgung und Service vorhanden. Seekarten sind im „Oceka Marked", Vinkelvej 16, erhältlich, wo auch Geld umgetauscht werden kann.

**Achtung:** Das Hafengeld muß unaufgefordert beim Hafenmeister entrichtet werden, ansonsten wird der doppelte Betrag eingefordert.

Einkaufsmöglichkeiten im Ort (5 min). Bank, Post in Tranebjerg (Bus, 4 km).
Rast: Restaurant „Dokken" direkt am Hafen und „Ballen Hotel" (10 min) sorgen
in der Saison täglich für besonders stimmungsvolle Abende!

**i** Badestrand findet man beiderseits des Hafens.
Fahrradverleih wie auch Pferdekutschenvermietung im Ort.

*Landgang ...*
Ein Ausflug nach Tranebjerg bietet außer dem Besuch der hübschen Kirche aus
dem 14. Jahrh. mit ihrer „Zehntscheune" auch einen angenehmen „Mittagstisch"
im traditionsbewußten „Flinch-Hotel" in der Ortsmitte. (4 km)

# Häfen des Kleinen Belt einschließlich Bogense

Törn W-lich Fyn durch den Kleinen
Belt in Richtung Århus Bugt:
Wurde Pölshuk passiert, läuft man
N-lichen Kurs Richtung Hornenæs.
Auf 54° 55,1' N liegen Mommark an
der Küste von Als und auf Höhe 54°
59,6' N der Yachthafen von Fynshav
als Schutzhäfen. 2,5 sm W-lich Lyø
steht die YBY-Tonne vor dem Lyø-
W-Flach, die an Stb. liegenbleiben
muß.

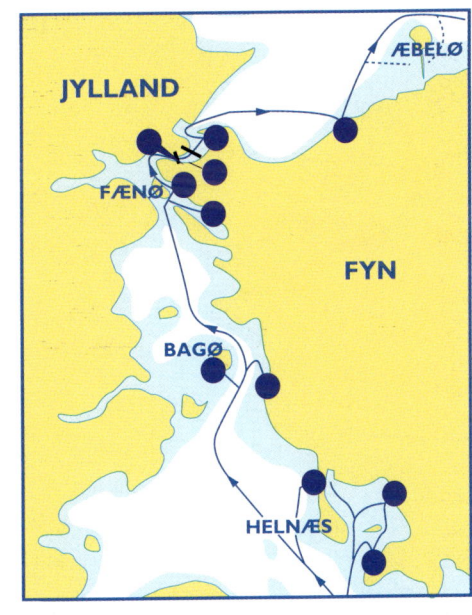

3 sm weiter N-lich hat man dann die
Einfahrt in die Helnæs Bugt erreicht,
in die mit NE-lichem Kurs eingefah-
ren wird. Feuer für die Ortsbestimmung in diesem Gebiet sind:
Taksensand Oc.(2) W/R/G 12s, 15/
11/11 M; Tranerodde Iso. W/R/G 2s,
12/10/10 M auf Als in W und Skjold-
næs LFl.W 30s, 20M; Lyø Rev Fl.W 5s, 2M in E; Helnæs Fl. W/R/G 5s, 16/12/
12 M in N.
Vom Landgrund der Halbinsel Hornenæs sollte man sich 0,5 sm freihalten. **Der
für Sportboote gesperrte Fährhafen Bøjden** wird bald darauf W-lich passiert
(Hafeneinfahrt Fl.G/Fl.R mit Ansteuerung 139° in Linie 2 F.R ztws.). Etwa 0,8 sm
N-lich liegt eine mit 2 grünen Tonnen bezeichnete Untiefe, die zum Erreichen
des Anlegers Bøjden Bro N-lich über Stb. umrundet wird, um dann mit S-lichem
Kurs den Anleger anzusteuern.

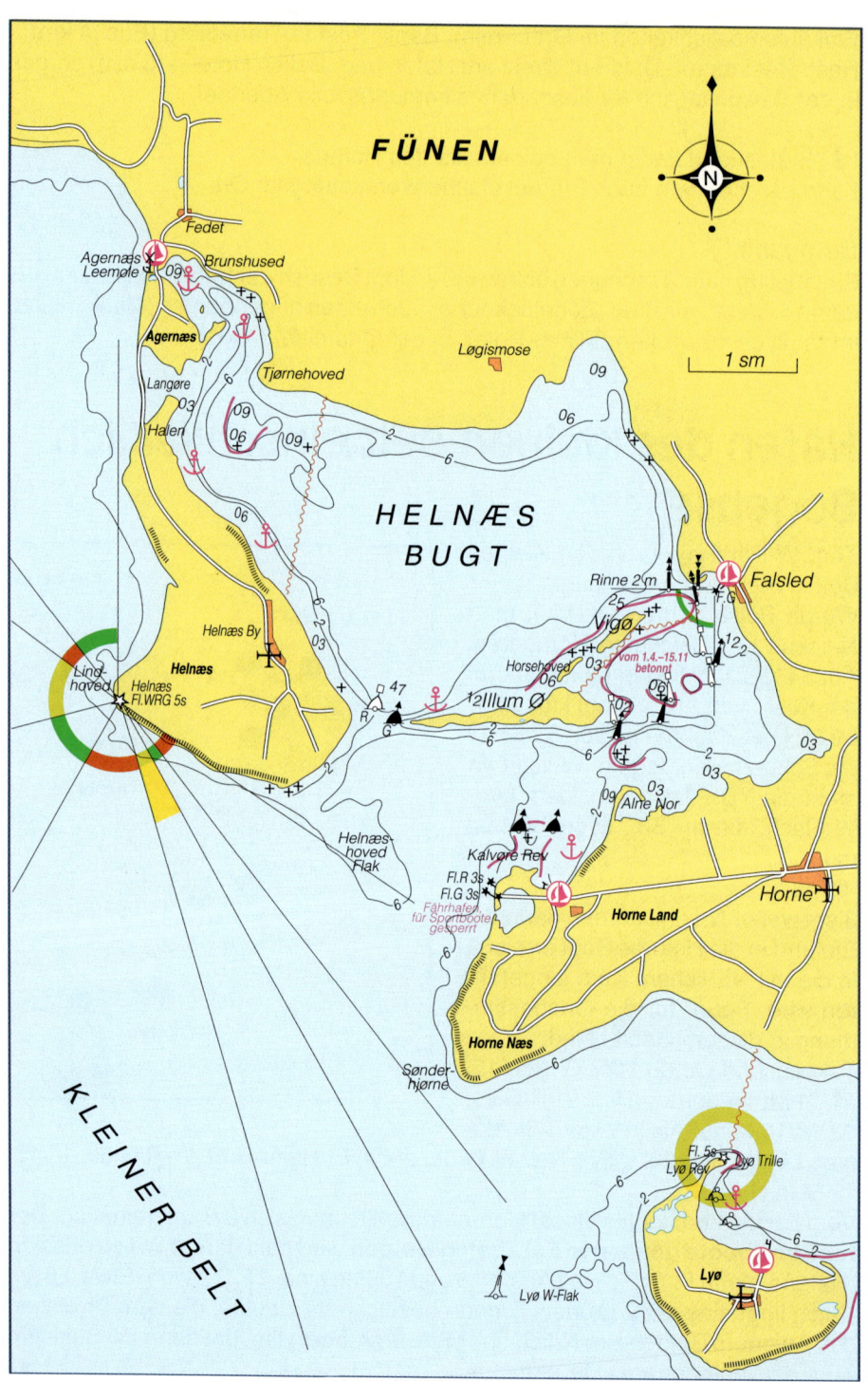

FÜNEN

Fedet

Agernæs
Leemøle
Brunshused

Agernæs

Langøre

Halen

Tjørnehoved

Løgismose

1 sm

HELNÆS
BUGT

Rinne 2 m

Falsled

Vigø

Helnæs By

Horsehoved

vom 1.4.–15.11
betonnt

Lind-
hoved

Helnæs

Helnæs
Fl.WRG 5s

R
G

Illum Ø

Horne

Helnæs-
hoved
Flak

Aine Nor

Kälvøre Rev

Horne Land

Fl.R 3s
Fl.G 3s

Fährhafen
für Sportboote
gesperrt

Horne Næs

Sønder-
hjørne

Lyø Rev

Lyø Trille

Fl. 5s

K L E I N E R   B E L T

Lyø W-Flak

Lyø

## Bøjden Bro (DK-IV-1)

**55° 6,4' N /10° 05,8' E · Seekarten D 14, 16, DK 152, 170**

An der N-Küste von Hornenæs (E-lich des Fährhafens) gelegener, etwa 70 m langer Damm mit 30 m langem Brückenkopf nach NW und 30 m langem Steg nach SE. An der W-Seite ist die Brücke durch Steinschüttung (Achtung!) geschützt. Fährverkehr (vom Fährhafen) nach Fynshav (45 min).

*Blickrichtung SE*

⚓ Von W kommend, läßt man Kalvøre Rev und die N-lich bezeichnete Untiefe an Stb. und steuert nach dem NE-lichen Passieren mit S-lichem Kurs auf die Brücke zu. Liegemöglichkeiten am Brückenkopf (2 m). Am Steg können nur flachgehende Boote festmachen.
Wasserstände bei NE-Sturm +1,1m, bei SW-Sturm -1,1m.

🏨 Hafen-Service: Wasser, WC, Trailerbahn, Motorreparatur sowie Einkaufsmöglichkeiten.
Bank-, Post-Filiale und weitere Einkaufsmöglichkeiten sind im „Bojden Strandcamping" an der Hauptstraße bzw. im Ort über die Hauptstraße (1 km).

ℹ️ Bademöglichkeiten finden wir N-lich des Hafens am Camping (Hüttenverleih, gepflegtes Sanitärgebäude).

*Sehenswürdigkeiten ...*
– Ausflug nach *Horne*, wo man noch wohlgebaute Fachwerkhöfe aus den großen Zeiten des Ortes findet. Eine Eigenart bietet die über Horneland

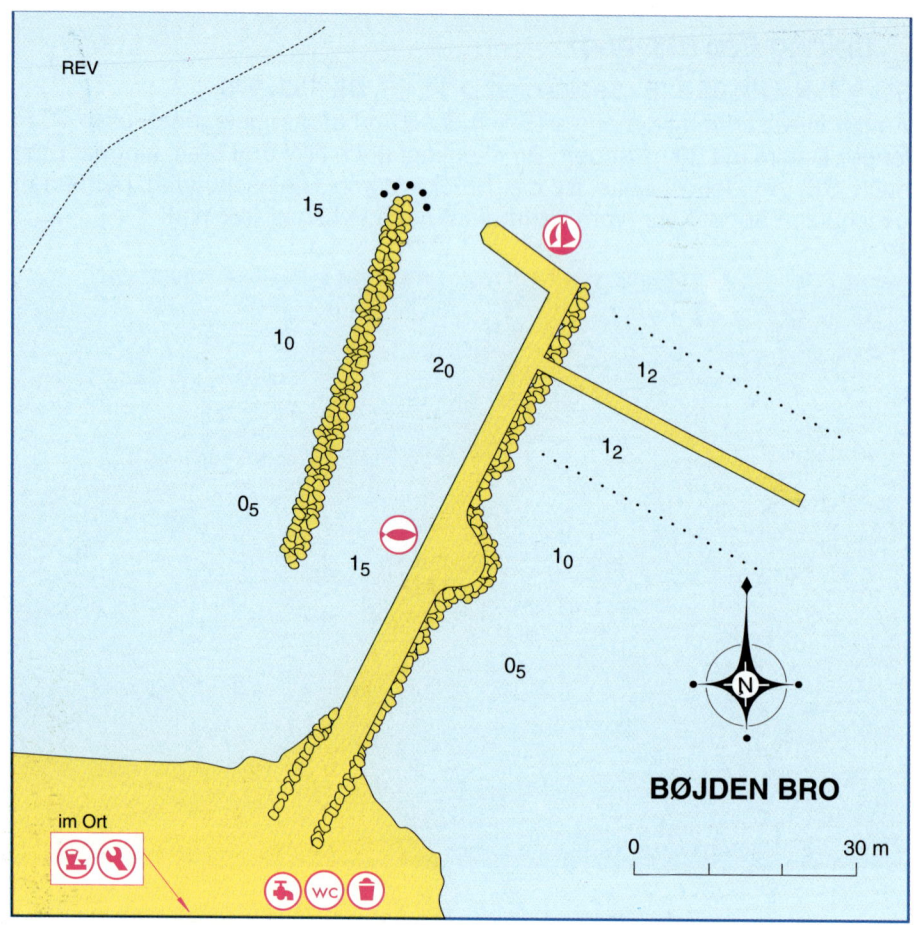

REV

$1_5$

$1_0$

$2_0$

$1_2$

$1_2$

$0_5$

$1_5$

$1_0$

$0_5$

im Ort

WC

**BØJDEN BRO**

0                    30 m

thronende Kirche. Von Westturm und Ostchor ist eine *Rundkirche* aus dem 12. Jahrh. eingeschlossen. (4 km)

– Spaziergang zum Fährhafen, von wo sich eine gute *Aussicht* über das Vogelreservat „Bøjden Nor" in S bietet. „Kalveøre" ist ein offenes und windiges Strandwiesengebiet in N, das sich gut zu einem zünftigen Spaziergang eignet, mit Aussicht über den Sønderfjord und zur Insel Illum. (1-3 km)

⚓ Um nach Falsled am E-lichen Ende der Bucht zu gelangen, hält man sich 0,2 sm S-lich der Insel Illum, vor deren SE-Spitze das bezeichnete Fahrwasser beginnt. Von N und S laufen die Untiefen bis dicht ans Fahrwasser heran.
Die zweite Möglichkeit, nach Falsled zu gelangen, gibt es E-lich Helnæs und W-lich Illum, wo durch eine bezeichnete Rinne in den tieferen Teil der Helnæs Bugt S-lich Illum und Vigo eingelaufen wird (weiter N-lich bei Agernæs liegt ein guter, geschützter Ankergrund auf 3-6 m Wassertiefe). Es wird dann NE-lich auf die bezeichnete Rinne in W des Hafens zugehalten.

## Falsled (DK-IV-2)

**55° 9,2' N /10° 08,7' E · Seekarten D 16, 3002, DK 152**
Hafenmeister Tel. 62 68 11 51
Fischer-und Sportboothafen am Ende der Helnæs Bugt.

*Blickrichtung E*

⚓ Die Ansteuerung sollte nur bei Tag über die beiden oben beschriebenen Wege erfolgen. Auf der SW-Mole 1 F.G. Liegemöglichkeiten an freien Boxen auf etwa 2 m Wassertiefe im Vorhafenbereich. (Insgesamt 170 Liegeplätze)
Die Zufahrtstiefe von 2,5 m ändert sich bei NE-Sturm bis +1,1 m, bei SW-Sturm bis -1,1 m.

🏘 Hafen-Service: Wasser und Strom an den Stegen; Dusche, WC, Telefon und Trailerbahn.
Einkaufsmöglichkeiten im Ort (10 min).
Bank-und Postfiliale im Ort.
Rast: Gourmetansprüchen genügt der berühmte „Falsled Kro" in Hafennähe (an der Hauptstraße). Ein Abend am Kamin kann hier wirklich für ein unvergeßliches Erlebnis sorgen. Dabei sollte man nicht vergessen zu reservieren und die Kreditkarte einzustecken.

ℹ Übernachtungsmöglichkeiten finden wir am nächsten im „Falsled Strand Camping", zwischen Hafen und Falsled Kro.
Der Badestrand erstreckt sich gleich S-lich des Hafens.

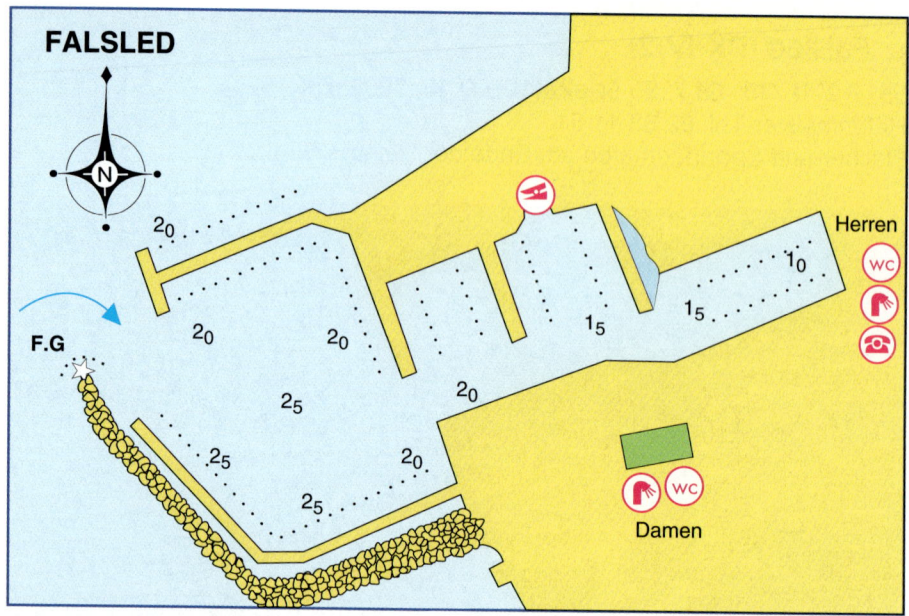

## Sehenswürdigkeiten ... ,

die zu einem Landgang Anlaß geben könnten, sind u.a.

– *„Fyns Spielzeugmuseum"*, Assensvej 279, in Millinge (von März bis August täglich von 9 – 18 Uhr geöffnet, sonst 10 – 16 Uhr, 30/15 DKr.). (Bus, 4 km)
– Wer etwas für *Herrenhöfe* übrig hat, kann eine Tagestour nach „Steensgård" und „Østryngård" unternehmen. Ersteres liegt links der Straße nach Millinge (3 km), das zweite in NE-licher Richtung (6 km), unterhalb des Trebjerg, der mit 128m höchsten Erhebung der südfünischen „Alpen". Beide Herrenhäuser erhielten im 16. Jahrh. ihr ursprüngliches Aussehen, an dem später viel verändert wurde. Vor allem Østrupgård hat die besondere Atmosphäre vergangener Größe. Hier ist ein Winkel von Fünen, wo die Zeit stillzustehen scheint.

⚓ Beim Auslaufen aus der Helnæs Bugt sollte man sich deutlich von der Insel Helnæs freihalten (steiniger Landgrund). Vor der S-Küste von Helnæs läuft man 4,5 sm W-lich auf die YBY-Tonne im Belt zu (Feuer auf der W-Spitze Helnæs' Fl. W/R/G 5s, 16/12/12 M). Von hier aus läuft man N-Kurs Richtung Agernæs (W-Küste, 4,5 sm).

## Agernæs Læmole (DK-IV-3)

**55° 9,2' N /10° 08,7' E · Seekarten D 16, 3002, DK 152**
Kleiner Schutzhafen für Fischerboote an der W-Küste von Agernæs.

⚓ Die Ansteuerung (nur bei Tag!) erfolgt aus W. In die Hafeneinfahrt wird aus N eingelaufen. Liegeplätze auf 1,5 m Wassertiefe an der W-Mole. Wasserstände bei NW-Sturm +1m, bei S-bis W-Sturm -1m.

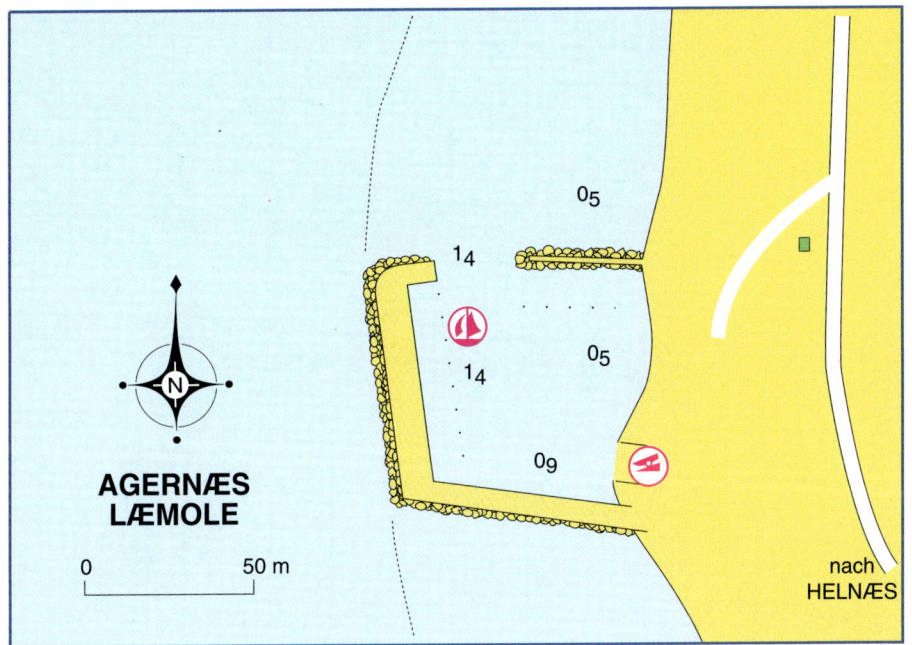

AGERNÆS
LÆMOLE

0          50 m

nach
HELNÆS

Versorgungsmöglichkeiten gibt es keine.

*Sehenswürdigkeiten /Landgang ...*

– Agernæs wie auch Helnæs waren ursprünglich Inseln, die durch einen natürlich entstandenen Strandwall miteinander und mit Fünen verbunden wurden. Am N-lichen Ende von Agernæs liegt der alte und liebevoll restaurierte Hof *Gl.Agernæs*, der dem dänischen Lehrerverband als Tagungsstätte dient. (1 km)

– Nach N hin erstreckt sich über 3 km (bis zum „Aa Strand Camping") ein flacher Badestrand, hinter dem sich das unter Naturschutz stehende Gebiet „Feddet" befindet.

– Unweit des Camping, in NW-licher Richtung, befindet sich der sehenswerte *botanisch-geografische Garten „De 7 Haver"*, Strandvej 62. Auf 2 ha finden wir Typisches aus 7 europäischen Gartenkulturen (geöffnet von Mitte April bis Ende Oktober täglich von 10 – 17 Uhr). (4 km)

– Im 1,5 km Richtung W entfernten Fischerdorf *Brunshuse* finden wir am N-Ausgang eine der ältesten Eichenalleen Fünens.

– Im SE Agernæs' befinden sich 5 *Meerwasserseen*, die ab 1.September zum Angeln auf Forelle und Aal freigegeben sind (täglich von 9-20 Uhr). (2 km)

Mit WSW-lichem Kurs läuft man von Agernæs durch die Åkrog Bugt 0,6 sm S-lich der Insel Torø wieder in den Kleinen Belt. Der Landgrund von Torø läuft 2 sm W-lich in den Belt (Torø Rev). Etwa 3 sm W-lich Torø gelangt man in das betonnte Belt-Fahrwasser (**Betonnungsrichtung ist S**), das mit 42° im weißen

*Typische fünische Landschaft*

Bereich des Tvingsbjerg-Feuers (Iso. W/R/G 2s, 12/8/8 M) befahren wird. Richtung Bågø verläßt man das Fahrwasser, wenn eine Peilung des Hafens von etwa 350° vorliegt. Weiter NE-lich zweigt das Fahrwasser nach Assens ab, das befeuert ist (2 Iso. R in Linie 175°, Feuer auf der W-Mole Fl.G 3s). Feuer auf der SW-Spitze Bagøs Oc.(2)W/R/G 5s, 11/7/7 M.

## Bågø (DK-IV-5)

**55° 17,9 N /09° 48,4' E · Seekarten D 16, 3002, DK 151**
Hafenmeister Tel. 64 71 28 86
Kleiner Sportboothafen an der S-Küste der gleichnamigen Insel. Fährverkehr nach Assens mehrmals täglich (30 min).

*Blickrichtung W*

✳ Die Ansteuerung ist, siehe oben, nur bei Tag möglich. Liegeplätze an der Innenseite der Mole und in freien Boxen.
Wasserstände bei N- bis E-Sturm +1,2 m, bei W- bis N-Sturm -1,6 m.

⛺ Hafen-Service: Dusche, WC und Wasser; Telefon, Müllentsorgung und Trailerbahn. Einkaufsmöglichkeit im Kiosk am Yachthafen sowie im Ort Bågø By (2 km).

ℹ Die 600 ha große, seit dem 18. Jahrh. waldlose Insel besitzt 68 Einwohner. Die kleine Kirche wurde 1861 errichtet. Im Frühjahr und Winter rastet hier eine große Anzahl von Zugvögeln. Bagø hat einen schönen Badestrand und Ausblick

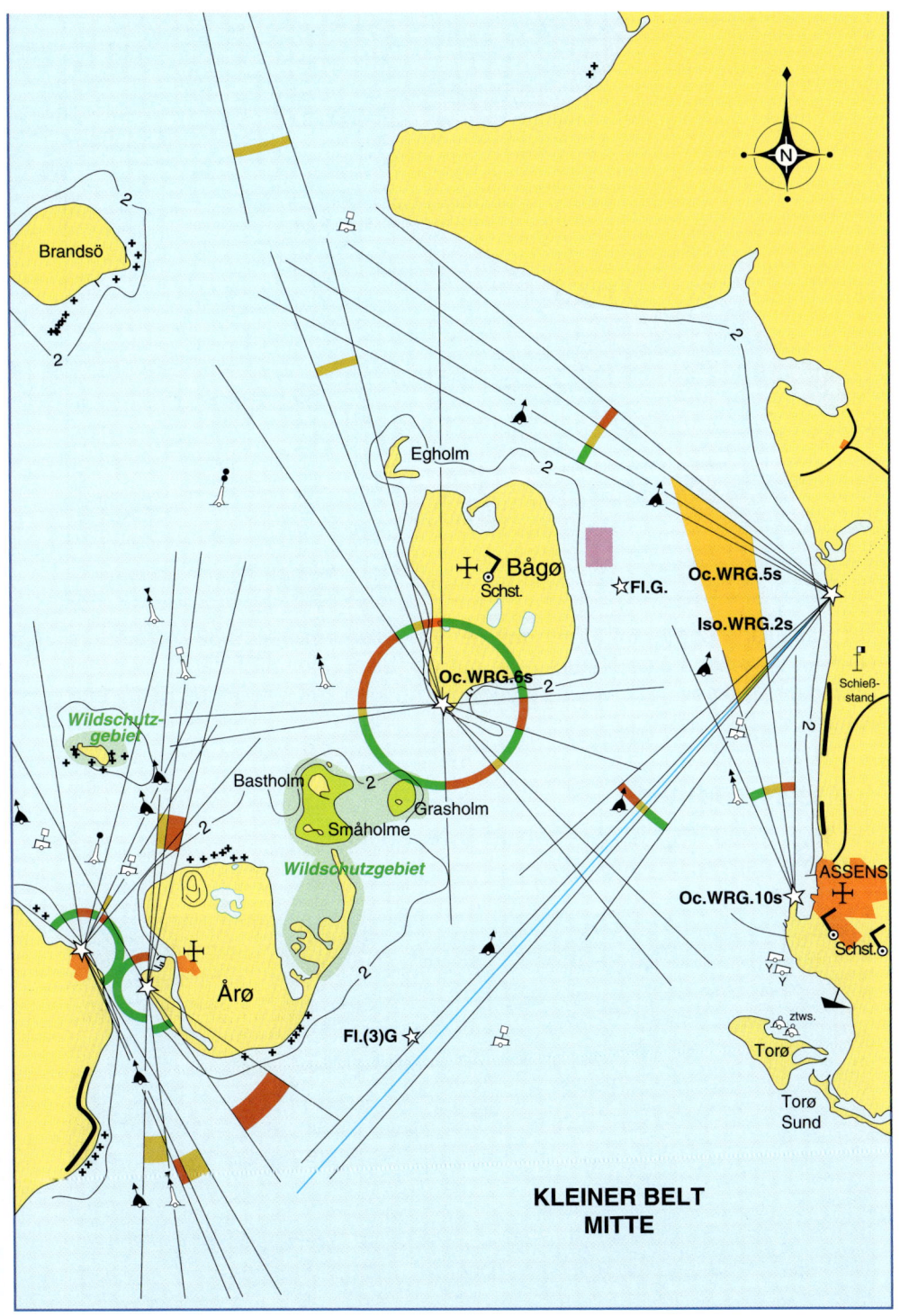

Brandsö

Egholm

Bågø
Schst.

☆Fl.G.

Oc.WRG.5s

Iso.WRG.2s

Oc.WRG.6s 2

Schieß-
stand

Wildschutz-
gebiet

Bastholm 2

Grasholm

Småholme

Wildschutzgebiet

Oc.WRG.10s ☆

ASSENS

Schst.

Årø

Fl.(3)G ☆

ztws.

Torø

Torø
Sund

**KLEINER BELT**
**MITTE**

173

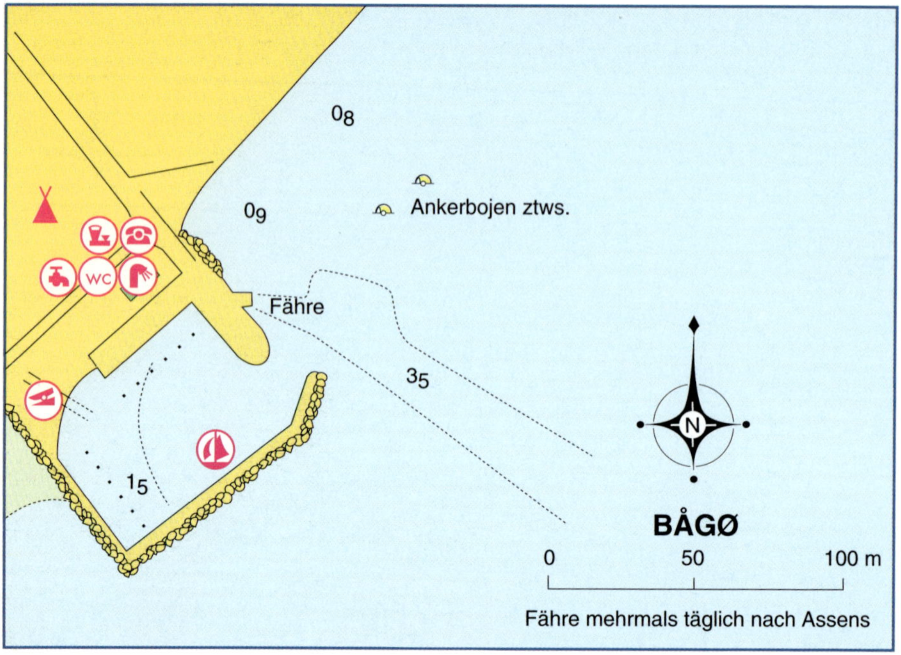

$0_8$

$0_9$ Ankerbojen ztws.

Fähre

$3_5$

N

$1_5$

**BÅGØ**

0 50 100 m

Fähre mehrmals täglich nach Assens

auf Südjütland sowie auf Fünen mit der Wedellsborg. Seit 1989 betreibt die Gemeinde Assens eine Naturschule auf der Insel. Monatlich organisiert der Fremdenverkehrsverein Assens Inselwanderungen zu Geschichte, Kultur und Natur.

## Assens (DK-IV-4)

**55° 16,1' N /09° 53,2' E · Seekarten D 16, DK 151**
Hafenmeister Tel. 64 71 31 65

An der W-Küste Fyns gelegener Handels-und Fährhafen mit großem Yachthafen im S-lichen Bereich. Fährverbindung mit der Insel Bågø mehrmals täglich (30 min).

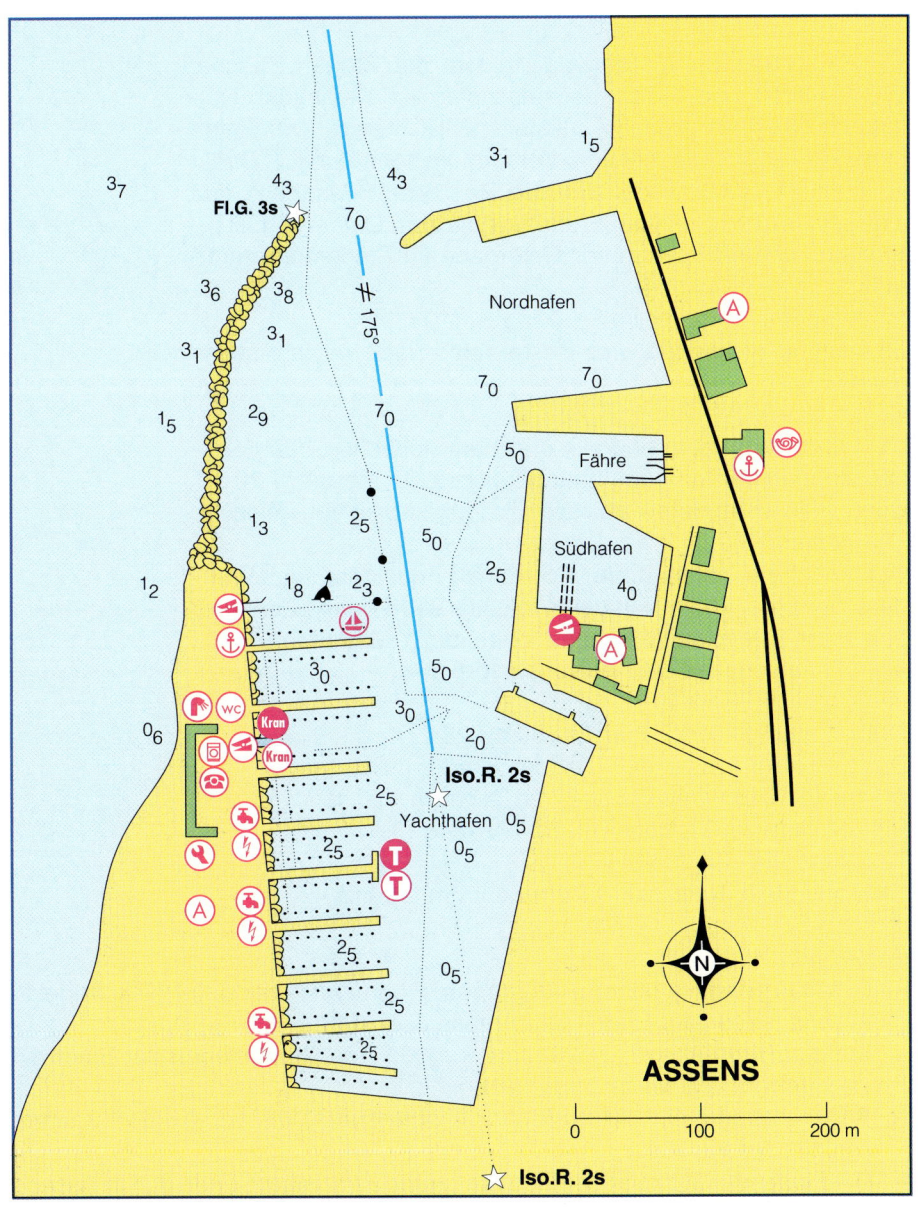

**ASSENS**

Die Ansteuerung des Hafens erfolgt, aus dem Beltfahrwasser kommend, in S-licher Richtung (Feuer in Linie 175° Iso. R). Orientierungsmöglichkeit bei Tag bieten 2 Silos direkt am Hafen. Das bezeichnete Asnæs Rev sollte nicht als

Abkürzung durchfahren werden. Gastliegeplätze am N-Steg des Yachthafens (mit insgesamt 600 Liegeplätzen). Im Handelshafen sind Sportboote nicht erwünscht.
Wasserstände bei NW-Sturm +1,4 m, bei S- bis W-Sturm -1 m.

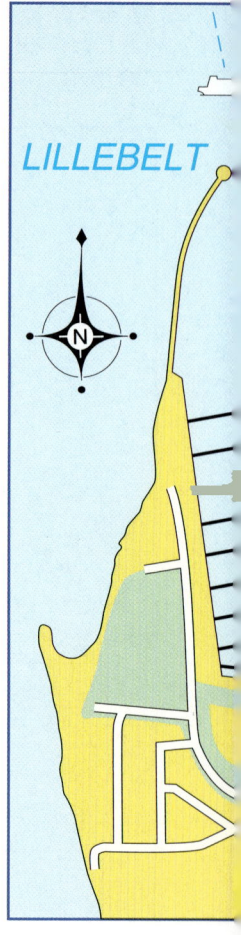

 Hafen-Service: Wasser und Strom an den Stegen; Dusche, WC, Telefon und Münzwaschmaschine im Klubhaus; Trailerbahn, Mastenkran und Tankstelle (B,D, Steg 5). Der Hafen bietet eine komplette maritime Versorgung samt Service. Direkt im Hafenbereich befindet sich das Restaurant „Maagen", das alle Speisewünsche, vom Frühstück bis zum Dinner, erfüllt.
Banken: sind sämtlich in der Østergade im Stadtzentrum (15 min).
Post: Finden wir davor im Sdr.Ringvej (10 min).
Einkaufsmöglichkeiten und Restaurants: Gibt es in Assens reichlich.

Informationsbüro finden wir in dem hübschen Fachwerkhäuschen Ecke Damgade/Ladegårdsgade 1, Tel. 64 71 20 31, wenn man vom Hafen aus die Strandgade nimmt. (einschl. Fahrradverleih)
Übernachtung bieten, außer Hotels und Pensionen, das Wandererheim (ca. 70 DKr) in der Adelgade 26 (S-liches Zentrum) sowie der „Camping Willemoes" direkt am Yachthafen.
Arzt: Bereitschaftsdienst zwischen 16-8 Uhr
unter Tel. 65 90 60 40
Falck-Rettungsdienst über Tel. 64 46 22 22
Das Krankenhaus ist im E-Teil der Stadt am Odensevej.
Apotheke: In der Østergade 27 im Zentrum
Polizei: Toftevej 33, über Tel. 64 71 14 48
Taxi: Über Tel. 64 71 45 40
Fahrradverleih: Korsgade 15 (im Zentrum, 20 min)

## Kultur /Sport ...

- Das *Hafenfest*, verbunden mit großem Flohmarkt in der Østergade, findet in Assens jedes Jahr Ende Mai / Anfang Juni statt.
- Der *Sct.Hans-Abend* am 23. Juni wird auf den Grünanlagen der Stadt mit Lagerfeuern und Musik begangen.
- Sehenswert ist ein *„Altmodischer Krämermarkt"* wie vor hundert Jahren, zumeist Anfang Juli.
- Die Flotte der *Oldtimer* der Regatta *„Rund Fyn"* macht Ende Juli in Assens fest.
- *„Sommer-Rock"*-Zeit ist in der Stadt im August, im Park S-lich des Stadtzentrums.
- Der Künstlerverband veranstaltet jedes Jahr während der Saison seine

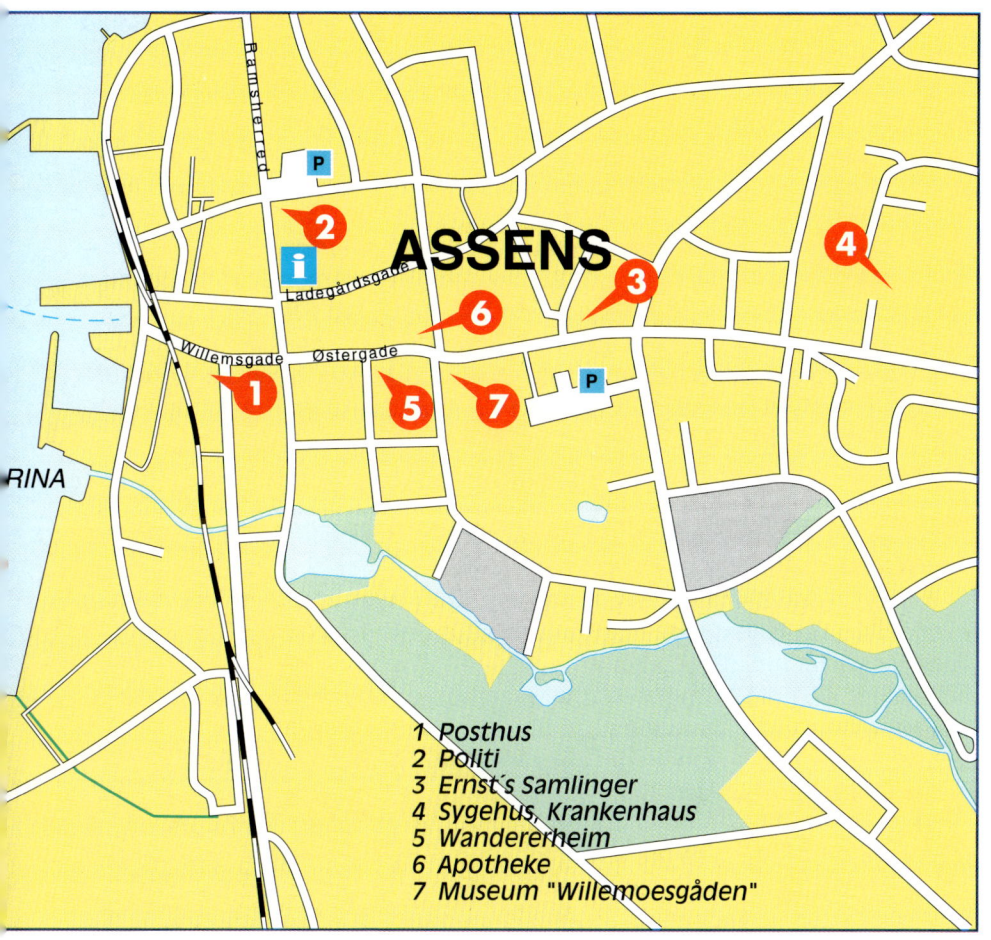

1 Posthus
2 Politi
3 Ernst's Samlinger
4 Sygehus, Krankenhaus
5 Wandererheim
6 Apotheke
7 Museum "Willemoesgåden"

Sommer-Ausstellung *„Westfyns Fenster"* in Plums Gård, Østergade 38 (täglich 10 – 16 Uhr geöffnet).

– In den Sommermonaten finden in der Frauenkirche Konzerte statt (siehe Informationsbüro).

## *Sehenswürdigkeiten ...*

Assens wurde erstmals 1231 erwähnt und besaß über Jahrhunderte eine besondere Bedeutung als Übersetzstelle nach Südjütland, bevor Strib N-lich Middelfart diese Rolle übernahm. Bekannt wurde die Stadt auch durch den hier geborenen legendären Seehelden Peter Willemoes, der im Jahre 1808 in der Schlacht bei Sjællands Odde im Alter von 25 Jahren fiel. Sein Denkmal steht im Hafen, unweit des „Kochhauses". In der Nähe des Hafens sowie in der Østergade und Ladegårdsgade finden wir noch eine Reihe gut erhaltener historischer Gebäude.

– *„Willemoesgården"* (1675), Østergade 36, ist wohl das schönste erhaltene

Fachwerkhaus. Am 11.Mai 1783 wurde Peter Willemoes hier geboren. Heute befindet sich hier das Kulturhistorische Museum mit dem Schwerpunkt Seefahrtsgeschichte (Anfang Juni bis Ende August täglich von 10.30 – 12 und 14 – 17 Uhr geöffnet, außer montags, 10/5 DKr.).

– Die *Frauenkirche* (1488) am Markt hebt sich mit ihrem charakteristischen achtkantigen Turm vor allem durch ihre Größe hervor. Auf Fünen ist nur der Dom in Odense gewaltiger.

– *„Mands Sammlung"* in der Damgade 26, gegenüber der Kirche, ist eine unikate Inventar-Sammlung des Schmiedemeisters Anton Jensen (geöffnet vom 20. Juni bis 1. August täglich von 14 – 18 Uhr, 20/10 DKr.).

– „Ernst's Samlinger" in einem schönen Haus in der Østergade 57 ist eine nicht weniger ausgefallene Sammlung von *Kunst und Antiquitäten* des Fabrikanten Ernst (geöffnet vom 15. Juni bis 15.August zu einem Rundgang um 14 Uhr, 25/12 DKr.).

## Landgang ...

– Das erste in Assens ist gewiß ein beschaulicher Rundgang durch die Stadt, wofür das Infomationsbüro die Broschüre „Auf eigene Faust in Assens" bereithält.

– Ausflug in das S-lich Assens gelegene *„Torø Huse"*, zu einem Spaziergang durch die Gassen dieses Fischerdorfes aus dem 18. Jahrh. (Bus, 3 km)

– Etwas weiter in S (Bus, 3 km) befindet sich die 30 m hohe *Steilküste* von „Sønderby Klint", von wo sich eine herrliche Aussicht über den Kleinen Belt bietet.

*Peter Willemoes (1783-1808)-Denkmal im Hafen von Assens*

– *„De 7 Haver"*, eine 2 ha große Anlage mit 7 europäischen Gartenkulturen, finden wir 3 km weiter E-lich, die von Mitte April bis Ende Oktober täglich von 10 – 17 Uhr geöffnet ist (35/20 DKr.). (7 km über Ebberup)

– Fahrt nach *„Brahesborg"* NW-lich der Stadt, zum größten Herrenhof Fünens (17. Jh.), dessen Besitzer man den „kleinen König von Fünen" nannte. Zwar ist er von innen nicht zu besichtigen, doch kann man einen Spaziergang durch den großen waldähnlichen Park machen. (8 km)

⚓ Nach N verläuft das betonnte Fahrwasser zwischen Bagø und Fünen. Bei Abkürzungen muß das Fischzuchtgebiet vor der E-Küste Bagøs beachtet werden. Weiter N-lich, auf der Höhe Brandsø (in W) und Wedellsborg Hoved (in E) hält man dann Kurs auf das Fænø-Feuer (L Fl. W/R/G 5s 11/8/8 M), wobei die bezeichnete Untiefe (54° 25,8' N /09° 43,3' E) E-lich passiert werden muß.

Vor Fænø verläuft das Fahrwasser dann in NW-licher Richtung (Feuer Skærbæk Oc.(2)W/R/G 12s 14/14/8 M), während das landschaftlich schönere Gebiet (Fænø-Sund) von hier aus mit NE-lichem Kurs erreicht wird. Die Untiefe ESE-lich Fænøs ist bezeichnet, während das etwas SE-lich gelegene Fønsskov-Rev eingangs des Gamborg Fjord (**Achtung: 0,3 m!**) nicht bezeichnet ist.

In den Gamborg Fjord läuft man mit SE-lichem Kurs. Nach etwa 2,5 sm liegt NE-lich die Ellebæk Vig mit Ankermöglichkeiten. An deren E-Ende können flach-gehende Boote über eine bezeichnete Rinne den Sportboothafen Svinø erreichen.

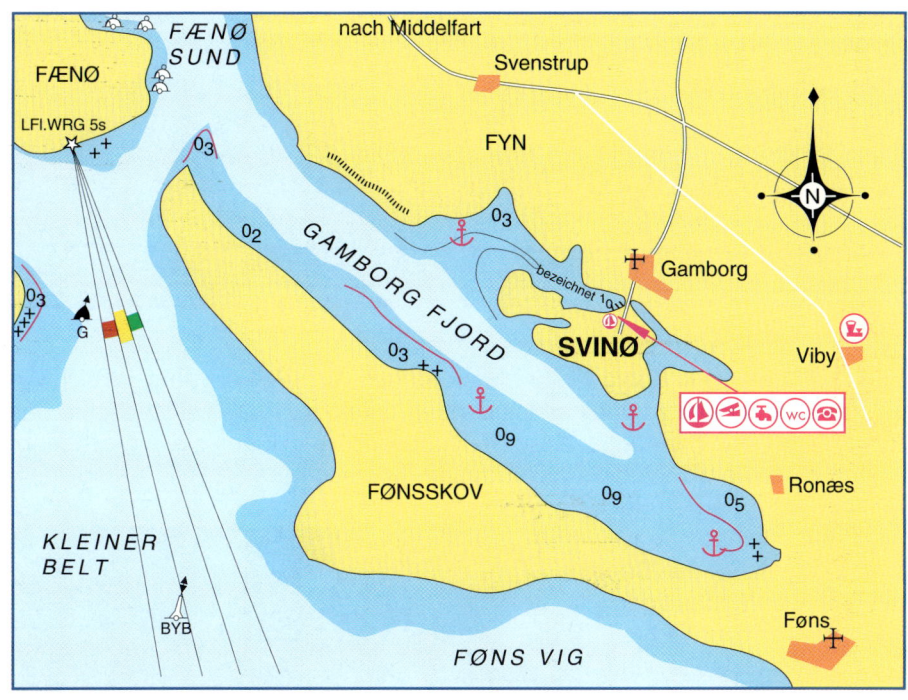

## Svinø (DK-IV-6)

**55° 27,6' N /09° 47,9' E · Seekarten D 16, DK 151**

Kleiner Sportboothafen am Ende der Ellebæk Vig für flachgehende Sportboote.

⚓ Die Rinne zum Hafen ist bezeichnet. Die Wassertiefe im Hafen beträgt etwa 1,2 m. Liegeplätze an den Stegen (105 Liegeplätze). Bei NW-Winden liegt man ungeschützt.

⌂ Hafen-Service: Wasser, WC, Telefon und Ablaufbahn. Einkaufsmöglichkeit in Gamborg (1 km). (siehe auch „Middelfart")

ℹ (Informationsbüro und wichtige Telefonnummern siehe Middelfart). Fahrradverleih im Hafen.

*Blickrichtung E*

## Sehenswürdigkeiten /Landgang ...

Svinø wird bereits in König Waldemars Erdbuch von 1231 erwähnt. Im sich wie ein riesiges Fangnetz tief einschneidenden *Gamborg Fjord* war seit jeher das Zentrum des Tümmlerfangs, einer Delfinart (landläufig Meerschwein genannt). Noch im 19. Jahrh. ging es zur Fangzeit hier recht barbarisch zu. Mit dem Aufkommen des Petroleums als Beleuchtungsquelle schwand die Bedeutung der Jagd auf den „Marsvin".

– An der Ostseite der *Kirche in Gamborg* erinnert heute noch ein „Bildstein" an diese Zeiten. Vor der Kirche

*Gedenkstein für den berühmtesten dänischen Porträtmaler des 18. Jh. in dessen Geburtsort Gamborg*

aber finden wir einen Gedenkstein für *Jens Juel*, einen hervorragenden Porträtmaler des 18. Jahrh., dessen Eltern hier begraben sind. (1 km)

✵ Der Fænø-Sund wird in W von der bewaldeten Insel Fænø und in E vom im N-Bereich ebenfalls bewaldeten Fünen begrenzt. In ESE an der Teglgårds Bugt vor Fünen liegt der Yachthafen Middelfart. An der E-lichen Küste Fænøs gibt es Ankermöglichkeiten (aber Vorsicht, denn der Landgrund Fænøs fällt zum Sund hin steil ab (siehe auch: Ankerplätze).

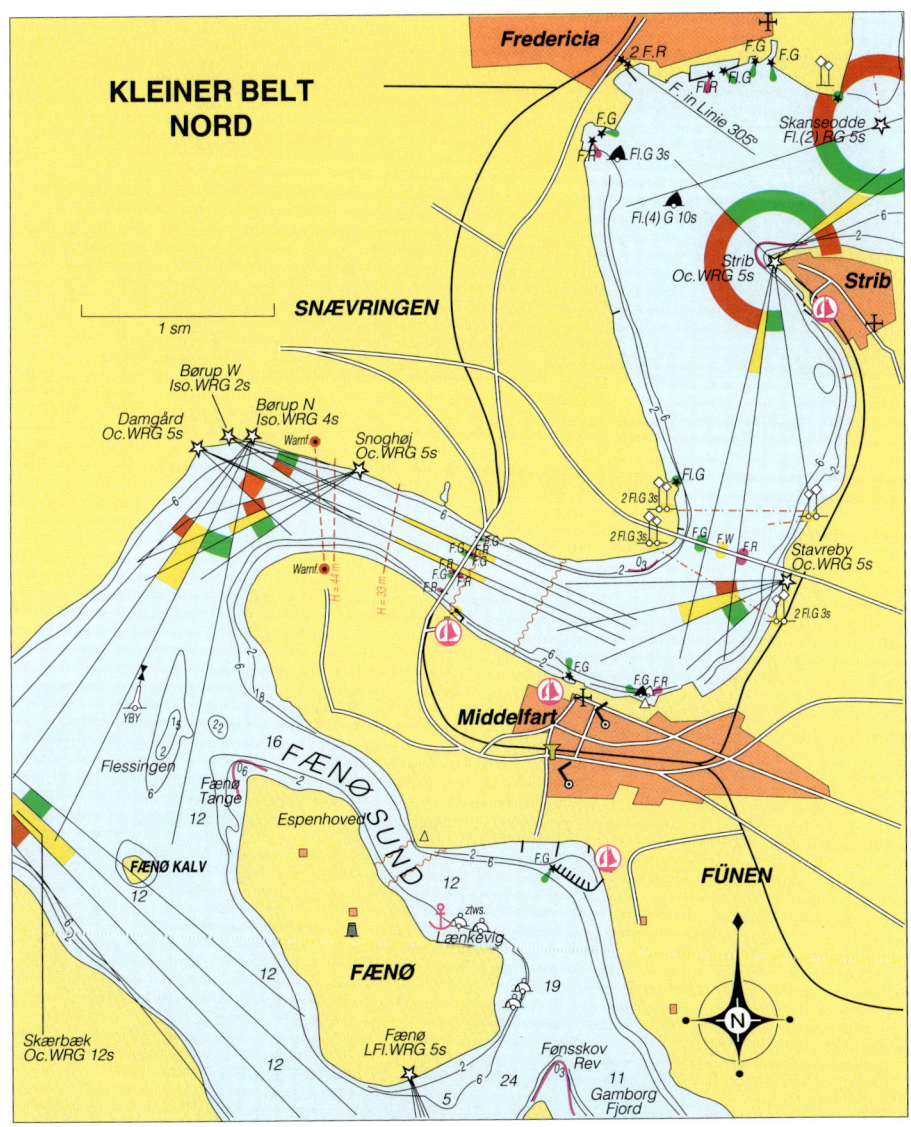

*Hindsgavl, Blickrichtung S*

## Middelfart Yachthafen (DK-IV-7)

**55° 29,5' N /09° 43,5' E · Seekarten D 16, 21, DK 151, 158**
Hafenmeister Tel. 64 41 29 65
Am Fænø-Sund S-lich Middelfart gelegener großer Yachthafen.

*Blickrichtung N*

⚓ Der Hafen kann bei Tag problemlos aus dem Fænø-Sund angesteuert werden (**Achtung:** Bundgarne in N vor der Hafeneinfahrt beachten!). Nachts dient zur Orientierung ein F.G auf dem S-Molenkopf.

**Achtung:** Vor dem Hafen kann starke Strömung laufen! Und: Die Dänen veranstalten an Wochentagen mitunter spätnachmittags auf Fænø-Sund und Kleinem Belt Regatten, bei denen die Boote bereits unter Vollzeug aus dem Hafen segeln und kaum Rücksicht auf einlaufende Boote nehmen!

Gastliegeplätze finden wir an den Querstegen der Brücken 1 bis 4 auf etwa 3 m Wassertiefe (insgesamt 440 Liegeplätze). (Wasserstände siehe Middelfart)

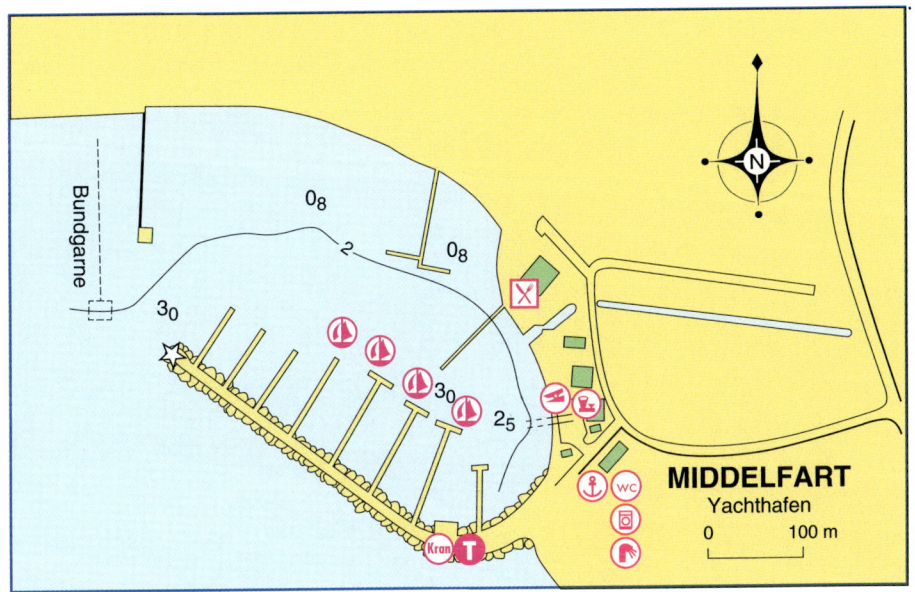

🏠 Hafen-Service: Wasser und Strom finden wir an den Stegen; Dusche, WC, Telefon und Münzwaschmaschine am Klubhaus; Slip, Mastenkran und Tankstelle (D) auf der Mole; Kaufmann, Segelmacher, Klubrestaurant. Alles andere in Middelfart (Bus, 2 km). (siehe Middelfart)

ℹ️ Informationsbüro über Tel. 64 41 17 88.
In der Nähe des Yachthafens befindet sich ein Golfplatz in Lundebjerggård, Østre Hougvej 130, 1,5 km südöstlich. (Alles weitere siehe Middelfart)

⚓ N-lich Fænø gelangt man wieder in das befeuerte Fahrwasser des Kleinen Belt (**Achtung:** Die NW-lich Fænøs liegende bezeichnete Untiefe beachten!). Feuer zur Ortsbestimmung sind hier Skærbæk (Oc.(2) W/R/G 12s, 14/14/8 M), Damgård (Oc. W/R/G 5s, 14/9/9 M), Børup W (Iso. W/R/G 2s, 14/9/9 M), Børup N (Iso. W/R/G 4s, 14/9/9 M), Snoghøj (Oc. W/R/G 5s, 14/9/9 M).
Der schmaler werdende Kleine Belt macht hier einen Bogen in E-liche Richtung, wo nach etwa 1,9 sm die auf 4 Pfeilern im Sund stehende alte Eisenbahnbrücke

passiert werden muß. Die lichte Höhe der Brücke beträgt 33m, die Durchfahrtsbreite zwischen den Hauptpfeilern 210 m und zwischen den jeweils zum Ufer liegenden Pfeilern 155 m. **Unbedingt muß hier mit starker quersetzender Strömung gerechnet werden**, bei Südströmung NW-wärts und bei Nordströmung SE-wärts (genaue Beschreibung und Befahrensvorschriften siehe Hafenhandbuch Ostsee 1B). Unmittelbar nach Passieren der Hochbrücke liegt der Kongebro Yachthafen am Ufer Fyns.

## Kongebro Yachthafen (DK-IV-9)

**55° 30,8' N /09° 42,7' E · Seekarten D 16, 21, DK 114, 151, 158**
Kleiner Yachthafen mit 2,5 m Wassertiefe etwas E-lich der Eisenbahnbrücke.

✳ Die Ansteuerung erfolgt direkt aus dem Fahrwasser des Kleinen Belt, die Hafeneinfahrt wird etwas aus S angelaufen (**Achtung:** Auf Stromversatz achten!). Gastliegeplätze sind im inneren Hafenbereich (44 Liegeplätze). An der Außenseite der Mole darf nicht festgemacht werden.
Wasserstände bei NE-Sturm +1,2 m, bei SW-Sturm -1m.

🏠 Hafen-Service: Wasser und Strom an den Stegen; Duschen, WC, Müllentsorgung und Telefon; Kiosk. Niveauvolles Restaurant mit umfangreichem Service direkt am Yachthafen. Alles andere in Middelfart (2 km). (siehe Middelfart)

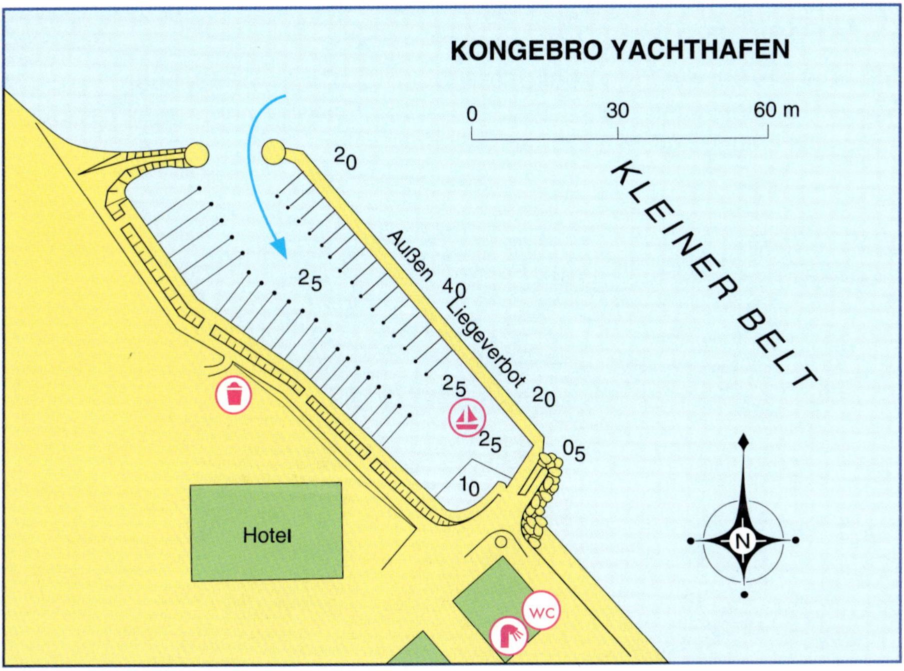

## KONGEBRO YACHTHAFEN

0     30     60 m

$2_0$

Außen 40 Liegeverbot 20

25

$2_5$

25

$0_5$

10

KLEINER BELT

Hotel

WC

N

ℹ Informationsbüro über Tel. 64 41 17 88. (alles weitere siehe Middelfart)
Kongrebro ist eine der ältesten Übersetzstellen nach Jütland.
Im nahen Kongebrowald finden wir einen kleinen Tierpark, der kostenlos zu
betreten ist und in dem auch gegrillt werden darf.

*Blickrichtung E*

## Middelfart (DK-IV-10)

**55° 30,8' N /09° 42,7' E · Seekarten D 16, 21, DK 114, 151, 158**

Kleiner Handelshafen etwa 1,3 sm E-lich der Eisenbahnbrücke an der Küste
Fyns. Die Liegemöglichkeiten sind begrenzt.

*Blickrichtung ESE*

⚓ Der Hafen kann bei Tag und Nacht direkt aus dem Fahrwasser angelaufen
werden (Feuer auf dem Molenkopf F.G). **Achtung:** Mit Stromversatz muß auch

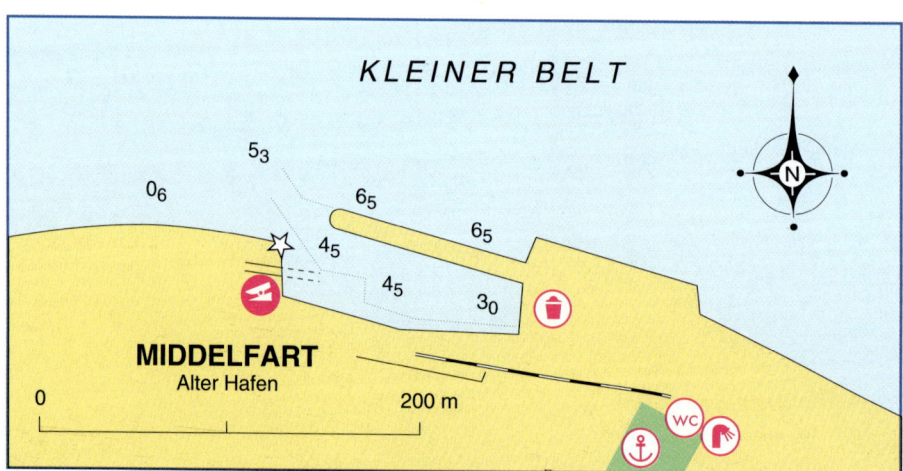

in diesem Bereich gerechnet werden! Liegemöglichkeiten im Alten Hafen oder an der Außenmole.
Wasserstände bei NE- bis E-Sturm +1,5 m, bei SW- bis W-Sturm -1,2 m.

⌂ Hafen-Service: Wasser, WC, Duschen; Werft, Slip, Kran.
Bank: Alle in der Fußgängerzone Adelgade. Post: Stationsvej 36.
Einkaufsmöglichkeiten aller Art gleich überm Hafen (10 min). Seekarten erhält man in der Buchhandlung am Anfang der Einkaufsstraße.
Gaststätten bietet Middelfart mehrere: „Kobber Gryden", unweit des Hafens, und „Holms" (1584) Algade/Ecke Nygade sind dabei die originellsten.

ℹ Informationsbüro: In der Havnegade 10 sowie Tel. 64 41 17 88.
Arzt: Lægegården, Stationsvej 32, über Tel. 64 41 06 46.
Falck-Rettungsdienst über Tel. 66 14 12 22.
Apotheke: Algade 36.
Polizei: Brovejen 242, Tel. 64 41 14 48.
Taxi: Über Tel. 75 50 68 16.
Fahrradverleih: Havnegade 10 (Informationsbüro), täglich 50 DKr., wöchentlich 300 DKr. einschl. Wanderkarte.

*Tümmlerbrunnen in Middelfart*

## Kultur /Sport ...

– Das „*Lillebælt Jazz-Festival*" am Hafen gehört jedes Jahr Ende Juli/Anfang August zu den großen Musik-Veranstaltungen am Belt.

*Henner Friisers Haus aus dem 16.Jahrh., das besterhaltene Renaissance-Fachwerkhaus in Middelfart, in dem sich heute das Museum befindet.*

- Im Juli ist Middelfart Treffpunkt der *Oldtimer Regatta* „Rund Fünen".
(Genauere Informationen über das Informationsbüro)

## Sehenswürdigkeiten ...

1231 erste Erwähnung als „Mæthlæfar" (mittleres Fahrwasser, zwischen Strib und Fønsøre). Bedeutender war zu dieser Zeit mit Sicherheit Schloß „Hindsgavl", W-lich der Stadt direkt am Belt. Bereits 1295 weiß man von Waffenstillstandsverhandlungen mit dem norwegischen König Magnusson auf der Burg zu berichten. Die Sturmflut von 1694 zerstörte den Bau, von dem heute lediglich der runde Burghügel geblieben ist.

- Die Landmarke „Nicolaikirche" (13. Jahrh.) steht gleich überm Hafen, mitten im alten Stadtkern. Neben mehreren Votivschiffen finden wir überm Westeingang auch Walkieferknochen (1603).
- Der „Tümmlerbrunnen" (von 1957) schräg gegenüber ist eine späte Reminiszenz an die großen Fischereitraditionen bei der *Tümmlerjagd* am Kleinen Belt.
- „Henner Friisers Haus", Brogade 8, dieses „stämmige" Renaissance-Fachwerkhäuschen vom Ende des 16. Jahrh. beherbergt das *Museum* (geöffnet von Juni bis August täglich von 11 – 17 Uhr, Mai/Sept. ab 14 Uhr, 15 DKr.).

*Das schön geschnitzte Tor zum Borgmestergården*

- Im „Middelfart Museum", Algade 4, finden wir eine *Ausstellung zum Bau der Belt-Brücke* von 1928-35 (geöffnet wie oben).

## Landgang ...

- Ein erster Stadtbummel sollte die Brogade hinauf führen und dann die Adelgade entlang bis zu *„Holms"*, wo wir uns „wie zu alten Zeiten" fühlen. (1 km)
- Ausflug nach *„Hindsgavl"*, wo wir neben dem alten Burgberg am Belt und einem Park, auch Rast machen können in dem jetzigen Hauptgebäude von 1784. Hier ist jetzt auch ein Schulungs- und Ausstellungszentrum. (3 km)

*Die wohl schönste Rose Dänemarks: Stockrosenidylle*

– In Starvby am Starvbyvej 15 (Tel. 64 41 14 48) kann man, nach Reservierung, in der Zeit vom Juni bis September einen *„Urlaub mit Pferd und Planwagen"* verbringen (ab 3 Tage für 4 Personen 1500 DKr.).

*... Durchblick auf die „Kleine Belt-Brücke" (1970)*

❊ E-lich Middelfart macht der Kleine Belt einen weiten Bogen nach N, wo die Autobahnbrücke aus dem Jahre 1970 (eine Hängebrückenkonstruktion mit 44 m lichter Höhe) im weißen Sektor des Stribfeuers (Oc. W/R/G 5s 15/12/12 M) passiert wird. An der W-Küste Fyns steht das Stavrby-Feuer (O. W/R/G 5s, 12/8/8 M) auf Höhe der Brücke. Etwa 0,3 sm S-lich des Strib-Feuers liegt in E der Yachthafen von Strib.

## Strib (DK-IV-11)

**55° 32,4' N /09° 45,7' E · Seekarten D 16, 21 DK 114, 151, 158**
Etwas E-lich der NW-Spitze Fyns gelegener Handels-(W-lich) und Yachthafen (E-lich).
Die Geschichte des Ortes geht bis ins 16. Jahrh. zurück. Mit der Gründung Fredericias auf der anderen Seite des Kleinen Belts durch König Frederik III. im 17. Jahrh. wurde Strib zu einem wichtigen Fährhafen, dessen Rolle dann die beiden Belt-Brücken (1935 bzw. 1970) übernahmen. Heute ist Strib durch seine Lage unter Künstlern sehr beliebt. Das „Strib Festival" ist jährlich Ende Juli eines der großen Volksfeste auf Fünen mit Musik von Klassik bis Jazz, Tanz und Rummel.

⚓ Bei der Ansteuerung des Hafens muß mit N-setzendem Strom gerechnet werden. Die Einfahrt zum Yachthafen ist sehr eng. Gastliegeplätze finden wir vor dem Vereinshaus oder an freien Boxen (rot/grüne Beschilderung).

Blick von Middelfart nach Strib

Der sich W-lich anschließende Industriehafen liegt in einem nicht zugänglichen Gebiet und kann von Sportbooten nicht genutzt werden.
Wasserstände bei N- bis E-Sturm +1 m, bei SW- bis W-Sturm -0,8 m.

🏠 Wasser und Strom sind an den Stegen; Duschen, WC und Telefon am Vereinshaus; Trailerbahn, Mastenkran im Hafenbereich. Einkaufsmöglichkeiten im Ort. (Alles andere siehe Middelfart, 5 km)
(Info siehe Middelfart)

*Sehenswürdigkeiten/Landgang ...*
– Auf der Landzunge von Strib Odde steht der 21 m hohe *Leuchtturm* aus dem Jahre 1921. Von hier blickt man direkt auf Fredericia. (1 km)
– Von Strib Odde bis zur *Steilküste* „Røjle Klint" (Røjle Klint Camping) zieht sich über mehr als 4 km Badestrand. Die unter Naturschutz stehenden Røjle Klint sind öffentlich vom Hof Kristiansminde aus zugänglich. (4 km)
– 1,5 km SE-lich Røjle Klint befindet sich mit dem Katrinebjerg (71 m) die höchste Erhebung der Røjle Halbinsel . (5 km)
– Der *Stavrby Skov*, überwiegend Nadelwaldgebiet, verbindet Strib und Middelfart und bietet sich für einen Waldspaziergang an. (2 km)

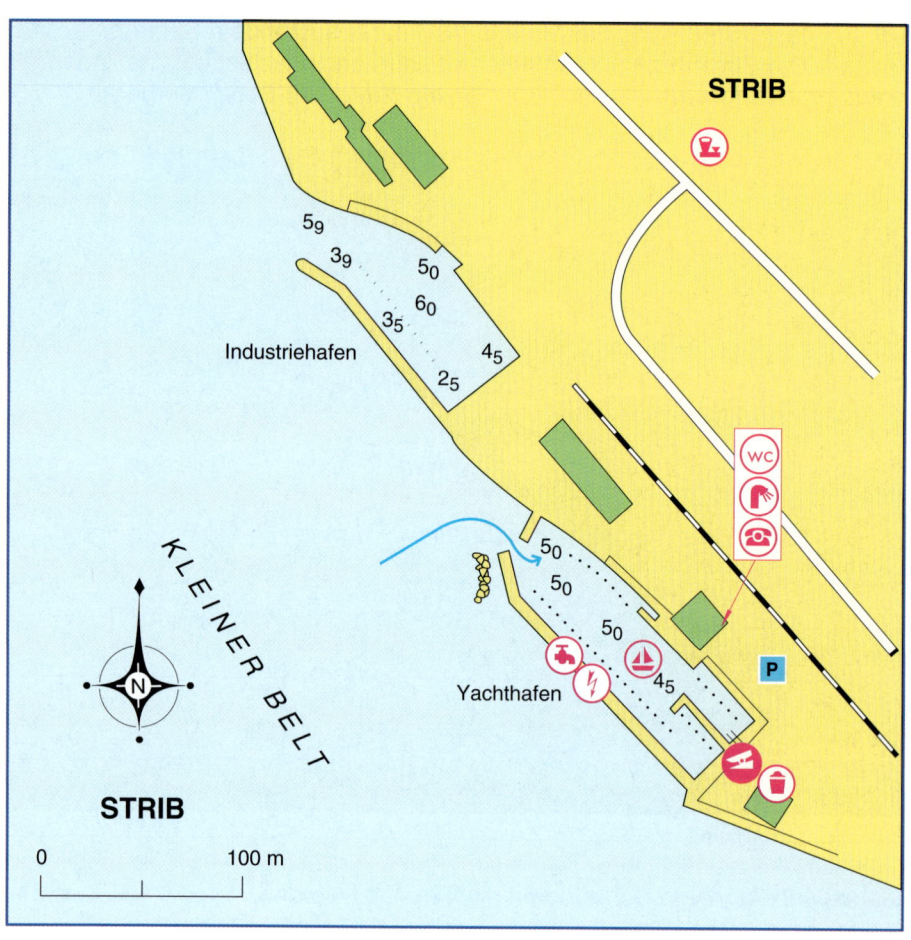

STRIB

5₉
3₉
Industriehafen
5₀
6₀
3₅
4₅
2₅

KLEINER BELT

N

STRIB

0          100 m

5₀
5₀
5₀
4₅
Yachthafen

P

⊛ Der NW-Spitze Fünens ist ein etwa 0,4 sm nach W in den Belt laufendes und nicht bezeichnetes Flach vorgelagert, das mit N-Kurs an Stb. gelassen werden muß. Nach Umrundung des Flachs läuft man mit NE-lichem Kurs (die Industriestadt Fredericia an Bb. lassend) ins offene Wasser N-lich Fünens. Das Beltfahrwasser ist bis 55° 34,8' N betonnt (gelbe Tonne, Fl.G 3s). In E und S der Tonne befinden sich zwei nicht bezeichnete Großschiffsreeden. Feuer als Orientierungshilfen in diesem Bereich sind das Stribfeuer (Oc. W/R/G 5s, 15/12/ 12 M), Skanseodde (Fl.(2)R/G 5s, 5M) und Trelde Næs (Iso. W/R/G 2s, 8/6/6 M). Fünens Küstenlinie geht nach Verlassen der Beltenge in eine weite Bucht (Båring Vig) über, die, zunächst nach SE verlaufend, in ENE-Richtung verändernd, etwa bei Bogense endet. Etwa 1 sm NE-lich Bogense sind die Mågeøerne mit einem Wildschutzgebiet vorgelagert. Der einzige Hafen an der N-Küste Fyns auf dem Wege nach Endelave oder Samsø ist Bogense, dessen Ansteuerung man (auf Höhe 55° 35' N), E-Kurs steuernd, erreicht.

## Bogense (DK-IV-12)

**55° 32,2' N /10° 04,7' E · Seekarten D 16, 18, DK 114, 151**
Hafenmeister Tel. 64 81 21 15
Fischereihafen mit großem Yachthafen im SW-Bereich.

*Blickrichtung SE*

⚓ Die Ansteuerung des Hafens aus N ist bei Tag und Nacht möglich. Feuer in Linie 164,5°, dann im weißen Sektor des Molenfeuers (Oc. W/R/G 5s, 4 M). Die zum Hafen führende Rinne ist betonnt. Das aus W zum Hafen führende Fahrwasser (R/W-Tonne mit Balltopzeichen ztws.) N-lich des Vogsandes (0,6 m) sollte nur bei Tag befahren werden. Gastliegeplätze an den grün bezeichneten Boxen des Yachthafens (insgesamt 650 Liegeplätze).
Wasserstände bei NNE-Sturm +1,6 m, bei SSW-Sturm -1,6 m.

🏘 Hafen-Service: Wasser und Strom finden wir an allen Stegen; Dusche, WC und Telefon im Sozialgebäude; Trailerbahn, Bootshebeanlage und Tankstelle (B,D); komplette maritime Versorgung und Service.
Bankfilialen sind in der Adelgade, die Post in der Vestergade.
Einkaufsmöglichkeiten jeder Art finden wir in Bogense zumeist in der Adelgade, darunter in der Nr.40 ein vielbesuchtes „Holzkunst-Geschäft" (10 min).
Auch mehr als ein Dutzend Restaurants und Cafés finden wir in Bogense.

ℹ Informationsbüro in der Adelgade 40 erreichen wir unter Tel. 64 81 20 44.
Arzt: Bereitschaftsarzt zwischen 16-8 Uhr über Tel. 65 90 60 40.

Falck-Rettungsdienst über Tel. 64 81 22 22.
Apotheke: Adelgade 32.
Polizei: Im Rathaus über Tel. 64 81 14 48.
Taxi: Über Tel. 64 81 24 86.
Fahrradverleih: In der Adelgade 73.

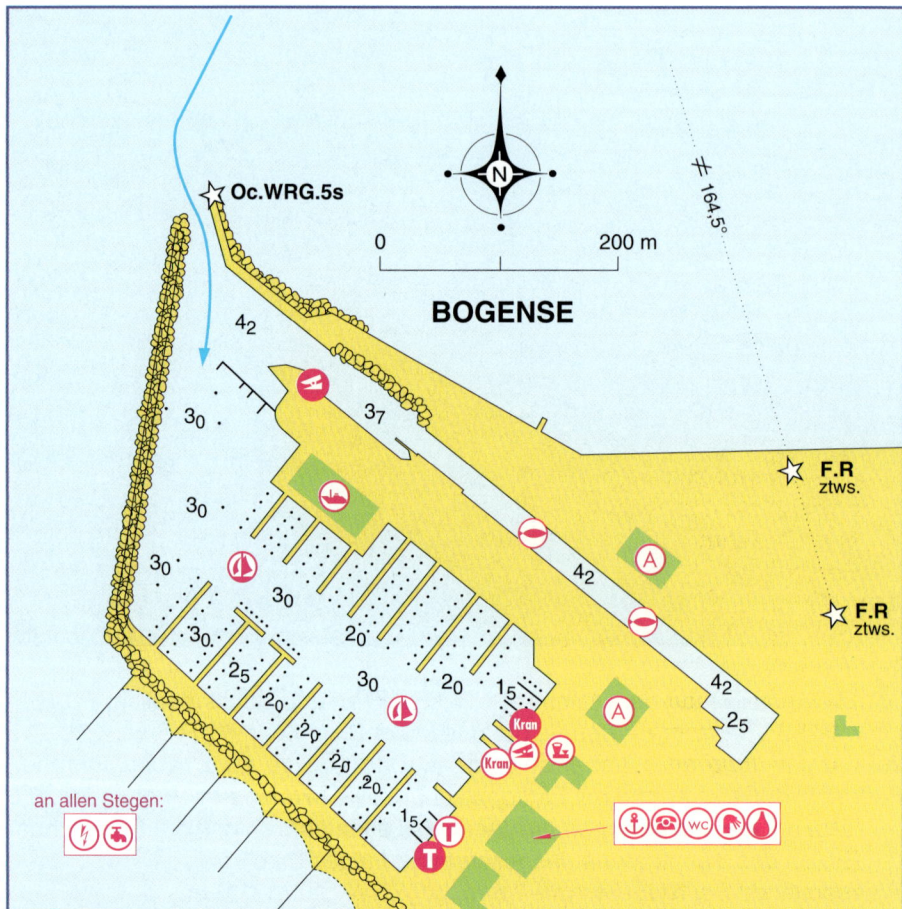

## Sehenswürdigkeiten ...

Die älteste Bauern-und Fischersiedlung nannte sich „Bøgenæs" und schriftliche Quellen darüber gehen bis 1288 zurück. Im Mittelalter hatte die Fährverbindung nach Klakring an der N-Küste des Vejle-Fjords auf Jütland eine gewisse Bedeutung, die später durch Großbrände im 16. und die Schwedenkriege im 17. Jahrh. immer mehr zurückging. Heute hat diese kleinste Stadt Fünens mit einer Reihe hübscher Gassen und sehenswerten alten Gebäuden alle touristischen Attribute für einen angenehmen Aufenthalt.
–   Der direkt vor der Stadt liegende Fischereihafen mit seinen Bootshäusern und Fischgeschäften erhielt sein Aussehen in der 1. Hälfte des 19. Jahrh.

- Die Bogenser *Nicolai-Kirche* (1406) am Ende der Kirkestræde weist uns gleichzeitig zu dem hübschen lindenumstandenen Marktplatz mit Wasserpumpe und Häusern aus dem 19. Jahrh.
- *„Manneken Pis"*, das Wahrzeichen Brüssels seit 1619, finden wir seit 1934 auch am hafenseitigen Beginn der Adelgade – ein Dankbarkeitsbeweis des Konsuls Villem Fønss, der in Bogense großgezogen wurde.
- „Erik Menveds Kro" an der Ecke Adelgade/Østergade ist nicht nur das älteste Gebäude aus dem 17. Jahrh., sondern ein wirklich fotogenes historisches Fachwerkhaus. Leider kommt seine Funktion dem vielversprechenden Namen eines Kro kaum nach.

*Das Molenfeuer der Hafeneinfahrt von Bogense*

- Von hier kommen wir auf der Østergade, hinauf zum Rathaus, an einem beeindruckenden alten *Kaufmannshof* (17. Jahrh.) mit hervorstehendem Erker vorbei.

*Landgang ...*
- Badestrand finden wir gleich W-lich des Hafens.
- Bei einem Stadtbummel durch die historische Altstadt sollte man den malerischen Weg am *Stadtbach* entlang nicht vergessen (Mitte Adelgade).
- Fahrt zum „Ebbeweg" nach *Æbelø* (Fahrrad, Pkw, 12 km). Von der N-Spitze der inzwischen „landfesten" Insel Lindø kann man einen Tagesausflug durch das Wattenmeer zu den Inseln *Æbelø*, *Dræet* und Ejlinge unternehmen. Pfahlmarkierungen weisen den Weg. Bei Beachtung von Wetter und Gezeiten kann dies zu einem einmaligen Erlebnis werden. Auf der

*Diese Kopie des Brüsseler „Manneken Pis" kam 1934 nach Bogense.*

240 ha großen und fast völlig bewaldeten Insel Æbelø wurden Wildschafe aus Korsika ausgesetzt, und jährlich werden hier tausende Zuchtfasanen gewerblich gejagt. (1 – 10 km)
- Der „Glavendrupstein", der die längste *Runenschrift* Dänemarks aufweist,

*Bogense Bybækken in der Altstadt*

gehört zu einer großen Schiffssetzung aus der Wikingerzeit und befindet sich 18 km SE-lich Bogense bei Skamby. Er ist sehenswert mit dem ganzen Hain, in dem er steht, wo auch später zahlreiche Gedenksteine ihren Platz fanden. (18 km)

1 Torvet
2 Nordfyns Museum
3 Männeken Pis
4 Lægehus, Krankenhaus

KATTEGAT

BOGENSE

MARINA

Skovvej

Adelgade

Kirkestr.

Adelgade

HAVN

– Ausflug zum *Kunstgården* nach Skovby, wo in einem Landhof außerhalb des Ortes in 2 Etagen vielfältige Kleinkunst und Malerei gezeigt wird und ge- kauft werden kann. Es gibt auch ein kleines Café. (7 km, an der Straße nach Middelfart, Bus)

⚓ Will man weiter rund Fyn zum NE-lichsten Punkt Fyns Hoved, muß man die NE-lich Bogense der Küste vorgelagerte Insel Æbelø in N umfahren (Feuer Fl.(2)W 15s, 18M). Æbelø ist durch einen langen Damm mit der Insel Æbelholm in S verbunden. Durch das Flach vor Fyn, in dem auch die beiden Inseln Dræet und Ejlinge liegen, gibt es keine Durchfahrtsmöglichkeit. In W und E des Dammes gibt es gute Ankermöglichkeiten auf 6 bis 7 m Wassertiefe.

Etwa 0,8 sm N-lich Æbelø steht eine rote Tonne (Fl.R), die das Æbelø NW-Rev bezeichnet und N-lich umfahren werden sollte (auf dem Landgrund Æbeløs liegen Steine). Etwa 3 sm E-lich Æbeløs läuft das Agernæs-Flach 1,6 sm vor Fyns Küste, von dem aus ein nicht befahrbarer Fjord ins Inselinnere verläuft. Bei Agernæs-Huk sollte man sich 0,6 sm von der Küste freihalten. Ab Agernæs-Huk verläuft die Küste Fyns geradlinig in SE-licher Richtung zum Odense-Fjord bis zur Halbinsel Hals (ab hier siehe Beschreibung Korshavn/Odense-Fjord).

*Blickrichtung SE*

*Die der Nordküste Fünens vorgelagerte Sandbank Dræt*

# Praktische Hinweise von A bis Z

**Arzt**

- Bereitschaftsdienst — meist Ortskennzahl plus 90 60 20 (16-8 Uhr) (Abweichungen siehe unter Yachthäfen)
- Rettungsdienst Falck — meist Ortskennzahl plus 21 22 22 (rund um die Uhr) (Abweichungen siehe unter Yachthäfen)
- Notruf — Tel. 112 (gebührenfrei)

**Bank** — Service wochentags von 9.30 – 16 Uhr, Do bis 18 Uhr.

**Diplomatische Vertretungen** — Kopenhagen, Botschaft der Bundesrepublik Deutschland, Stockholmsgade 57, DK 2100 Kopenhagen-Oe, Tel. (0045 51) 26 16 22
- Odense (Honorarkonsulat), Svendborgvej 90, Tel. (0045 66) 14 14 14
- Svendborg (Honorarkonsulat), Kuopivej 11, Tel. (0045 62) 21 15 15
- Honorarkonsulat Aalborg (Rings Møbler) Danmarksgade 58-64, DK 9000 Aalborg, Tel. (0045 98) 12 56 33

…für Paß- und Visa-Angelegenheiten:
- Generalkonsulat Apenrade, Kystvej 18, DK-6200 Apenrade, Tel. (0045 74) 62 14 64

**Fährlinien** — (siehe Übersicht)

**Feiertage**
- 1. Januar
- Ostern von Gründonnerstag bis Ostermontag
- Großer Bettag (vierter Freitag nach Ostern)
- 1. Mai (ab 12 Uhr)
- Himmelfahrt
- Pfingsten (Pfingstmontag)
- 5. Juni (Verfassungstag, ab 12 Uhr)
- Weihnachten (25. und 26. Dezember)

**Geschäftszeiten**
- von 9 – 17.30 Uhr, Do, Fr bis 18, Sa bis 13 Uhr.
- Bäcker und Kioskverkauf ab 7 Uhr,
- Großmärkte oft bis 20 Uhr.
- 1. und letzter Sa sind im Sommer meist lange Einkaufstage.

**Informationsbüros**
- Assens, Ladegårdsgade 1, Tel. 64 71 20 31
- Bogense, Adelgade 40, 64 81 20 44
- Fåborg, Havnegade 2, Tel. 62 61 07 07
- Kerteminde, Strandgade 1B, Tel. 65 32 11 21
- Marstal, Havnegade 5, Tel. 62 53 19 60
- Middelfart, Havnegade 10, Tel. 64 41 17 88

|  |  |
|---|---|
| | – Nyborg, Torvet 9, Tel. 65 31 02 80 |
| | – Odense, Rædhuset, Tel. 66 12 75 20 |
| | – Otterup, Bredgade 2, Tel. 64 82 32 00 |
| | – Svendborg, Centrumplds. 4, Tel. 62 21 09 80 |
| | – Rudkøbing, Torvet 5, Tel. 62 51 35 05 |
| | – Søby, Havnen, Tel. 62 58 13 88 |
| | – Æroskøbing, Torvet, Tel. 62 52 13 00 |
| Polizei | – meist zu erreichen unter Ortskennzahl plus 21 14 48 (Abweichungen s. Yachthäfen). Allerdings in kleineren Orten nur bis 16 Uhr besetzt. |
| Post | – Schalterzeiten von 9 – 17 Uhr (in kleinen Orten Mittagspause), Sa bis 12 Uhr. |
| Restaurants | – Hinweise und Ratschläge siehe „Landgang in Dänemark – der Restaurantführer durch die dänischen Ostsee-Yachthäfen" DSV-Verlag/ Busse Seewald, 1994 |
| Sehenswürdigkeiten Fünen | – (siehe Übersicht) |
| Telefon | – Vorwahl 00 45 aus D (A, CH, B) |
| | – Vorwahl 00 49 nach Deutschland |
| | – in Dänemark ist die Ortskennzahl auch im Ortsnetz mitzuwählen! (6 Stellen insgesamt) |
| Übernachtung | – Camping: (siehe Übersicht) Nach Kauf eines Campingpasses (24/Familie 48 DKr.) sind Gebühren etwas niedriger. |
| | – Hotels: Auswahl, vor allem preislich, am besten über die Informationsbüros |
| | – Pensionen: preislich günstiger als Hotels, jedoch in der Saison vorher reservieren. |
| | – Sommerhäuser: U. a. über „DanCenter" Hamburg, Spitalerstr. 16, Tel. 040-32 27 81, sowie „Destination Langeland-Fünen-Ærø" Bagenkop, Havnen, Tel. 45 62 56 14 93. |
| | – Wandererheime: Assens, Adelgade 26, Tel. 64 71 13 57 Fæborg, Grønnegade, Tel. 62 61 12 03 Kerteminde, Skovvej 46, Tel. 65 32 39 29 Marstal, Færgestræde 29, Tel. 62 53 10 64 Nyborg, Havnegade 28, Tel. 65 31 27 04 Odense, Kragsbjergvej 121, Tel. 66 13 04 25 Rudkøbing, Engdraget 1, Tel. 62 51 18 30 Svendborg, Vestergade 45, Tel. 62 21 66 99 Æroskøbing, Smedevejen 15, Tel. 62 52 10 44 Mit Jugendherbergsausweis (D oder DK 112/ Familie 140 DKr.) liegen die Preise zwischen 50 und 100 DKr. |

# Campingplätze

1. Røjle Klint Camping, Røjle Klintvej 29, Middelfart, Tel. 64 40 13 81
2. Camping Willemoes, Næsvej 15, Assens, Tel. 64 71 15 43
3. Diernæs Camping, Bjerregårdsvej 1, Fåborg, Tel. 62 61 13 76
4. Holms Camping, Odensevej 54, Fåborg, Tel. 62 61 03 99
5. Falsled Strand Camping, Assensvej 461, Millinge, Tel. 62 68 10 95
6. Bøjden Strandcamping, Bøjden Landevej 12, Fåborg, Tel. 62 60 12 84
7. Syltemae Camping, Strandgærdsvej 13, Vester Skerninge, Tel. 62 24 11 77
8. Rantzausminde Camping, Svendborg, Tel. 62 20 87 77
9. Søby Camping, Vitsø 10, Ærø, Tel. 62 58 14 70
10. Ærøskøbing Camping, Sygehusvejen 40 B, Tel. 62 52 18 54
11. Marstal Camping, Egehovedvej, Tel. 62 53 36 00
12. Strandgærdens Camping, Vestervej 17, Bagenkop, Tel. 62 56 12 95
13. Ristinge Camping & Feriecenter, Ristingevej 104, Humble, Tel. 62 57 13 29
14. Færgegærdens Camping, Spodsbjergvej 335, Spodsbjerg, Tel. 62 50 11 36
15. Rudkøbing Camping und Wandererheim, Engdraget 11, Tel. 62 51 18 30
16. Emerbølle Camping, Tranekær, Tel. 62 59 12 26
17. Lohals Camping, Birkevej 11, Tel. 62 55 14 60
18. Hov Camping Nordstrand, Vesterled 2, Tel. 62 55 18 80
19. Vindebyøre Camping, Vindebyørevej 52, Svendborg, Tel. 62 22 54 25
20. Grasten Camping Kastanievej 17, Thurø, Tel. 62 20 54 31
21. FDM Camping Thurøhund, Gambøt
22. Lundeborg Ny Camping, Gl. Lundeborgvej 10, Tel. 62 25 14 99
23. Lundeborg Strand Camping, Gl. Lundeborgvej 46, Tel. 62 25 14 50
24. Nyborg Kommune Camping, Hjejlevej 99, Tel. 65 31 02 56
25. Kerteminde Camping, Hindsholmvej 80, Tel. 65 32 19 71

# Fährlinien

Fährlinien mit überregionaler Bedeutung
Fährlinien zur Inselversorgung

1  Langeland-Kiel / Tel. Bagenkop 62 56 14 00, Kiel 301 72 50
2  Fåborg-Gelting / Tel. Fåborg 62 61 15 00, Gelting 046 43 7 93
3  Bøjden-Fynshav, Knudshoved-Halskov, Nyborg-Korsør / Tel. 65 31 40 54
4  Spodsbjerg-Tårs / Tel. Spodsbjerg 62 50 10 22, Tærs 53 93 13 23
5  Søby-Mommark / Tel. Mommark 62 58 17 17
6  Svendborg-Ærøskøbing / Tel. Svendborg 62 52 10 18
7  Svendborg-Skarø-Drejø / Tel. Svendborg 62 21 02 62
8  Fåborg-Ærø / Tel. Fåborg 62 61 14 88, Søby 62 58 14 88
9  Fåborg-Avernakø-Lyø / Tel. Fåborg 62 61 23 07
10 Assens-Bagø / Tel. Assens 64 71 41 42
11 Rudkøbing-Strynø / Tel. Strynø 62 51 51 00
12 Marstal-Rudkøbing / Tel. Marstal 62 53 17 22
13 Lohals-Korsør / Tel. Rudkøbing 62 51 35 05

# Häfen

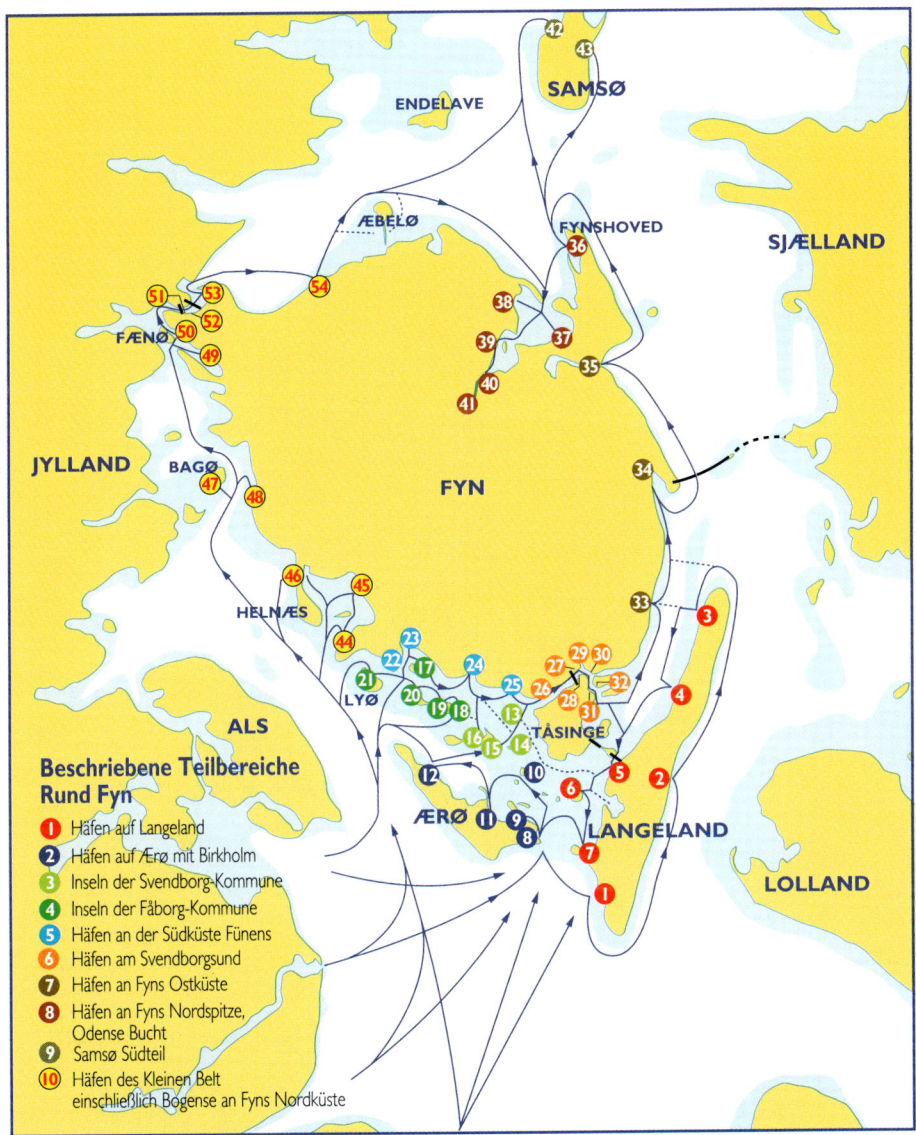

**Beschriebene Teilbereiche Rund Fyn**

1. Häfen auf Langeland
2. Häfen auf Ærø mit Birkholm
3. Inseln der Svendborg-Kommune
4. Inseln der Fåborg-Kommune
5. Häfen an der Südküste Fünens
6. Häfen am Svendborgsund
7. Häfen an Fyns Ostküste
8. Häfen an Fyns Nordspitze, Odense Bucht
9. Samsø Südteil
10. Häfen des Kleinen Belt einschließlich Bogense an Fyns Nordküste

*Die Häfen der Bereiche finden Sie auch im Inhaltsverzeichnis (S. 4/5) oder in Häfen von A bis Z (S. 207).*

# Museen

1. *Anne Hvides Gærd, Svendborg - Silber und Kulturgeschichte, regional*
2. *Broudstillingen, Middelfart - Geschichte Kleine-Belt-Brücke*
3. *Carl Nielsen Museet, Odense - Leben und Werk des Komponisten*
4. *Danmarks Grafiske Museum, Odense - 300 Jahre Druckereigewerbe*
5. *Den Fynske Landsby, Odense - Freiluftmuseum originaler Landhäuser*
6. *Den Gamle Gård, Fåborg - Bürgerhaus eingerichtet, 18. Jahrhundert*
7. *Det Gamle Apotek, Rudkøbing - Historische Apotheke*
8. *Fåborg Museum for Fynsk Malerkunst, Fåborg - Werke „Fünischer Maler"*
9. *Farvergærden, Kerteminde - Kulturgeschichte, regional*
10. *Fiskeri- und Søfartssamlingen, Rudkøbing - Fischerei und Seefahrt*
11. *Flaskeskibssamlingen, Æroskøbing - Buddelschiffs-Sammlung*
12. *Fyns Kunstmuseum, Odense - Dänische Kunst ab 18. Jahrhundert*

13. *Fyns Oldtid - Hollufgærd, Odense - Archäologisches Museum*
14. *Fåborg Arrest - Gefängnis-Museum*
15. *H.C.Andersens Barndomshjem, Odense - Geburtshaus Andersens*
16. *H.C.Andersens Hus, Odense - Literatur-Museum*
17. *Hammerichs Hus, Ærøskøbing - Kulturgeschichtliche Sammlung eines Bildhauers*
18. *Herrenhaus Hollufgærd, Odense - Skulpturen im Park*
19. *Høkeren, Kerteminde - Historischer Kaufmannsladen*
20. *Jernbanemuseet, Odense - Eisenbahn-Museum*
21. *Johannes Larsen Museet, Kerteminde - Ausstellung im Hause des Malers*
22. *Kaleko Mølle, Fåborg - Historische Wassermühle*
23. *Kunsthallen Brandts Klædefabrik, Odense - Ausstellungs-Zentrum*
24. *Ladbyskibet, Ladby - Wikinger-Schiffsgrab*
25. *L.Lange & Co's Ovnmuseum, Svendborg - Geschichte der Ofengießerei*
26. *Langelands Museum, Rudkøbing - Regional-Museum*
27. *Mads Lerches Gærd, Nyborg - Regional-Museum*
28. *Marstal Søfartsmuseum - Seefahrts-Museum, Schiffsmodelle*
29. *Middelfart-Museum, Henner Friiser's Hus - Heimat-Museum*
30. *Museet for Fotokunst, Odense - Foto-Ausstellungen*
31. *Møntergærden, Odense - Stadtmuseum und Münzsammlung*
32. *Nordfyns Museum, Bogense - Heimatmuseum*
33. *Nyborg Slot - Dänischer Königssitz aus dem Mittelalter*
34. *Otterup Museum - Heimatmuseum*
35. *Svanemøllen, Kerteminde - Windmühlen-Museum*
36. *Svendborg og Omegns Museum - Armenhaus, Ausstellungen zur Geschichte*
37. *Svendborg Zoologiske Museum - Dänische Tiere aus Vorzeit und Gegenwart*
38. *Søfartssamlingere I Troense - Südfünische Schiffahrtsgeschichte, Schiffsmodelle*
39. *Tranekær Slot, Mølle - Herrenhaus- und Mühlen-Museum, Park*
40. *Tæsinge Skipperhjem og Folkemindesamling - Regionale Sammlung*
41. *Willemoesgårdens Mindestuer, Assens - Peder Willemoes-Geburtshaus*
42. *Ærø Museum, Ærøskøbing - Regional-Museum*
43. *Øhavets Smakkecenter, Strynø - Boots-Museum*
44. *Fåborg Modelskibsmuseum - Schiffsmodelle*
45. *Grubbe Mølle, Fåborg - Historische Wassermühle und Holländer-Windmühle*
46. *Legetøjsmuseet, Svendborg - Spielzeugmuseum*
47. *Safari-Museum, Lohals - Jagd-Trophäen-Sammlung*
48. *Wasserschloß Egeskov - Herrenhaus-Museum, Oldtimer-Museum u.a.*
49. *Fyns Legetøjsmuseum, Millinge - Fünens Spielzeug-Museum*
50. *Valdemars Slot - Herrenhaus-Museum*

# Herrenhäuser und Parks

**Schlösser und Herrenhäuser**

**Gärten und Parkanlagen**

1 Wasserschloß Egeskov
2 Hvidkilde Hus
3 Valdemarsslot
4 Schloß Tranekær
5 Hesselagergård
6 Holckenhavn
7 Schloß Nyborg
8 Hovmansgave
9 Gyldenstern

10 Hindsgavl
11 Wedellsborg
12 Brahesborg
13 Holstenhus
14 De 7 Haver
15 Egeskov
16 Tranekær Schloßpark

# Häfen von A bis Z

# Wichtige nautische Begriffe (DK – D)

| | | | |
|---|---|---|---|
| å, flod, elv, bæk | Bach, Fluß | kro | Krug, Gastwirtschaft |
| båe | Klippe | løb | Fahrrinne |
| båke | Bake | lynfyr | Blitzfeuer |
| bakke, høj | Hügel | lystbådehavn | Yachthafen |
| banke | Sandbank | mærke | Marke |
| blå | blau | middel | Mitte |
| blinkfyr | Blinkfeuer | mølle | Mühle |
| bredning | Breit | mudder | Schlamm |
| bro, pier | Brücke, Kai | nakke | Landenge-, zunge |
| bugt | Bucht | nor | Haff, Lagune |
| bund | Boden, Grund | på grund | auf Grund sitzen |
| dyben, dyb | Tiefe, tief | pæl | Pfahl |
| færge | Fähre | pynt | Huk, Gipfel |
| farvand | Fahrwasser | red | Reede |
| fastfyr | Festfeuer | rev, revle | Riff, Sandbank |
| fjord | Fjord, Förde | røse | Steine |
| flak | Flach, seicht | skær | Schere, Klippe |
| fyr tårn | Leuchtfeuer (-turm) | skov | Wald |
| gab | Rinne | sømærke | Seezeichen |
| gammel, gamle | alt | stage, stang | Spiere |
| gennemsejling | Durchfahrt | strøm | Strömung |
| grund | Untiefe | tårn | Turm |
| havn | Hafen | told, toldbot | Zoll, Zollamt |
| holm, ø, ør | Insel | vand | Wasser |
| hoved, odde, næs | Huk | varde | Steinbake |
| indløb | Einfahrt | vejrmelding | Wetterbericht |
| kirke | Kirche | vig | Bucht |
| klint | Steilküste | vrag | Wrack |
| klit | Düne | yderhavn | Außenhafen |

## Pictogramm-Erklärung

| | | |
|---|---|---|
| Hafenmeister | Slip | Post |
| Gastliegeplätze | Müllbehälter | Telefon |
| Wasser | Altöl | Diesel |
| Dusche | Entsorgung | Benzin |
| Toilette | Werft | Gas |
| Münzwaschmaschine | (Motor-) Werkstatt | Apotheke |
| Strom | Segelmacher | Arzt/Krankenhaus |
| Mastenkran | Einkaufsmöglichkeit | Zoll |
| Schiffskran | Schiffsausrüster | Ankerplatz |
| Trailerbahn | Bank/Wechselstube | |